学会感恩 懂得责任

感恩我们在行动

舒 娟◎主编

“国家一级出版社” 中国纺织出版社 “全国百佳图书出版单位”

图书在版编目（CIP）数据

学会感恩　懂得责任：感恩我们在行动 / 舒娟主编．—北京：中国纺织出版社，2017.8

ISBN 978-7-5180-3881-7

Ⅰ．①学…　Ⅱ．①舒…　Ⅲ．①品德教育－中国　Ⅳ．① D64

中国版本图书馆 CIP 数据核字（2017）第 189431 号

责任编辑：范雨昕

责任设计：黄伟娟

中国纺织出版社出版发行

地址：北京市朝阳区百子湾东里 A407 号楼　邮政编码：100124

销售电话：010—67004422　传真：010—87155801

http://www. c－textilep. com

E－mail：faxing@ c－textilep. com

中国纺织出版社天猫旗舰店

官方微博 http://weibo. com/2119887771

廊坊市佳艺印务有限公司　各地新华书店经销

2017 年 8 月第 1 版第 1 次印刷

开本：787×1092　1/16　印张：20.5

字数：308 千字　定价：106.00 元

凡购本书，如有缺页、倒页、脱页，由本社图书营销中心调换

感恩教育编委会

为配合感恩教育活动，感恩教育讲师团组成临时编委会，集讲师团众人之智慧，为了让广大青少年学会感恩，践行感恩，共同编著本书。

舒娟，谭新，赵飞，叶飞，郑超，杨龙。

感恩教育编委会成员有：

舒娟，2010年开始逐渐意识到青少年德育教育工作的缺失，开始研究感恩教育，并将感恩教育由学校延伸到社会教育，家庭教育，励志教育，生命教育，学校拓展项目，夏令营，企业内训等其他领域。

谭新，感恩教育讲师。在全国各地成功地举办过几百场大型感恩教育演讲，场场爆满，震撼人心、穿透心灵，使上千万青少年学生深刻理解了父母之爱、师长之爱、社会之爱，从而学会感恩，学会珍惜，积极进取。谭老师所到之处无不深受学生、老师、家长和社会各界的欢迎！

赵飞，原名肖雷。专业感恩教育讲师，对中国传统文化有着相当造诣。赵飞老师把对感恩的深刻理解和巡讲过程的所见所闻分享给编委会，为本书的写作提供了重要的参考。

叶飞，原名白永丰。叶飞老师在大量的教学实践过程中，将感恩教育由学校延伸到社会教育、家庭教育、励志教育、企业内训等其他领域。

杨龙，感恩讲师，朝气蓬勃充满激情又不乏成熟稳重。他对感恩教育有着深刻的理解和诚挚的热情；另外，他的励志演讲总能给听众留下深刻的印象，他的“激发潜能，决胜高考”考前激励演讲被称为“学习动力源，高考加油站”。

郑超，感恩讲师。先后从事过很多工作，2010年开始走上了感恩教育推广之路，他的演讲影响数百万人，在全国引发了强烈反响，成为知识改变命运的典范。

感恩，遇见生命的奇迹

孩童时期坐在略显拥挤的教室里与同伴们一起叽叽喳喳，印象最深的便是三尺讲堂前老师手中的教科书与黑板上簌簌落下的粉笔末；最难以忘怀的，是在自己遇见困难、迷茫无措时老师的谆谆教导；最触动心灵的，是老师们在一言一行中教育我要学会感恩，热爱生活。从那时起，心灵深处便贮藏着一个小小却又坚韧的梦想——成为一名教育者，奉献自己的一生，引导更多孩子去感悟、去成长。

时光荏苒，经过不懈的坚持与努力，我终于实现了自己曾经的梦想，成为一名青少年心灵成长教育工作者，至今从事这一伟大神圣的职业已有许多年，在这些年间，亲眼看着一代又一代的学生健康茁壮成长，亲自带领他们去学会感恩，学会成长，亲身体会父母与孩子们之间关系变得和谐融洽，也让我更深一步地理解了教育的使命和意义。在引导大家去学会感恩，去感悟生活的同时，我在教育这条路上不断地实践着，探索着，成长着，希望能带给广大学生和家长更多更好的课程与学习内容，去帮助大家成长。

法国思想家卢梭曾说过：没有感恩就没有真正的美德，一个人只有懂得了感恩，才能真正做到诚实、善良。怀有一颗感恩的心，就是要做一个有谦虚之德的人，就是要有积极向上的态度，就是生活幸福的源泉。《学会感恩　懂得责任》一书是本人在丰富的生活阅历中，在多年的教育实践中，不断思考、不断积累、不断整理出的一本文集，是关于生命、关于感恩、关于爱的方式的深入感悟，书中部分内容是本人的亲身感悟与思考，部分则是收录了一些我认为非常值得我们去品读的文章，这些文章清新流畅、叙述优美，言简意赅，内涵丰富，给人以深刻的启迪，在此也对这些知道的或者不知道姓名的作者们表示感恩。

心灵的成长比肉体的成长更为不易，更为艰难，心灵的成长需要温暖与滋润，生命的茁壮需要鼓舞与希望。本书的编写，共分为八个篇章，精选100多个具有感染力的故事，完全公益免费地为所有同学、家长以及同我一样的教育者阅读使用，不以任何商业利益为目的，旨在辅助感恩教育活动，陶冶大家的情操，让大家在平静、平常、平凡中获得阳光般灿烂的启迪，用感恩的心态享受生活，发现生命中的奇迹。

目 录 CONTENTS

第 一 篇

生 命 ， 最 美 丽 的 奇 迹

生命是春去秋来的循环，感恩是绽放在每个季节的缤纷。我们无法拒绝春的潮湿、夏的酷暑、秋的萧瑟、冬的冰冷，但我们却可以欣赏灼灼其华的春之桃、映日别样红的夏之莲、傲霜独立的秋之菊、冰雪冷艳的冬之梅。我们需要怀着一颗感恩的心，去感谢春的滋润，让万物复苏，带来鸟语花香；感谢夏的热情，带来接天连叶无穷碧的繁茂，映日荷花别样红的火热；感谢秋的饱满，舞出落叶纷飞的凄美，带来丰收的喜悦；感谢冬的寒冷，更显出梅傲雪独立、凌寒自开的气节。学会感恩，敬畏生命，感恩生命，绘出生命中最绚丽的色彩。

第一节　倔强的生命

石缝间倔强的生命

石缝间倔强的生命，常使我感动得潸然泪下。是那不定的风把那无人采撷的种子撒落到海角天涯。当它们不能再找到泥土，它们便把最后一线生的希望寄托在这一线石缝里。尽管它们也能从阳光中分享到温暖，从雨水里得到湿润，而唯有那一切生命赖以生存的土壤却要自己去寻找。它们面对着的现实该是多么严峻。于是，大自然出现了惊人的奇迹，不毛的石缝间丛生出倔强的生命。

或者只就是一簇一簇无名的野草，春绿秋黄，岁岁枯荣。它们没有条件生长宽阔的叶子，因为它们寻找不到足以使草叶变得肥厚的营养，它们有的只是三两片长长的细瘦的薄叶，那细微的叶脉告知你生存该是多么艰难；更有的，它们就在一簇一簇瘦叶下又自己生长出根须，只为了少向母体吮吸一点乳汁，便自去寻找那不易被觉察到的石缝。这就是生命。如果这是一种本能，那么它正说明生命的本能是多么高贵，生命有权自认为辉煌壮丽，生机竟是这样地不可扼制。

或者就是一团一团小小的山花，大多又都是那苦苦的蒲公英，它们的茎叶里涌动着苦味的乳白色的浆汁，它们的根须在春天被人们挖去作野菜。而石缝间的蒲公英，却远不似田野上的同宗生长得那样茁壮。它们因山风的凶狂而不能长成高高的躯干，它们因山石的贫瘠而不能拥有众多的叶片，它们的茎显得坚韧而苍老，它们的叶因枯萎而失去光泽；只有它们的根竟似那柔韧而又强固的筋条，似那柔中有刚的藤蔓，深埋在石缝间狭隘的间隙里；它们已经不能再去为人们作佐餐的鲜嫩的野菜，却默默地为攀登山路的人准备了一个可靠的抓手。

生命就是这样地被环境规定着，又被环境改变着。适者生存的规律尽管无情，但一切的适者都是战胜环境的强者，生命现象告诉你，生命就是拼搏。

如果石缝间只有这些小花小草，也许还只能引起人们的哀怜；而最为令人赞叹的，就在那石岩的缝隙间，还生长着参天的松柏，雄伟苍劲，巍峨挺拔。它们使高山有了灵气，使一切的生命在它们的面前显得苍白逊色。它们的躯干就是这样顽强地从石缝间生长出来，扭曲着、旋转着，每一寸树衣上都结着伤疤。向上，向上，向上是多么地艰难。每生长一寸都要经过几度寒暑，几度春秋。然而它们终于长成了高树，伸展开了繁茂的枝干，团簇着永不凋落的针叶。它们耸立在悬崖断壁上，耸立在高山峻岭的峰巅，只有那盘结在石崖上的树根在无声地向你述说，它们的生长是一次多么艰苦的拼搏。那粗如巨蟒，细如草蛇的树根，盘根错节，从一个石缝间扎进去，又从另一个石缝间钻出来，于是沿着无情的青石，它们延伸过去，像犀利的鹰爪抓住了它栖身的岩石。有时，一株松柏，它的根须竟要爬满半壁山崖，似把累累的山石用一根粗粗的缆绳紧紧地缚住，由此，它们才能迎击狂风暴雨的侵袭，它们才能在不属于自己的生存空间为自己占有一片天地。

如果一切的生命都不屑于去石缝间寻求立足的天地，那么，世界上就会有一大片一大片的大地方成为永远的死寂，飞鸟无处栖身，一切借花草树木赖以生存的生命就要绝迹，那里便会沦为永无开化之日的永远的黑暗。如果一切的生命都只贪恋于黑黝黝的沃土，它们又如何完备自己驾驭环境的能力，又如何使自己在一代一代的繁衍中变得愈加坚强呢？世界就是如此奇妙。试想，那石缝间的野草，一旦将它们的草籽撒落到肥沃的大地上，它们一定会比未经过风雨考验的娇嫩的种子具有更为旺盛的生命力，长得更显繁茂；试想，那石缝间的蒲公英，一旦它们的种子，撑着团团的絮伞，随风飘向湿润的乡野，它们一定会比其他的花卉生长得茁壮，更能经暑耐寒；至于那顽强的松柏，它本来就是生命的崇高体现，是毅力和意志最完美的象征，它给一切的生命以鼓舞，以榜样。

愿一切生命不致因飘落在石缝间而凄凄切切；愿一切生命都敢于去寻求最艰苦的环境。生命正是要在最困厄的境遇中发现自己，认识自己，从而锤炼自己，使自己的精神境界得到升华。

石缝间顽强的生命，它既是生物学的，又是哲学的，是生物学和哲学的统一。它又是美学的，作为一种美学现象，它展现给你的不仅是装点荒山枯岭的层层葱绿，它更向你揭示出美的、壮丽的心灵世界。石缝间顽强的生命，它是具有如此震慑人们心灵的情感力量，它使我们赖以生存的这个星球变得神奇辉煌。

任何一个生命都没有权利去选择它出生的环境，有些生命生来就有肥沃的土壤，它们轻而易举的茁壮繁荣，有些生命生来就长在悬崖峭壁、崇山峻岭，他们无比艰难的挣扎向上。然而生命的潜能是无限的，总有一些生命它们坚强着、挣扎着，珍惜着、感恩着，在最严酷的环境里活出生命的精彩。

平凡的小草

有人说，这世上大象的力气最大，无与伦比；有人说，这世上蚂蚁是大力神，当之无愧。其实，这世上最富穿透力的，生命力最旺盛的，力气最大的是让人们不屑一顾的小草。古人就曾撰下这样的诗文：“离离原上草，一岁一枯荣，野火烧不尽，春风吹又生。”由此可见，表面卑微的小草确是不同凡响。也许，大自然这本囊括自然万象的无字的书，便是我们人类最好的老师，因为它让我们读懂了生命的宝贵，生命的顽强！

在我的家乡，生长着一种非常普遍而且生命力极强的野草，当地人俗称“巴根草”，这种野草凡是能够生长的地方，到处都有它的足迹，说它是见缝插针一点也不为过，特别喜欢生长在河沟池塘和狭窄的路边。它那韧劲十足的藤蔓，生命力极其顽强而又旺盛，总是带着一往无前的使命，可着劲地向前延伸，在每一个枝节之间，便会生出根须，深深地扎入泥土间，然后再义无反顾地向前攀援蔓延。

时常听到人们发出如此的感叹：人的生命不如一颗脆弱的小草，一株小草倘若被掐去草头，依然能够从旁枝中再次伸展出新的草头，依然茁壮蓬勃。而人类倘若失却那一口赖以呼吸的氧气，顷刻间便会被窒息而死。也许人的生命，有时就像小草一样，而有时又不及小草。在人的一生中，总会遇到许许多多的坎坎坷坷、曲曲折折，正如小草，随时可能在一场无情的大火中化为灰烬，即便如此，却不代表着它脆弱的生命就此结束，恰恰相反的是，新的生命却会在来年的春风化雨中悄然勃发，重新开始新的生命轮回。无情的大火也宛若人类生命中的坎坷，它或许是一场突如其来的疾病，或许是一件痛心彻肺的事情，但它并不意味着人生的一切从此结束，也不意味着生命的航船就此搁浅，更不意味着世界末日的来临。在生命的长河中，往往有许多事是会让人始料不及、猝不及防的，面对这些突降而至的难如人愿的事情，唯有学习小草坚强不屈的性格坦然面对、迎刃而上、知难而进，努力进取，才能化险为夷，安然度过，直至到达成功的彼岸。

小草，虽然极其平凡，极其脆弱，常常被人们卑微地踩在脚下，肆意践踏。尽管如此，没有人可以拥有蔑视小草的资格，没有人能与它坚强的秉性和不屈的精神比肩齐名。也许你会说：我是主宰万物的人类，它只是一种名不见经传的植物，我们根本就不能相提并论。其实，这种说法是一个极大的错误，尽管我们不是同宗同类，不能以平常的规律而论，但是，我们却可以有一比，比的就是品质，比的就是毅力。

“离离原上草，一岁一枯荣。野火烧不尽，春风吹又生。”白居易的这一绝唱，不正是对小草顽强生命力的最贴切、最形象的讴歌吗？小草，它对自然生长的要求那么简单，简单到既不需要谁去施肥，也不需要谁去培土、呵护、管理，却会以惊人的威力破土而出，破岩而生。肆虐的野火，虽然有时强加给小草的是毁灭性的灾难，而一旦春风吹动，它便又会在枯焦的根底上，勃发出嫩绿的新芽在春风的亲切呵护和春雨的悉心滋润下，又是一番生机勃勃，把根深深地扎向大地。当生意盎然的春天渐行渐远，激情似火的夏天悄然离去了，丰硕凄美的秋天渐渐隐遁，当呼啸的北风带着冬的寒意来到人间时，万物枯萎，百花凋谢，一切陷入冬眠之时，唯有小草依然绿在大地母亲的怀抱，并孕育着来年崭新的希望。

“天街小雨润如酥，草色遥看近却无。最是一年春好处，绝胜烟柳满皇都。”野草真的就那么平凡吗？是的，它的确平凡得不能再平凡了。它不像大树那样傲然屹立，为人们遮阴、供材，更不似鲜花那样婀娜多姿，被人们观赏、赞叹。它们，只不过是一些被人们遗忘践踏的野草而已。但这些野草却具有极旺盛的生命力，一切有土壤的地方，都有它们存在，只要一息尚存，它们便会不惜一切代价都要将那丝生命的新绿绽放。一棵小草虽然很脆弱，甚至是弱不禁风，但小草生来就有一股强大的凝聚力和渗透力，当无数颗野草聚集在一起的时候，现的是无与伦比的强大和壮观。它们盘根错节，紧紧地连在一起，决不分开，草草相连，根根相错，结成了一张硕大无比的绿毡，为大地母亲披上一件温暖美丽的绿色外衣。不要说野火烧不尽了，就是能够卷起黄沙，摧折大树的狂风，又能奈何它们几许呢？

“风吹草不折，弱极而生刚。”在乍暖还寒的新春时候，小草是第一个展开她那小巧玲珑的纤巧的绿色身影，从冰雪融化的寒意中款款走来，在绵绵春雨里信步漫游，在百花盛开的馨香里甘当陪衬，在郁郁葱葱的世界里肝胆相照。任凭风吹打，胜似闲庭信步。无论风暴如何来临，无论气候如何恶劣，小草始终坚守如一。当暴雨袭来的时候，小草阻挡着肆虐的暴雨，不让沃土流失，坚强地忍受着暴雨的袭击。

“晴日暖风生麦气，绿阴幽草胜花时。”在炎炎烈日当空照的夏天，小草就是水的化身。当人们刚刚从荒芜炎热的沙漠里走出来的时候，看见了路边几棵小草时，脑中浮现的就是水的魅影，于是，就会口中生津，忘掉那份难耐的干渴。当骄阳无情地炙烤着大地，茫茫大地似乎笼烟四起的时候，小草从不屈服，它把自己体内的水分无私地向空中大量散发，吸收了酷热，为人们送来了凉爽！

“年年陌上生秋草，日日楼中到夕阳。”在萧条凄清的秋天，一阵秋风掠过，当树叶宛若片片枯蝶被无情的秋风吹落于地的时候，而此时的小草呢？却变成了金黄色，仿佛是充满诗意的天骄在茫茫大地上抖落了一地金粉。小草黄澄澄的，好像为秋天的果实送来了金色的贺礼，更为暮秋带来了一丝诗情画意。

“腊日常年暖尚遥，今年腊日冻全消。侵凌雪色还萱草，漏泄春光有柳条。”在万物萧条冷漠的冬天，也许是天若有情天亦老的缘故吧，上苍似乎也被小草的执着精神所感动，让那漫天飞舞的六瓣琼花为塬上的离离小草盖上了一层厚厚的雪被。待到来年的春天，在冰雪融化后的初春时节，小草又是第一个醒来，发出第一丝生命的新绿，那高昂的头颅，仿佛在像世人炫耀：“怎么样？我没有被寒冬吓倒吧！”我们不觉从内心深处感到深深的敬佩与由衷地折服，真为它那顽强的生命力而欢呼喝彩，而挥毫泼墨高歌一曲！

一株柔弱的小草，幼嫩洒脱地飘逸在原野上。它默默地伫立于花丛中，庇荫在高大的树木下，挺立在萧瑟的秋风里，摇曳在寒冷的北风中，即使在悬崖峭壁上也有它的倩影，在坚硬的石缝下也有它的风姿。它，静静地吟诵着春天的诗句；它，悄悄地湮灭着夏天的炎热；它，甜甜地展露着秋天的微笑；它，默默地书写着冬天的冷峻。一年四季，处处都迭现它清丽脱俗的芳踪；岁岁年年，时时都摇曳它的纤弱秀雅的倩影。

小草，平凡的小草，确实让世人非常震撼，它的那种团结一致的凝聚力、向心力，它的那种勇于牺牲、乐于奉献的品格，它的那种不屈不挠、坚韧不拔的毅力，它的那种甘做人梯、百折不回的精神，不正是中华民族的炎黄子孙们所具有的优良传统和顽强拼搏的最真切的体现吗？

流浪狗

只要活着，眼前就总会有一条路，你不得不走。

不知何时，小区楼下多了一只流浪狗，不是什么名贵的种类，是一只处处可见的田园犬，体格不小，毛发依旧光亮，行动矫捷，性情温顺，看得出来在做流浪狗之前应该也是谁家的宠物。邻居告诉我，这只狗刚来时，膘肥体壮，应该是哪家的粗心主人将其丢了，从此这只狗的命运便发生了翻天覆地的变化，成了一只流浪狗。曾经被搂在怀里百般宠爱的日子，再也不会有了。流浪，才是生命的原汁原味。活着，本来就是一个人的事。有一种孤独，必须独自承受。

看到这只流浪狗，忽然间，我想起了两年前曾在小区里见到的另一只脏兮兮的断腿的流浪狗，那时我曾蹲下身瞅着它，它也仰头望着我，并心甘情愿地被我轻轻抚摸。我不知道这种抚摸，能否帮它捡起温暖的回忆。在小狗的眼里，也许我长得很像抛弃它的旧主人，而且很可能认识，毕竟我和它的主人都是流着人血的同类，说不定还沾亲带故呢。它会不会认为，我也如同它的主人一样狠心。如此一想，竟使我对我的同类有了一丝遗憾。我轻轻撩开它的刘海儿，那双眼泪汪汪的大眼睛里，看不出一点儿怨言，只有可怜巴巴的哀求。

面对那样的眼神，我根本没有勇气对视。我甚至感到它的眼神是那么熟悉，好像在我自己和同类的眼睛里也见到过。我想多摸一会儿这个可怜的小生命。可它脏兮兮的毛，还有旁人的眼光，让我矛盾了。我还是站起身走了。回头望时，它跟了两步又胆怯地停住，依然哀求地望着我。偶尔有行人路过，它以同样哀求的目光扭头望望。它太脏了，腿也断了，一点儿也不可爱，谁也不会喜欢它。我在它哀求的注视下，毅然决然地走了。

再后来，好像就再也没见过那只断腿的流浪狗，也没人知道它是离开，是被捉走甚至因疼痛或者饥饿而死去，也一定有很多如我一样的人，也在可怜它，却不能收养它，甚至没来得及喂给它一餐一饭，那只小狗拖着残缺的肢体艰难爬行的样子，总是萦绕在身后。它每爬一步，也许都是一次生念与放弃的较量。于我，每一次想起，却是回归与前行的撕扯，悲悯与冷漠的撞击。我确实有太多重要的事要忙，身后却总有一个微弱的呼唤，唤得我心海难平，步履凌乱。

如今看到这只健康的流浪狗，呼唤起久远的回忆，心中甚至自私地想，这只狗四肢健全，应该会过得更好一些吧。原谅我依旧不能将其收养。所能做到的，也只是备两只小碗，放些狗粮与水，希望它在找不到吃的时，不至于饿着肚子。

从此，流浪狗成了小区里的固定住客，常常见它在小区的草坪上敞着肚皮晒太阳，或是和谁家在外遛弯的狗狗在一起玩耍，嬉戏打闹，倒是过得自在逍遥。然而流浪的日子也着实辛苦，为寻找食物活下去，常见它去翻找垃圾桶中的残羹剩饭，迫不得已时，才会可怜兮兮的向小区居民讨些吃的。草坪成了流浪狗固定的家，若是天气适宜、无风无雨的晴朗日子，团成一团便也能安眠，若是碰上刮风下雨的日子，还有北方特有的寒冬，无遮无避，也只能忍着寒冷瑟瑟发抖。对于脆弱的生命而言，每度过一个夜晚，便又是生命的重新开始，这个城市有许许多多的流浪狗，它们或是被主人丢弃，或是与主人走失，或是流浪狗的孩子，它们穿过马路，穿过车流，脚步里全是惊恐与慌张；它们被满是嫌弃被泼上脏水；它们被路旁的醉汉殴打发泄；它们受了委屈，只能独自慌张地在狭窄的小巷里穿梭；它们以垃圾堆为生，喝着水坑里的脏水；它们被淘气的孩子驱赶，无处可躲……

然而即使生存环境再艰难，这些流浪狗们依旧不会无端地质问与反叛，而是无知无畏地流浪在岁月里，简简单单地活着，丝毫不放弃生命的希望，努力活着，这才是赤裸裸的真实的生命，是最顽强的生命。

绝壁苍松

我到过黄陵轩辕庙，看过号称“群柏之冠”的黄帝手植柏，它的直径大约11米，也就是差不多以四层楼的高度作为直径的，我惊叹它的长寿，更赞叹它的雄伟；我到过西双版纳，穿越过土著人居住的原始森林，见识过珍奇树种见血封喉，被誉为“世界上最毒的树”，它那乳白色的树干分泌出的汁液，其毒性能让人瞬间窒息死亡，我感叹它的杀伤力，更惊异于它的神奇；我攀登过无数座山，去过无数片林，见过一木独秀的风姿，也见过万木葱茏的景象，见过高耸入云的擎天巨树，也见过匍匐于地的矮小灌木，见过那巍峨的华冠，也见过那婀娜的翠羽……但真正触动我心灵，让我震撼，使我自惭形秽的却是一个偶然的机会遇到的悬崖隙罅间的一棵松树。

那是初夏的一日，我和朋友到大山深处探幽寻芳。路过一条峡谷，谷顶松涛阵阵，万木摇曳多姿；谷间怪石林立，悬崖壁立千仞；谷底溪流淙淙，澄澈宛转；溪边野花芳菲，五彩缤纷……正当我迎着习习的山风四下里张望，暗暗窃喜美景尽收眼底而倍感心旷神怡之际，朋友轻碰了下我的肩，说：“你看！”我顺着朋友手指的方向望了过去，那一刻我怔住了：在我们对面的悬崖峭壁上，有一棵松树凌空而起！由于悬崖几乎是与地心成九十度的绝壁，而这棵松树从绝壁的隙罅间长出，如果按照正常的姿态向上生长，只会贴着绝壁的“墙面”了，那样枝叶如何舒展？所以这棵松树，只能悬空斜逸而出，头顶是蓝天白云，脚下是百丈深谷，枝干苍劲峥嵘，松针伸向四空，裸根如盘虬卧龙，有力地抓住苍凉冰冷的壁崖。尽管它的脚下没有沃土，但是它的主干却有小碗那么粗，并不枯瘦羸弱。远远望去，那不像一棵树的姿态，倒像一只巨鸟，张开翅膀飞翔的姿态。

当脚下没有沃土，它就努力扎根于岩缝间，汲取岩浆。当绝壁挡住了阳光，它就斜着身子迎接晨曦。当崖缝隙罅干涸没有水分，它就吸收深谷中溪水的氤氲之气。当山风呼啸而过欲将其摧毁，它就把所有的根都伸向岩缝更深处。当暴雨雷电袭来，它就高高昂起倔强的头，勇敢面对……这就是它。

它，为什么长在这里？也许有一只顽皮的小鸟遗落了种子，也许是一只过冬的松鼠珍藏的松子，总之它们走后，它就在这里诞生了。抱怨无益于命运，只有勇敢地扎根于脚下，坚强地昂首于天空，与贫瘠做斗争，战胜饥饿的魔鬼，才能笑傲绝壁，拥抱阳光。

这里并不坏，它想。白云在山头徘徊，问候它的冷暖饥饱；星星在头顶俏皮地眨眼，向它投去赞许的目光；微风在每一个早晨抚摸它的头发，拍拍它的胳膊，揉揉它的小腿，聆听它的心声，在它的耳边低语，和它亲切交谈；小鸟在每个夜晚鸣唱，那是它百听不厌的催眠曲；山顶的树林日日夜夜松涛阵阵，它虽斜立于大山深处的悬崖峭壁，却常常能感受到大海的汹涌澎湃，浪声滔天；谷底的芳甸，野花烂漫，蜜蜂在花间嗡嗡吟唱，蝴蝶在花丛翩翩起舞，那是热闹异常的歌舞盛会，视听盛宴；溪水日夜奔流，常年不息，弹奏着叮叮咚咚的乐曲，那是山间的绝唱；……我并不孤独，微风、星星、松涛、小鸟、野花、蝴蝶、蜜蜂、溪水，都是我的朋友，它们是懂我的，它们不离不弃，我是多么地幸福，它想。所以当盆景爱好者来到这里，对它说：你搬走吧，搬去我的温棚，我好好养你。它倔强地说：我哪里也不去，这里就是我的家。

于是，这个荒凉的绝壁因为它而有了生机，这片冰冷的山石因为它而有了温度，这个险峻的悬崖因为它而多了一份雄奇。所以，当我看到整个绝壁上毫无生存的养料时，我不敢怜悯它，因为它比我想象得更强大。即使这里毫无生命的迹象，它也能在悬崖上开花结果，在峭壁上展翅飞翔！

直到此刻，想起那崖缝间斜逸而出的松树的身影，我的心里依然在感叹，即使生得平凡，也要活得绚烂；即使一无所有，也不能让生命荒芜。

掬水留香

秋风摘走了云朵，天空呈现了一色的蔚蓝。北方此时的天是虚构的，没有云，也没有了鸟，空留下一片浅蓝让我们兴叹。

我信步阳光下，让温暖的小手轻触着我的脸颊，我太潮湿了，潮湿的发了霉……

忽地发现了身后长长的影子，习惯了一个人的生活却忘却了最忠诚的朋友，一路上，原来一直有你相伴。谢谢你，只要有光明，我们就不再分离！

于是我追随着自己的影子，影子将我带到了湖边——曾经如梦般的湖泊。然而此时人是物非。湖水干涸了，金鱼搁浅在了高地，一团团，一堆堆，像簇怒放着的杜鹃，壮烈而斑斓。我赶忙离开了这片昔日的“沧海”，因为我怕一不小心就会泪流满面……

影子倔强的向北，我倔强的追随，其实北上那是入湖的河流，庆幸的是河水未干，还有像小溪般的水流欢快地游动着。只是初冬已经冰封了河面，薄冰覆盖着水流，上下流动着河流。我俯下身子贴近水面，却惊奇地发现了河流中倔强的生命，一条墨色的小鱼在努力的逆流而上，虽然艰难但仍在奋进。我轻轻地敲碎周围的浮冰，轻轻地掀起，轻轻地将双手放进河流。我太想亲近一下这灵动的生命了。然而小鱼并未受惊，或许冬季让他麻木了，抑或勇敢让他无视他人，而或他已超然三界之外。我双手捧起一捧冰凉，连带着这个倔强的生灵。为何他的生命如此脆弱又如此顽强，为何人们面对生命是那么怯弱又那么拘谨，为何他的世界旷无一物，为何人们的世界名利缠身……太多的疑问侵袭了自己，我无言以对。

我再次将手放进冰凉，摊开掌心，任生命自由而去。鱼儿游走了，掌间的纹路也分明了。我缓缓抽出手来，任冰凉肆意的游走于每一个神经的末端。双手红红的，残留着澄澈的河水。恍然间发现，手掌上遗留下了阳光的模样，绽放着清香。生命的本色在指尖彰显无遗，生命的清香飘远千里。

第二节　敬畏生命

敬畏生命

在德国，喜欢吃鱼的家庭中，长年备着一种药丸，这种药丸是专门为鱼制造的，其功用就是在鱼服用之后，能很快进入昏迷状态。德国人在杀鱼做菜之前，就会把这种药丸给鱼喂下，待鱼昏迷以后， 再对它进行宰杀。他们之所以这样做，目的是为了使鱼在死亡的时候感觉不到痛苦。

在荷兰北部城市吕伐登的一个展览厅，人们正在摆放400多万张多米诺骨牌，打算冲击吉尼斯世界纪录。一只麻雀突然闯进了大厅，并碰倒了其中一张，导致数以千计的多米诺骨牌顺势倒下。看着已经完成的工作被破坏，气愤的人们开枪打死了这只麻雀。这下惹了麻烦了，因为麻雀在荷兰属于保护动物，主办者的行为引起了动物保护者的强烈不满，他们纷纷抗议，要为麻雀讨还公道。在强大的压力下，主办方做出了一个选择，为这只麻雀举行哀悼仪式，并向全国进行电视直播，以此来求得人们对他们所犯错误的谅解。主办方恩德莫尔公司发言人说："我们知道，我们对全国很多人的不满情绪负有责任。我们认识到自己的行为对生命造成的伤害，因此以今天这种形式表达我们的哀悼和忏悔。"

在斯里兰卡的热带森林里，一群野象穿过一条铁路，其中一头小象好奇地停在铁轨上不肯离去。此时一列客车开来，小象被撞到了路基下，其他的象便发火了，一起朝火车冲去，它们用长长的牙去撬铁轨和枕木，一会工夫，铁轨和枕木就乱七八糟地躺在了那里。第二天，许多工人在警察的保护下开始修铁路，但修到离野象们50米远的地方时，站在那里的象群开始冲向人群，人们连忙逃进了火车里，象群就把刚刚修好的铁轨又捣毁了。第三天，当局派来了两个排的军队，士兵们一下汽车就摆好了阵型，端着枪慢慢往前走，枪响了，密集的子弹射向了象群，但不是真子弹，而是用来吓唬野象的“空包弹”。他们想把野象吓进森林。然而，这个办法也没能奏效，野象们视死如归，表现出了大义凛然的英雄主义气概。于是，就在这一天，政府做出了一个明智的决定：停止“战斗”，绕过撞死小象的地方另修一段新铁路，而且要沿整个铁路线为野象和其他丛林动物修一些专门的通道。这场“战斗”最终以人类妥协而告终。我在心里为这样的妥协叫好。

作家沈石溪先生讲过他亲历的一件事：云南一座山上发现了狼狈，周围村民谈山色变。狡诈的狈趴在凶狠的狼背上，二合一地飞蹿，连虎也害怕。猎人们去围剿，凶猛的狼咬死两只猎狗后突围；但为了救援在厮杀中摔落的狈，又返回猎狗群中冲杀，耳、尾都被猎狗齐根撕掉，血染全身，但它依然驮起狈，拼死突围。狈又被咬落，发出垂死哀号，狼闻声一愣。一只猎狗得以伸爪抠出一只狼眼，狼惨叫一声，依然奋不顾身掩护住狈，直至相拥着被咬死。人们蜂拥而至，想看看稀罕的狈。可哪是什么狈？原来是只被捕兽夹折断前腿的母狼，臃肿的腹部还怀着狼崽。

法国学者史怀泽说：“当一个人把植物和动物的生命看得与他的生命同样重要的时候，他才是一个真正有道德的人。”哲学家海德格尔认为：“人不是自然和大地的主宰者，只是它们的维护者，人应该和动物、植物平等相处。”上述几件事，体现了一种崇高的精神品质，就是对生命的尊重和敬畏。只有当我们用平等的眼光去看待所有生命，对它们给予尊重和爱护 ，世界才会在我们面前呈现出它的无限生机。对所有生命常怀敬畏之心，我们才会感受到生命的高贵与美丽。

华子鱼——遗落在草原深处的水中精灵

在内蒙古高原赤峰市附近的克什克腾旗，有一片宁静深沉的湖水，这里的湖畔水草丰茂，百鸟飞鸣，这就是苍茫、辽远、美丽的达里诺尔（达里湖）。达里湖中生长着数量众多的华子鱼，正是这种重不过斤、长不及尺、身材苗条的鱼类，为静寂的达里湖注入了生命的活力。

据说，当年康熙大帝巡游草原，吃了达里湖的鱼后龙颜大喜，说："吃了这里的鱼，朕便不想天下的鱼了。"天子的一句话，也就使华子鱼陡增了身价。现在，达里湖的华子鱼已经走上了北方地区的北京、沈阳、赤峰等城市的餐桌。华子鱼已经成为达里湖的一张名片，吸引了众多的游人、科考人员、钓鱼爱好者向那里奔去。

华子鱼，学名瓦氏雅罗鱼，这种鱼实际上是一种淡水鱼，在北方的黑龙江水系和辽河水系里比较常见。华子鱼尤其喜欢生活在水流和缓、水质清澈的河口地带或者山涧溪流里。而达里湖是一个高原内陆封闭的碱湖，科学工作者通过研究得出结论，达里湖并不是这些华子鱼的原生地。那么，华子鱼究竟是在何时、何地游进了这片广阔的内陆湖泊呢？

经专家考证，大约是在800万年前，达里火山群的喷发年代，造成了达里湖盆的相对下陷，所以达里湖实际上是火山运动所形成的构造湖。这个巨大的淡水湖泊曾经与大海相连，水位要比现在高出60米。当然，如此巨大的湖泊要有巨大的水量补给，科学家通过研究发现，离达里湖30公里远的大兴安岭厚厚的冰川便是补给源，冰河时代快要结束的时候，巨量的冰川融水流进了达里湖。生活在淡水里的华子鱼就是在那个时候，从辽河水系里游进了达里湖。

时代变迁，随着内蒙古高原上的气候变得越来越干燥，很多河流随之消失，达里湖的水面高度也逐渐下降，成了一座被草原环抱着的内陆湖泊，游进达里湖的华子鱼被永远地封闭在了草原深处。

在蒙古语里，“达里”的意思是大海，“诺尔”是湖泊，达里诺尔就是大海一样的湖泊。达里湖总蓄水量16亿立方米，面积240左右平方公里。这个完全封闭的内陆湖，湖水的补给完全依靠周边的几条河流和地下水，由于没有外流通道，年复一年，强烈的蒸发使湖水中的盐碱度逐渐升高，最终导致不适合任何生命存活。

研究证实，当湖水中的碱含量达到千分之十五的时候，水中就不再适合任何鱼类的生存了，达里湖水超过了这个界限。据测定，目前，湖水中盐的含量是千分之五，而碱的含量已经高达千分之十七。达里湖水的PH值已经为9.6。在这种渐变的进化中，华子鱼挑战了生存的极限，奇迹般在达里湖中生存下来。与华子鱼并肩应对恶劣生存环境的还有鲫鱼，现在，达里湖中只有华子鱼、鲫鱼这两种商品鱼。

华子鱼适应了这种高盐、碱度的湖水，而鱼卵却很难在湖水中繁育，为了种群的延续，华子鱼只能逆水而上，在入湖河流中产卵。每年春天产卵洄游，是华子鱼充满艰辛之旅。央视的报道如是解说：“嚓、嚓的轻响打破了达里诺尔漫长寂寞的冬日，这是冰层破裂的声音，预示着一年里春日的来临。这种声音也惊动了湖水深处的华子鱼，逐渐升高的水温在提醒着它们：洄游的时节到了。”

华子鱼群义无反顾地涌向小河，传说以前在河道狭窄的一处河口，洄游高峰期人们甚至能踩着鱼背过河。

然而危险也在等着它们，在洄游季节里，各种食鱼的水鸟眼睛早就死死盯着它们。据当地的居民讲，每年死于鸟口的华子鱼远大于捕捞量。

躲过鸟类天敌的华子鱼还要战胜自然的灾难，塞外的早春，白天一涨水，有些华子鱼就冲上了浅滩，但是一到夜里水位下降后，很多鱼就会被困到一个又一个的小河湾里，只有最强壮的鱼能坚持到下一次涨水，那样它们就有机会挣扎着回到河里，完成繁育后代的悲壮使命。

生命的延续

一对年轻的夫妻从贫穷的山区来到南方打工，他们用勤劳的双手在这繁华的都市里默默地工作着。他们不求大富大贵，只求平平安安地生活就是人生最大的福气。他们计划着，趁年轻的时候出来闯荡闯荡，等挣到了钱回去盖座新房，以后就在家乡过着日出而作，日暮而息的生活。为了能够多挣点积蓄，来这里几年了，一直没敢要孩子。他们知道，一旦有了孩子，一个人在厂子里干的话，辛辛苦苦地干一年根本攒不到钱。再说他们也没有什么学历和技术，只能干一些流水线上的活，收入当然是底层的了，好歹能落一个人的工资。

他们商量着，等到今年年底回去把房子盖好，再干两年有点积蓄就不再出去了，在家里生孩子，赡养父母，以享天伦之乐。天有不测风云，人有旦夕福祸。正当他们沉浸在幸福的花环之中时，一个不幸的消息如晴天霹雳，击碎了他们多年编织的美梦！今年三月份，女的感觉身体不舒适，丈夫带着她到医院里一检查。检查结果出人意料！丈夫接到确诊证明时，一看到癌症二字，脸色苍白，颤抖的双手却拿不动那一张白纸！诊断证明旋转住，颤悠悠地落在了地板上，妻子猛跑过来，丈夫已经无力地蹲在了地板上。当妻子看到白纸上那两个显赫畏惧的大字时，她的神经瞬间绷紧，大脑懵懵懂懂，一片空白，所有的人们都在晃动，如眼前那张白纸。当丈夫缓过神来时，妻子已经躺在了他的怀里。

丈夫大声地呼唤着妻子的名字，溢出的泪水滴落在妻子的脸上。当妻子从急救室里醒来时，她无法抑制自己的感情，捶胸痛哭，如诉如泣：老天呀！你怎么不长眼啊！我们还没有孩子呀！等我给他生个孩子，留下后代，我死也无怨无悔！此情此景，在场的每一个人无不心痛，无不落泪。

妻子的病已经是癌症中期，这无疑是向她下了宣判书——死缓！那天晚上，妻子做出了个大胆的决定：在她还没有走到生命的尽头之前，无论如何也要为丈夫生个孩子！丈夫说什么也不同意，对他说：“亲爱的，你不能这样地在折磨自己了，在你有限的生命里要好好地享受一下生活的每一天吧，你以前总是对生活充满了希望和憧憬！我们时时刻刻都在创造生活，但忽略了生命。即使你想要个孩子，也许你孕育的小生命看不到你慈祥的笑容呀！”丈夫的话无不有道理，也许会有两条生命的离去。妻子也知道自己的病可能支撑不到那一天，但她仍然坚持自己的意见。她告诉丈夫：我会好好地生活，会珍惜上天给我安排的每一天！

接下来的时间，妻子怀孕了，那种痛苦超出了常人的妊娠，她一直忍受着巨大的折磨。由于在怀孕期间，她放弃了前期的化疗。为着自己的意愿，为着肚子里的小生命，她把苦痛当作一种幸福！守着这份做母亲的自豪和骄傲，奇迹出现了，生命青睐了她们母子。本来她的病根本拖不到年底，但她却毅然地活到现在，小生命也在成长。当妻子怀孕七个多月的时候，头发已经脱落了许多，身体瘦骨嶙峋，体重急剧下降了四五十斤，已到了日薄西山，气息奄奄的时候了。妻子又果断决定：提前生产！再这样下去，孩子也不能健康地发育，自己也没有生下来的力气了。此时丈夫仍坚持放弃孩子，让妻子多活一段。妻子无论如何也不肯接受，当她用尽了全身力量生下孩子时，自己却昏睡了几天。还好，生下了一个小男孩，七个多月的折磨和罹难总算没有白熬。当妻子从沉睡中醒来时，她的嘴角露出了一丝丝微笑。

听罢这个故事，我的泪水不停地在眼中转动，心也不禁一颤：一位多么伟大的母亲啊！为了延续生命，做出了巨大的牺牲，经历了病痛生子的折磨！令天地动容，江河失色！我们只知道春蚕作茧自缚是为了以后的破蛹化羽，蜘蛛把躯体给它的子女蚕食是为了不让幼小的生灵饿死，即使狠毒的母蝎子也毫不吝惜地把躯体留给它的儿女们。

世界万物，生命的延续，无论是人类还是动物，都是相同。此时，我满心所感到的是一种折服，一种无以名状的敬畏！她们为了子女，不计个人的得失，乃至于生命。

墙缝间的壁虎

在某国发生了一件千真万确的事：有人为了给家里装修，拆开了墙。日式住宅的墙壁通常是中间架了木板后，两边批上泥土，其实里面是空的。他拆墙壁的时候，发现一只壁虎被困在那里，一根从外面钉进来的钉子钉住了那只壁虎的腿。那人见状，既觉可怜又感好奇，他仔细看看那根钉子，天啊！那根钉子是十年前盖那房子的时候钉的。到底怎么回事？那只壁虎竟然困在墙壁里活了整整十年。

黑暗中的墙壁里的十年，真不简单。不对呀？他继而寻思，腿被钉住，一个步子也跨不出的这只壁虎，到底靠什么撑过了这十年？于是他暂时停止了装修工程。它到底吃什么？他要一探究竟。过了不久，不知从哪里又钻出来一只壁虎，嘴里含着食物……啊！他一时愣住了，这是什么样的情啊？为了被钉住腿而不能走动的壁虎，另一只壁虎竟然在十年的岁月里一直不停地衔取食物喂它。

2004年，家里为爷爷过祭祀，按照当地传统不是宰羊就要宰牛，当然鸡鸭等相衬也可。当时我们是宰了一只羊，一只母羊，母羊还育有两只小羊，小羊刚全毛不久，毛茸茸地跑起来真可爱。

唯一让我这么多年都不敢忘的是，当宰生者将刀放在母羊脖子上欲动刀时，门里的一只小羊从旁边的小洞爬出来直接躺在了母羊的脖子处。我也不知道这到底意味着什么，就是此后很少吃肉，俨然成为一名素食主义者。

虽然比起人类之间的仇恨、战争、种族灭绝、恐怖袭击等劣迹来，宰杀动物被人类自身食用而得以生存算是很平常的事情了，但对于生命而言，每一次宰杀都将意味着血腥，全盘呼吁杜绝是妄论，但尽可能地减少被宰杀动物的疼痛，我想对于我们而言还是理应该做到。

从另外一个角度讲，不食或者少食肉对身体是有好处的，中医上讲，人为“裸虫”，肉吃多了，会耗阳，久而久之，身体就会生病，但是，适当地吃肉食对身体也有好处，动物里有人体不能合成的脂肪氨基酸等，两端等长取其何?

对人来说，食肉是生存需要。人是哺乳动物，对肉类有需求。对大自然来说，狼吃羊不仅是为了狼的生存更有利于羊在这种压力下提高生存技能和适应能力，利于羊的进化，是大自然优胜劣汰的需求。对动物来说，提高动物生存的适应性，但对于生命而言又将意味着什么，仅仅为了补充营养？还是贪性促使下的“我乃王者至尊”？

我们人类本是大自然的一部分，弱肉强食是本来就存在的，羊吃草，狼吃羊，一物降一物。只不过，近代以来，人类过度捕杀，致使大量动物濒危，破坏生态平衡，造成很严重的后果，所以才呼吁我们不要捕杀动物。但绝对禁止捕杀动物是不可能的，问题的关键是不要滥捕滥杀使得有生态价值的动物走向灭亡。

有人会问，同样处于食物链顶端，为了生存需要，为什么人食用动物有时会遭到“残忍”一类的指责，而自然界的天敌生吞活剥猎物就没有“残忍”一说?食草动物吃植物也是为了生存需要，这些动物应该不会被冠以“破坏植被”的骂名，那么为什么人在做同样的事情时就会被称作“破坏植被”？“保护动植物”不等同于“不杀任何动物，不毁坏任何植物”，我仅希望远离过度屠宰，杜绝贪性延伸。

敬畏生命，为了弥补动物无法言说，无法倾诉失去的光泽，我希望世界精神文明建设的步伐加快一点。

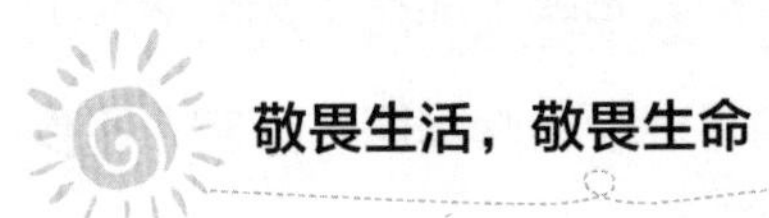

敬畏生活，敬畏生命

弘一法师圆寂前，再三叮嘱弟子，遗体装龛时，在龛的四个角下各垫上一个装水的碗，以免蚂蚁或虫子爬上遗体火化时被无辜烧死。读弘一法师的传记，每到这个细节，都被弘一法师对于生命深切的怜悯与敬畏之心所深深感动。

上高中的时候，我家后院的墙洞里时常有大老鼠出来偷吃东西。不知什么，我产生了一个残酷的想法：悄悄地躲在墙边，在老鼠出来时，拿开水烫它。结果，一只大老鼠被烫得惨叫着缩进了墙洞，我不知道它死了没有，但那时并没有意识到自己的残忍，因为“老鼠过街，人人喊打”，在人类的心目中老鼠似乎有一千个应该死的理由。然而，让我自责的是：两个月后，我在后院又看到了那只大老鼠，它还活着，全身都是烫伤后留下的白斑；最让人痛苦和不安的是，它居然还怀着小老鼠，腆个大肚子，动作迟缓地寻觅着食物，那一刻”生命”这个词突然凸现得异常耀眼，令我感到曾经的行为是多么的卑劣和龌龊。这种感觉在别人看来也许很可笑，但是，对我来说，就是从那时起，才逐渐地感受到了生命的意义和分量。

其实，只有拥有对社会对生命的敬畏之心时，世界才会在我们面前呈现出无限生机，我们才会时时处处感受到生命的高贵与美丽。地上搬家的小蚂蚁，春天枝头鸣唱的鸟儿，高原上奔跑的羚羊，大海中戏水的鲸鱼等等，无不丰富着生命世界。有了它们我们才会时时处处在体验中获得“鸢飞鱼跃，道无不在”的生命顿悟与喜悦。

每当读到关于生命的故事，总会深切地感受到生命无法承受之重，如撒哈拉

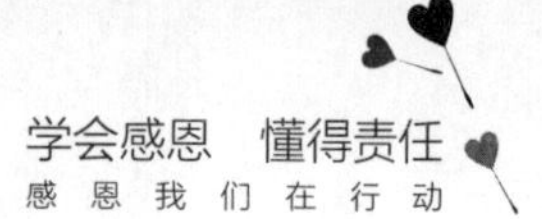

沙漠中，母骆驼为了使即将渴死的小骆驼喝到水潭里的水纵身跳进潭中；老羚羊为了小羚们逃生一个接着一个跳向悬崖，以使小羚羊们在即将下坠的刹那以它们为跳板跳到对面的山头上去；一条鳝鱼在油锅中被煎时始终弓起身子保护腹中的鱼卵；一只母狼望着陷阱中死去的小狼，在凄冷的月夜中呜咽嗥叫。其实，不仅仅只有人类才拥有生命的光辉。

有时候我们敬畏生命，也是为了更爱人类自己，丰子恺曾劝告小孩子不要肆意用脚踩蚂蚁，不要肆意用火或水残害蚂蚁。他认为自己那样做不仅仅是出于怜悯之心，更是怕小孩子的那一点点残忍之心以后扩大开来，以至驾着飞机装着炸弹去轰炸无辜的平民。

确实，我们敬畏地球上的一切生命，不仅仅是因为人类有怜悯之心，更因为它们的命运就是人类的命运；当它们被杀害殆尽时，人类就像是最后的一块多米诺骨牌，肯定会接着倒下去。

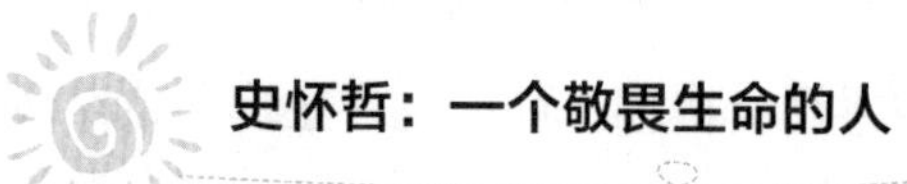

史怀哲：一个敬畏生命的人

史怀哲医生一生所从事的人道主义事业和平等尊严地面对一切生命，对西方动物权利、素食主义、绿色和平主义的影响极其深远。史怀哲的素食观不是只建立在医学的狭隘的生理基础上的，他的伟大之处在于，他把自己终身奉献的人道主义事业，从人与人之间扩散到了整个生命世界。

他说：“除非你能够拥抱并接纳所有的生物，而不只是将爱心局限于人类，不然你不算真正拥有怜悯之心。”他还说：“除非人类能够将爱心延伸到所有的生物上，否则人类将永远无法找到和平。”

史怀哲（Albert Schweitzer,1875—1965）作为一位医学家、神学家、哲

学家、人道主义者，于1913年前往非洲，在蛮荒丛林中行医达50余年。在非洲的第一年，史怀哲面对的人类苦难和内心的煎熬几乎令他退却。那么多的饥饿、疾病、瘟疫；那么多自然与人为的灾难，包括干旱、战争、奴役和死亡。在史怀哲的眼中，整个非洲大陆几乎看不见一丝光明，令他十分颓丧于人类苦难的无穷无尽，和个人力量的微不足道。

他在回忆起那段时光时说："我们常常会因为自己所能做的是那么少而感到沮丧，然而我试着控制这种感觉，心中只想着当时医治的那个病人。我训练自己想着要医好他，然后我才能继续医治下一个，我觉得这样总比牵挂着非洲所有的病人有效。有时候，为了保持理智，你必须实际点。"

有一天下午，史怀哲医生心情非常沉闷，于是就到医院外面附近空旷的原野上散步。这是他化解胸中烦闷的一种有效的途径。就在夕阳穿过树叶洒下一地金色光影的时候，他看到两个黑人小孩在一块玩，他们在阳光下跳舞、嬉戏，全然不知这世界上还有那么多的悲苦与不幸，全然不知饥饿和痛苦就在他们身旁游荡，随时会吞噬他们。

见孩子玩得那么开心，史怀哲的心被震动了。原来人的心灵在任何时候都是可以自由和幸福的，就像这两个黑人小孩，周遭围绕着那么多不幸，他们却能在夕阳下面尽情开怀！

这情景仿佛是一个从天而降的昭示，使这位忧心忡忡的医生一下子平静下来了。"从那次以后，我把那个黄昏的记忆藏在心中，所以每当我感到沮丧时，我便会想想那时刻的喜悦，这使我全身舒畅，能够继续向前走去。"

史怀哲从此再没有停下自己的脚步，把自己的一生都贡献到捍卫人道与生命尊严的事业之中。1953年，他以其对人类心灵做出的伟大贡献而获得诺贝尔和平奖，他的著作《耶稣生平的研究》《文明的哲学》《原始森林的边缘》等书，也成为现代人道主义的经典之作。

另一位伟大的素食主义者，曾说过："素食者所导致性情上的改变和净化，对人类都有相当好的利益，所以素食对人类很吉祥"的大科学家爱因斯坦，曾专门写过一篇叫《质朴的伟大》的文章称赞史怀哲医生。

爱因斯坦说过："像阿尔贝特·史怀哲这样理想地集善和对美的渴望于一身的人，我几乎还没有发现过。而他又有幸具有极为健壮的体格，这给人的印象就更为深刻了。使史怀哲感到欣慰的是，他能用自己的双手去实现符合其天性的一切。健壮的体格要求直接行动，这使他抵制了悲观主义听天由命的倦怠。本来，史怀哲的道德敏感性会使他陷于这种倦怠之中。因此，尽管有当代加于每个敏感的种种失望，史怀哲还是成功地保持了他的乐天的、肯定生活的本性。"

史怀哲之受人尊敬，是在于他把作为人道主义的爱和悲悯，敞开给了我们周围生存着的所有生命。他有着一颗"无缘大慈"和"同体大悲"之心。这正是古今中外一切圣者的共同特征。对于史怀哲来说，无条件的爱和仁慈正是其作为一个生命的意义之所在。

他说："我的生命对我来说充满了意义，我身旁的这些生命一定也有相当重要的意义。如果我要别人尊重我的生命，那么我也必须尊重其他的生命。道德观在西方世界一直就仅限于人与人之间，这是非常狭隘的。我们应该要有无界限的道德观，包括对动物也一样。"

第三节　感恩生命

感恩生命

凋零的花瓣透出的是生命的终结，枯萎的落叶宣告的是生命的停息；雍容的牡丹彰显的是生命的华贵，繁盛的大树凸现的是生命的粗犷。生命不仅给生物以形体，还赋予它无可比拟的华彩，因此，我们要对生命感恩。

感恩生命，感谢她给予我们灵巧的双手。男耕女织，搓绳捻线，做饭煮菜，用双手创造了文明的未来；梳头洗脸，打猎捕鱼，搏斗娱乐，真真切切，为所欲为，把我们所想到的都付诸现实。

感恩生命，感谢她给予我们敏捷的耳朵。听，波涛汹涌，海浪拍岸，风号雷鸣，山呼海啸；听，林间天籁，蝉鸣鸟语，猛兽咆哮，虎啸猿啼；听，丝竹管弦，钟磬鼓乐，合奏清音，吹拉弹唱……听万籁声音，感节奏华美。

感恩生命，感谢她给予我们明亮的双眼。看，大千世界，无奇不有，枝繁叶茂，花开叶落；看，名山大川，峻险陡峭，奇葩异草，缤纷多彩；看，江河湖海，奔腾不息，静谧深邃，浩荡无垠；看风花雪月，春华秋实；看时序更迭，沧海桑田……我们用清澈的双眸还原物体的本质原貌，一个五光十色、缤纷斑斓的世界呈现在我们面前。我们欣赏华美，我们也洞悉丑恶。

感恩生命，感谢她给予我们丰富的感情。喜怒哀乐，悲思忧惧，洒洒脱脱，原原本本，痛快淋漓，无拘无束；喜而笑，怒而吼，悲而泣，表露我们最真实的心迹，抒发我们最本真的情意。

感恩生命，感谢她给予我们一个聪明的大脑。思考疑难的问题，生命的意义；赞颂真善美，批判假恶丑。记住精彩的瞬间，激动的时刻，温馨的情景，甜蜜的镜头。生命赋予我们特有的灵性。

存一颗感恩的心，去看待我们正在经历的生命、身边的生命，悉心呵护，使其免遭创伤。感恩生命，为了报答生命的给予，我们实在不应该轻视和浪费每人仅有的一次生命历程，浪掷青春，一生庸庸碌碌，而应该让生命达到新的高度，体现出生命的价值，让生命更有意义，显出生命本应拥有的精彩。

为爱奔跑

在美国的马萨诸塞州，有一对叫霍伊特的夫妇，他们的儿子瑞克一生下来医生就告诉他们，由于孩子出生时颈部被脐带缠住造成脑部严重受损，从此不能说话，不能走路，是个植物人。医生对他的父亲说，送他到保育院吧，否则只能是家庭的负担和累赘。

瑞克的父母发现，瑞克的眼睛会紧盯着父母转动，当大声说话或大笑的时候，他的眼神流露出专注和感兴趣的样子。这表明瑞克并不是真正的植物人。瑞克11岁的时候，父亲请特天斯大学（Tufts University）的工程师定做了一台具有语言交流功能的电脑，价值5000美元。这种电脑的屏幕上有字母排，当他需要哪个字母的时候，他以摇动他的头来移动指针，直到指针移动到那个字母亮起的时候为止。尽管这样“说”一句话要费上数十分钟的时间，但11年来，他终于能自己“说话”了，并因此迈进了学校的大门。

一件意外事件彻底改变了父子俩的生活。瑞克读高中的时候，他的一个同学因为意外瘫痪了。学校决定为瘫痪的孩子举办一个5英里（1英里=1609.344米）长跑活动进行慈善募捐。瑞克对父亲“说”（借助电脑交流），我想为他做点事情，让他知道，生命会继续。尽管在此之前，父亲连一次性1英里都没跑过，但是他决定满足儿子的愿望，他推着坐在轮椅里的儿子跑完了5英里的全程。回到家后，瑞克激动地对父亲“说”：“爸爸，当我们一起跑的时候，这种感觉太美妙了！我第一次觉得自己是个正常人！在跑步的时候，我感觉我和其他人一样平等。”

这句话深深地震撼了父亲的心，他决心要把那种了不起的感觉尽可能地带给儿子。为了让儿子更多地体会到这种奇妙的感觉，已经年近四十岁的父亲开始学游泳，骑脚踏车，练习跑步。父子俩以“霍伊特组合”为名，开始到处参加各种体育比赛。他推着轮椅上的儿子参加波士顿的马拉松比赛，抱着儿子登山，背着儿子滑雪，用腰拉着儿子（把儿子放在带橡皮艇里）一起游泳，甚至还用单车拉着瑞克横越了美国。开始时，人们对这对父子并不理会，甚至拒绝他们参加比赛，但是父子俩不在乎别人怎么看，没有号码牌的父亲就推着儿子跟在队伍的后面跑。渐渐地父子俩的行为打动了越来越多的人，人们把他们当成了榜样和目标，很多人开始追随他们一起跑步，一直跑到马拉松赛上。后来，只要父子俩的身影一出现，就是波士顿马拉松比赛的高潮。父亲不仅完成了儿子的心愿，也影响和改变了许多人的世界观。

26年过去了，父亲已经66岁了，而儿子也年满44岁。在过去的26年里，父亲推着他的儿子通过了全国数百条终点线，参加了940次赛事，跑了60次马拉松，完成了212次铁人全能赛；而这一切只为了儿子体会到“了不起的”美妙感觉。1992年瑞克获得了波士顿大学的特别教育学位。现在，他在波士顿大学的电脑研究室工作，帮助开发代号为“鹰眼”的系统，该系统将帮助那些瘫痪的病人通过眼睛来操控电脑。瑞克说，我对自己并没感到遗憾。我愿乐观地看着那些我生命中已经完成的事情，那是对我人生的最高嘉奖。现在，父亲已经退休。父子俩每个周末还是要尽量参加一些长跑，或到全国各地进行巡回演讲。

美国的福音乐队（Mercy Me)有一首著名的歌曲，名字叫《我只能想象》

（I.can only imagine）。这很像瑞克对父亲的爱，对于“奔跑”“游泳”“骑车”这样一些最简单的行为，他只能永远去想象，但父亲用特殊的方式给了最美妙的感觉，有人曾问父亲，为什么不尝试独自参赛，看着表现怎样？已经66岁的父亲说，我只想做个好父亲，我不会独自参赛，参加比赛纯粹是为了当我们一起跑步、游动和骑单车时，看到儿子脸上露出甜美笑容时的“奇妙感觉”……

与生命同行

史铁生，在正值青春的时候突然双脚瘫痪，后来又患肾病并发展到尿毒症，只能依靠着每周3次透析维持生命。虽然如此的艰苦，但是他并没有放弃，所以才让他对生命有了这样的领悟。

在我看了史铁生的作品《我与地坛》不禁为他的遭遇深深地叹了一口气，同时又被他的坚强意志给折服了。

对于史铁生来说，《我与地坛》就像是他生命中的一曲篇章，他在文中写到了自己在最风华正茂的年纪，却突然被重病缠身导致了双脚瘫痪，在接下来的道路上，他只能在轮椅上“行走”，突如其来的噩耗，让他深深地受到了打击，他开始选择逃避，逃到一个古老的地坛里，一个人默默地发呆。

他甚至觉得这地坛就像是他自己一样，度过了最初的一点风光以后，就开始变得断垣残壁，有的只是枯萎的花朵与一些发黄的野草。他的内心很苦闷，同是同龄人，他们却能意气风发的开始自己的旅途。而他只能一天到晚坐在轮椅上什么也不做，就这样陷在地坛里孤独的眺望着远方，看看这个破旧的地坛，看着太阳东升西落。

但在后来他开始写小说，开始学会看透这个世界，他不再为自己的双腿而自卑，在他笔下的地坛也开始“活”了起来，一花一草一树一动物，都开始变得生机蓬勃，他从中得到了一些新的生机，感悟到了生命的真谛，渐渐地他的世界便从深深的迷茫中逐渐明朗起来。他也还是会去地坛，在那里他看到过很多的人和事，好比看着一对夫妇从中年一直到老年，一个老头饮者，一个漂亮却痴呆的小姑娘……从他们的身上，作者汲取了甚多的人生道理。

在《我与地坛》中，史铁生写到“你可以抱怨上帝何以要降诸多苦难给这人间，你也可以为消灭种种苦难而奋斗，并为此享有崇高与骄傲，但只要你再多想一步你就会坠入深深的迷茫了”。正是如此，很多时候的放弃，是你败给了自己，而不是命运。

在文中，他还提到了他的母亲，在他的文字中充满着他对母亲的思念与愧疚。他在文中描写母亲：母亲生前没给我留下什么隽永的誓言，或是要我恪守的教诲，只是在她去世之后，她艰难的命运、坚忍的意志和毫不张扬的爱，随时光流转，在我的印象中愈加鲜明深刻。从这句话看得出来，作者的母亲一直扮演着一个默默支持着他的配角，没有浮夸，有的是对儿子的爱。在文中里让我记得最深的一句话就是：这园中不单是处处都有过我的车辙，有过我的车辙的地方也都有过母亲的脚印。这句话里装满了浓浓的母爱，让人很是感动。

读完这部作品，脑海全被作者写的景象所占满，感同身受一般，心中百感交集，为作者母亲对他无微不至的爱而眼眶泛泪，又为疾病的残酷而不禁打了个寒颤，同时也感叹着命运的神奇。作者经历过那么多无可奈何的生活，所幸作者能在命运的盘石中破石而出，以乐观向上阔达闲谈的心态面对人生。

有人说人生来迟早都是要回到它原本的地方，那为何不在有限的时间里活出精彩，活出自己，给这个世界点上足迹。就像司马迁所说的：人固有一死，或重于泰山，或轻于鸿毛。比起做一片轻浮的羽毛何不做一座稳重的泰山呢？

鸟儿飞去了，还有再来的时候；树叶掉了，还有再长的时候；花儿谢了，还

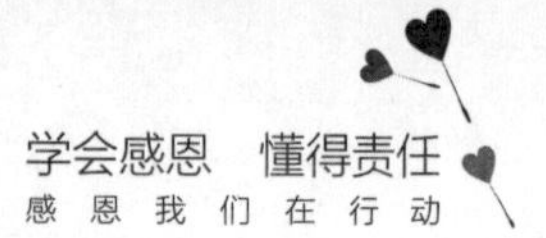

有再开的时候；可是一旦生命没了，就不会再重来。请好好珍惜吧，珍惜上天给我们的一切，它好比我们手中一个易碎的玻璃球，只要肯打磨总会发光，但如果放开双手，换来的只是支离破碎的玻璃片，想要再捡起来只会扎得满手鲜血。

人生一世，草木一秋，一个人不是要经历过多少苦难才会想要去感恩生命，而是无论命运给我们怎样的考验，我们都要勇于面对、敢于生存，然后再去感恩生命。我们应善待身边的人和事，当然也包括自己的生命。如此大千的世界，应存一颗好奇的心，勇于突破，慢慢地享受人生。

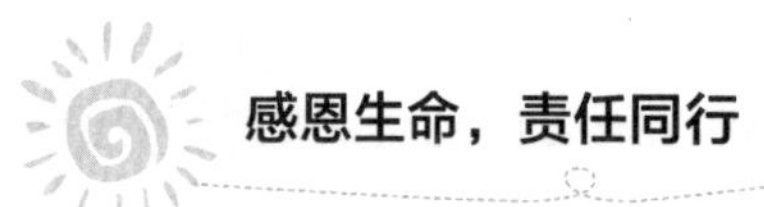

感恩生命，责任同行

感恩，就是让我们承担起报答那些恩惠的责任。

打开百度词条搜索，对于感恩是这样的解释——是对别人所给予的帮助表示感激，是一种处世哲学，也是生活中的大智慧。一个智慧的人，不应该为自己没有的斤斤计较，也不应该一味索取和使自己的私欲膨胀。学会感恩，为自己已有的而感恩，感谢生活给予我们的一切。

读后受益匪浅，觉得我们是何等的幸运与幸福。如果一个人对你好，绝对是命运的恩赐，而不是理所当然。我们在成长的道路上有多少人风雨相伴，父母、兄弟、良师、益友等为我们的前进倾注汗水与心血。

曾经读到过这样子的句子——哪有什么岁月静好，不过是有人替你负重前行。看到过这样一个感触很深的故事——一个儿子，他是个大款，母亲老了，牙齿全坏掉了，于是他开车带着母亲去镶牙，一进牙科诊所，医生开始推销他们的假牙，可母亲却要了最便宜的那种。医生不甘就此罢休，他一边看着大款儿子，一边耐心地给他们比较好牙与差牙的本质不同。可是令医生非常失望的是，这个看似大款的儿子却无动于衷，只顾着自己打电话抽雪茄，根本就不理会他。医生拗不过母亲，同意了她的要求。这时母亲颤颤悠悠地从口袋里掏出一个布包，一层一层打开，拿出钱交了押金，准备一周后再来镶牙。两人走后，诊所里的人就开始大骂这个大款儿子，说他衣冠楚楚，吸的是上等雪茄，可却不舍得花钱给母亲镶一副好牙。正当他们义愤填膺时，不想大款儿子又回来了，他说："医生，麻烦您给我母亲镶最好的烤瓷牙，费用我来出，多少钱都无所谓。不过您千万不要告诉她实情，我母亲是个非常节俭的人，我不想让她不高兴。"看完之后瞬间热泪盈眶，对于我的父母我又何尝这样子竭尽全力付出过？仅有无限的自责与不安。

孝，其为人之本也，只有懂得感恩父母的人，才能算是一个完整的人。用一颗感恩的心去对待父母，用一颗真诚的心去与父母交流，不要再认为父母是理所当然帮我们做任何事情的，他们把我们带到这美丽的世界，已经是足够的伟大，又将我们养育成人，不求回报，默默地为我们付出，我们就别再一味地索求他们的付出，感谢父母们给予我们宝贵的生命，给予的一点一滴。

懂得感恩的人才会知道与他人分享，分享利益抑或是分享快乐，人际关系得以提升。感恩帮助过你的任何一个人，感谢生活给予我们的种种磨难与挫折，当然还要感谢在我们最艰难的日子里肯为我们雪中送炭的每一个难能可贵的人，他们将是我们一生的良师益友，也将是属于我们一生的财富。当然也不忘感恩你的对手，只有对手存在，才能激发你的进取心，上进心，才能激励你取得更大的成就。

懂得感恩，是一种情怀，一种气度，更是一种不可或缺的责任。

20世纪初的一位美国的意大利移民曾为人类精神历史写下灿烂光辉的一笔。他叫弗兰克，经过艰苦的积蓄开办了一家小银行。但一次银行遭抢劫导致了他不平凡的经历。他破了产，储户失去了存款。当他带着一个妻子和四个儿女从

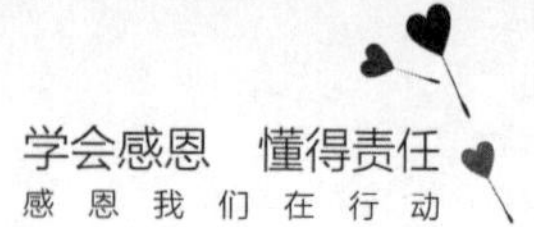

头开始的时候，他决定偿还那笔天文数字般的存款。所有的人都劝他：“你为什么要这样做呢？这件事你是没有责任的。”但他回答：“是的，在法律上也许我没有责任，但在道义上，我有责任，我应该还钱。” 偿还的代价是三十年的艰苦生活，寄出最后一笔“债务”时，他轻叹：“现在我终于无债一身轻了。”

责任心是一种非常重要的素质，是成为一个优秀的人不可或缺的一部分。做人必须要有责任感，我们在生活或工作中不仅要对自己的一言一行负责，还要对关心呵护我们的父母负责，对帮助信任我们的领导同事负责。

责任不仅是我们做人应该具有的品质，责任也提升人的境界，让人变得美丽。律所为我们创造的办公环境优美舒适，我们都应该多一份责任意识，更好地去爱护，去维护办公室的环境。办公室物品摆放井然有序，布置风格惬意优美，这样的工作环境不但使我们工作起来舒心愉快，洽谈业务的客人也会感受到整个律所的精神风貌，倍感温馨。

责任就像肩上的担子，感恩就像桶里的水。责任并不会那么好挑起，而感恩或许也会成为一种负担，让人负重前行。但感恩，又不是压力，更不是债务负担，而是一种责任，这种责任是催促我们向上的动力。律所创立伊始，对于律所文化的建设每一位领导人都付出辛勤劳动，总结出的核心精神深深感染着我们，令我们终身受益无穷。我们每个人都应视建设律所文化为己任，时刻付诸行动，全力以赴。

感恩生命，责任同行。我们应该以感恩的心去实践自己的责任，这种感恩与责任是对律所，对自己的尊重。愿我们珍惜现在在律所工作的每一天，珍惜在你我身边围绕的每一位同事，大家一起携手共进，为律所的文化建设工做贡献自己的每一分力量！

下午看到窗台上的盆栽开得绚丽多彩，瞬间就感到了生命的伟大。突然就想起小时候家乡只有在晚上才开放的紫茉莉，人们俗称它昙花，仿佛看到绽放的昙花皎洁饱满，光彩夺目，她们不争不抢，对自己的每一次绽放都怀着感恩之心，默默开放，即使是在夜晚无人欣赏之时也努力完成自己生命的一次怒放，圣洁的让人感动。多少人感叹过，几十年甚至上百年的生命旅程对于人来说，是何其短暂！时刻怀有感恩之心珍惜对待身边的每一个人，工作中的每一件事，用积极的态度对待生活，对自己负责，不轻易放弃自己的追求，认真地过好生命中的每一天！

愿你我做一朵盛开的花儿，即使昙花，也只有香如故……

怀有一颗感恩的心

一次学术报告会刚刚结束，观众们正沉浸在那闪烁思想火花的精彩绝伦的报告当中，一位年轻的女记者便急切地走到当代科学大师霍金面前，怀着深深的敬仰之情向这位被困在轮椅上长达三十多年，却从未停止过深邃的科学思考，并以一长串辉煌的业绩展示于世人，提出了一个十分不解的困惑“霍金先生，卢伽雷病已将您永远地固定在轮椅之上，您难道没有为自己已失去了太多而悲伤过吗？”

此问一出，会场内骤然鸦雀无声，人们纷纷将期待的目光再次投向这位当今的智慧英雄。

霍金脸上依然挂着恬静的微笑，他缓缓地抬起手臂，用不太灵便的手指，艰难地敲击着胸前的键盘，随着合成器发出的标准的伦歌声，在宽大的投影屏上，缓慢而醒目地出现了下列几行文字：

我的手指还能够活动；

我的大脑还能思推；

我有终生追求的理想；

有我爱和爱我的亲人和朋友；

对了，最重要的是我还有一颗感恩的心……

于是，肃穆的会场上再次响起如潮的掌声，人们纷纷拥上前台，向这位坦然面对磨难、挑战艰难并不断铸就人生辉煌的人生斗士，致以深深的敬意。

“最重要的是我拥有一颗感恩的心”，轻轻地通读着霍金先生那简单而隽永的人生赠言，我的心灵被震颤了，望着荧屏上霍金那并不高大的身影，我恍然读懂了一个十分重要的人生命题——怀有一颗感恩的心。

我不由得想起了一位至今仍生活得十分困顿的乡下老者，他辛辛苦苦盖起来的三间砖房，几乎花掉了他半生的全部积蓄，却在一个傍晚被一场突如其来的山洪冲毁了，面对前来救灾的乡邻，他竟面带微笑，挺着瘦骨嶙峋的身板，不无感激地反过来安慰他人：“大人和孩子的命都保住了，就谢天谢地了，再好好地干几年，就不愁再盖新房。”这位老者是我的一个远房叔叔，今年秋天一家七口仍借住在两间简陋的土坯房内，可在和我谈话时，他的脸上分明洋溢着一份真实的满足，甚至可以说是惬意。他那直面艰难的从容的生活态度，一点也不逊色于我所知道的那些史书上赫赫有名的大人物。

是的，生活中总是不可避免地会有许多的不如意，甚至有许多是猝不及防的灾难，这时不妨转念一想，想想不甘失去的那些东西，不妨将目光转向命运垂青的那一面，多看看那些让人心情愉快的地方，以感恩之心，去重获信心，鼓起勇气，坦然地将所有的苦难与艰难都坚韧地熬过去。

至于生活慷慨馈赠的那些成功与收获，也应该心怀感恩之情，感恩某些机遇的惠顾，感恩他人善意的关心和帮助，感恩自己不懈的努力。会感恩，才会珍惜每一次希望的撒播，才会重视每一次汗水与心血的倾注，才会得到更多的幸福。

懂得感恩的人，是快乐的人，懂得把感恩的种子撒进生活的土壤，必将拓宽人生的境界，必将拥抱芬芳的人生。

生命的支点

在土耳其旅游途中，巴士行经1999年大地震的地方，导游趁此说了一个感人也感伤的故事，发生在地震后的第二天……地震后，许多房子都倒塌了，各国来的救援人员不断地摸寻着可能生还的幸存者。

两天后，他们在缝隙中看到一幅不可置信的画面——一位母亲，用手撑地，背上顶着不知有多重的石块，一看到救援人员来便拼命地哭喊着："快点救救我的女儿。我已经撑了两天，我快撑不下去了……"她七岁的小女儿，就在她用手撑起的安全空间里。救援人员大惊，卖力地搬移在她上面和周围的石块，希望尽快解救这对母女。然而石块是那么的多、那么的重，怎么也无法快速到达她们身边，随后媒体到达这一地点，拍下画面，救援人员一边哭、一边挖，辛苦的母亲苦撑着等待救援……土耳其人透过电视和报纸，都为之心酸的掉下了眼泪，更多的人，放下手边的工作投入救援行动中。

救援行动从白天进行到深夜，终于，一名高大的救援人员够着了她的小女儿，将她拉了出来，但是，她已经气绝多时了，母亲急切地问："我的女儿还活着吗？"以为女儿还活着，是她苦撑两天的唯一理由和希望，这名救援人员终于受不了了，放声大哭起来；"对，她还活着，我们现在要她地送到医院急救，然后也要把你送过去！"他知道，如果母亲听到女儿已死去的消息，必定会失去求生意志，松手让土石压死自己，所以欺骗了她。

母亲疲惫地了笑了，随后她也被救出灾区送往医院，她的双手一度僵直无法弯曲。隔天后，土耳其报纸头条便是一幅她用手撑地的图片，标题为；生命的支点。长得壮硕的导游说："我是个不轻易动感情的人，但是看到这篇报道时，我哭了。以后每次带团经过这里，都会讲这个故事给大家听。"

其实，不只是他哭了，在车上的我们，也哭了……

拓展作业

1. 你是否认真观察过大自然，体会生命的美丽？

2. 总结出10条热爱生命的名人名言。

3. 生命有让你感动的经历吗？和大家一起分享分享。

4. 读完上面的文章，你有什么感想？

第二篇

父母，最伟大的亲情

“给予生命，抚育长大，成家立业，安详平和”，这大概是父母从孕育生命开始的人生写照。陪着子女度过人生四分之三的年头，惦念着子女安全与未来的四分之三的岁月，爱着子女的属于自己四分之三的生命。我想，对于子女，大概父母花光了自己的力气。“父爱如山，无论有多大困难总是依靠的屏障；父爱如伞，为你遮风挡雨；父爱如路，伴你走完人生。”对于父爱的描述总是严肃而又含脉脉温情，父亲总是用一份默默贡献着的爱呵护着我们的成长。“母爱如水，刚柔相济，缓缓流畅；母爱如灯，点亮心中，指明方向；母爱如春，阳光雨露，浇灌一生。”对于母亲的爱总是具体明确，是她的唠叨，是她无微不至的照顾。感恩父母，感恩亲情，感恩那颗不求回报、只愿子女平安健康的心。

第一节 父爱如山

深沉的父爱

可能拥有健康体魄的我们感受不到，来自上天的折翼天使是一个家庭的悲哀，还是一个家庭的支撑，抑或是一个考验父母之爱的使者。父爱如山，高大而巍峨，让我望而生怯不敢攀登；父爱如天，粗犷而深远，让我仰而心怜不敢长啸；父爱是深邃的、伟大的、纯洁而不可回报的，然而父爱又是苦涩的、难懂的、忧郁而不可企及的。父亲像是一棵树，总是不言不语，却让他枝叶繁茂的坚实臂膀为树下的我们遮风挡雨、制造荫凉。岁月如指间的流水一样滑过，不觉间我们已长大，而树却渐渐老去，甚至新发的树叶都不再充满生机。常常在想，或许，那种日出而作，日落而息的模式，更能激发人们某种内在的情愫。我们不必面临父母在病痛中逝去的忧伤，他们微笑看着儿女的嬉戏，儿女扯着父母长满老茧的双手，心疼地看着父亲老去的容颜，守着炊烟袅袅升起的地方，看风起风止，水涨水落，云散云聚，不是一种简单的幸福生活吗？岁岁年年，年年岁岁，温情依然，简单依然。当然有时，也会想着外面世界的精彩，都市的繁华，都被这简单的幸福打败了，为它而止步。从不知道，何为别离，何为重逢。现在想来，那个时候的自己是最真的自我，想哭就哭，想笑就笑，满足了就手舞足蹈，得不到就大吵大闹。在父亲的怀抱里不需要掩藏自己的情绪，只需要展现最真的自己。父爱沉重，父爱又轻松，给我们一方安宁的天地，让我们栖息休憩。

迪克·霍伊特——一位现年65岁的美国父亲关爱培育残疾儿子的真情故事，感动着这个世界。他把至今不能讲话与走路的残疾儿子，培养成一位优秀的大学毕业生。他一共85次推着轮椅上的参加了26.2英里长的马拉松跑。他还曾8

次推着的轮椅跑完26.2英里后，又拖着儿子坐的特制小舢板游泳2.4英里，并用自行车拉着轮椅上的儿子骑车112英里，最终顺利完成铁人三项运动。另外，他还带儿子环游整个美国，滑雪、爬山、骑车、演讲，其中有一次行程总计3735英里。因为残疾，孩子失去了很多能力；而来自父爱的力量，让孩子重新拾回那份生活的勇气与精彩生活的信心。

故事追溯到1962年，刚刚出生的，由于被脐带缠绕，脑部缺氧，造成严重脑损伤，从小无法控制自身的四肢运动。上天在关键的时刻与迪克开了个玩笑，医生告诉迪克放弃孩子，对于即将成为植物人的孩子来说，生活没有意义，而现有的家庭也会因为这个孩子失去很多的东西。电影《怦然心动》里女主人公的父亲就为抚育与瑞克同样情况的弟弟而遭遇人生的困苦与来自他人的耻笑，更不用说是自己的家庭。迪克回忆说，在医生建议我放弃的一瞬间，我看见瑞克的眼睛绕着整个房间转了一圈，最后停留在我身上，那眼神充满着强烈的求生欲望。从那刻起，他决定和妻子自己来养活并教育他。在短短的五年中，迪克夫妇又给里克带来两个弟弟。夫妇俩对瑞克最为宠爱，他们坚信瑞克和他的两个弟弟一样，有着相同的智商。在瑞克七八岁的时候，迪克夫妇开始考虑让瑞克像常人一样上学。无法想象来自父爱的倔强会支撑着一个生命的成长与这个生命后来的绽放。

对于脑损伤的孩子来说，上学并不容易，需要克服来自校方的压力与来自家庭的压力。学校的不接纳让迪克绞尽脑汁，想出所有可以让自己孩子接受平等教育的方法。在瑞克11岁那年，迪克找到了来自图夫茨大学的一群专家来解决瑞克的交流问题。专家告诉迪克要做一个实验，找到里克有理解、交流可能性的证据。迪克很高兴地同意了，因为他了解孩子，相信孩子能过关。实验中一位专家说了个笑话，瑞克听了之后，脸上居然露出了快乐的笑容。没错的，瑞克有着自己的思想。因为父爱的力量，所有人看到了瑞克的内心世界，知道了他的真正的想法！全世界都以为他的孩子是个傻子，而他把他的孩子培育为精英！后来，瑞克成了一位科学家，在自己的领域做出了杰出贡献！

外国制作人雷利说，我一直认为我是一个好父亲，因为我赚很多钱，给自己的孩子买很多玩具。但认识了，并倾听了他的爱心故事后，我真正理解了什么才是真正的好父亲。真正的父亲是给你成长的信心，带着你走向美好未来；真正的父亲是给你发现世界的眼睛，体会人生的酸甜苦辣、更懂人生真谛；真正的父亲是让世界发现你的美，当世界都为你动容，还有什么理由可以阻挡你前进的脚步？一个眼神，一句关心已经足够证明那份来自心灵深沉处的父爱。这世上，有一种爱，可以为你遮风挡雨；有一种爱，可以为你洗濯心灵；有一种爱，可以伴你走过人生。那就是无私而伟大的父爱。有人说，父爱也是自私的。本性使然，无可厚非。虽然，父爱不会像太阳那样炽烈，但绝不会如流星那样一闪而逝，父爱会追随你有限的一生，温暖地陪伴，不离不弃。同时，父爱会延续，即使天荒地老，父爱一直在！

父爱默默，独自承受生命之重

有一种爱，它是无言的，是严肃的，在当时往往无法细诉，然而，它让你在过后的日子里越体会越有味道，永生永世忘不了，它就是那宽广无边的父爱。有人说，父爱如山，伟岸绝伦。也有人说，父爱如灯，照亮前路。父爱，有如一缕阳光，让你的心灵即使在寒冷的冬天也能感到温暖如春；父爱，亦如一泓清泉，让你的情感即使蒙上岁月的风尘依然纯洁明净。父爱，是一座山峰，让你的身心即使承受风霜雪雨也沉着坚定；父爱，也是一片大海，让你的灵魂即使遇到电闪雷鸣依然仁厚宽容。

家庭离不开一个父亲默默地付出，去挣取生计，去考量家庭每个人的未来；

家庭离不开一个父亲默默地承受生命之重、承担这个家庭赋予的责任，负担起一个家庭的幸福与快乐。我知道，一个家庭对于父亲的意义，那是他的全部；我知道，一个孩子对于父亲的意义，那是他的希望；我知道，他的生命对于父亲的意义，那是他用来奉献家庭的载体。感受不到来自父亲实实在在的关心与照顾，因为他把自己的感情藏在心里，化在行动中，无形浸润着子女们的世界。没了父亲的世界，是一份爱的抽离之痛，是心里一个角落的坍塌，是以爱为名的生命的不完整。当子女长大成人时，父亲的脸上却已经满是岁月的痕迹、辛苦的象征。注意到那一刻的父亲，子女的心里该是激荡着怎样的波浪。父爱默默，独自为子女承受着生命的重量。当你未及18岁，你的生命是由父母为你负重，无忧无虑；当你走上工作岗位，父母的生命也应当是由你来负重。感恩父爱，感恩那份生命的重量。

曾经看过一个故事，大概是一位父亲带着他的心爱女儿坐船到美国去和他的妻子团聚。有一天，父亲正在为女儿削苹果，船突然颠簸了几下，那把水果刀一下子准确无误地插进了父亲的胸口，女儿也因这一阵剧烈的摇晃而摔倒在舢板上，当她抬起头见父亲嘴唇变得苍白，女儿不明白这是为什么？可父亲发现女儿并没有看见什么，就轻轻地把女儿往旁边一推，悄悄地拨出了水果刀，忍痛擦掉了刀上的鲜血，慢慢地，慢慢地撑着站了起来。接下来的几天里，父亲依然为可爱的女儿洗衣服，讲故事，唱摇篮曲，一切如常，可父亲的身体却在一天天地变得虚弱，脸色在一天天地变得苍白，只是年幼的女儿没有察觉父亲的这些变化而已。

“还有一天就能见到妈妈了”，女儿无比高兴地说，因为高兴，她的脸颊绯红，可爱极了！“如果见到你妈妈，你一定要告诉她，我爱你们，爱我们温馨的家”，父亲有气无力地说。女儿瞪着圆溜溜的大眼睛，娇滴滴地问：“还有一天就能见到她，你为什么不亲自告诉她这些呢？”父亲只是轻轻地笑了笑，没有回答女儿。

在所有人的期盼中，船渐渐地靠岸了，大家都在为见到亲人而欢呼着，跳跃着，女儿一下子就在人群中找到了自己的妈妈，她顾不上去牵父亲的手就向妈妈身边奔去，可这时的父亲再也没了向前行走的力气，慢慢地倒了下去，从此再也没有爬起来。后来的检查，让无数人震惊，原来那把水果刀无比精确地刺穿了那位父亲的心脏！避不开生命的逝去，躲不掉“人固有一死”的警句，但是在生理威胁下，用自己的意志依然坚持几天、直到将女儿平安送到妻子身边才放下那颗爱护的心，让上帝带着他的灵魂去向天堂。人类的意志大概是世界上最为强势的存在，战胜自然、赢得称赞、改变着世界。父亲的坚毅是人类意志中的代表，无论何时何地，都为子女努力着。这世上，永远别忘了，时间的残酷；永远别忘了，人生的短暂；永远别忘了，有一种无法报答的恩情；永远别忘了，生命有不堪一击的脆弱。这个世界有一种爱，亘古绵长，无私无求；不因季节更替，不因名利浮沉。有时，无言是这个世界上最好的诠释。父爱其实很简单。它像白酒，辛辣而热烈，容易让人醉在其中；它像咖啡，苦涩而醇香，容易让人为之振奋；它像茶，平淡而亲切，让人在不知不觉中上瘾；它像烈火，给人温暖却令人生畏，容易让人激奋自己。我知道，这个世界上，即使是最落寞的角落，也一定有一缕阳光，温暖那个寂寞的灵魂，那是父爱！

父亲的爱，是春天里的一缕阳光，和煦地照耀在我的身上；是夏日里的一丝凉风，吹散了我心中的烦热；是秋日里的一串串硕果，指引着我走向成功；是冬天里的一把火，温暖着我那颗冰冷的心。父亲的爱，无处不在！纵使是丹青高手，也难以勾勒出父亲那坚挺的脊梁；即使是文学泰斗，也难以刻画尽父亲那不屈的精神；即使是海纳百川，也难以包罗尽父亲对儿女的关爱！

英雄父亲

小时候，我想每个人心中的英雄就是父亲。他把你放在肩上骑大马，帮你扛起一片天，让你在穹顶下蹦蹦跳跳地成长……像顶天立地的英雄。想要跨过那个泥坑，可是你迈不开步伐，然后父亲总是无言地托起你的重量，跨着他的大步伐带你过一个个的坎。默默为儿女铺好每一步路，为儿女放弃自己、为儿女折中。父亲的爱，是实实在在的，没有华丽的词语，没有亲昵的做作。父亲的爱，是沉沉甸甸的，不会直接表达，有时倒觉得是在惩罚。父爱在我心中，印得最深，时效最长，感受最涩，受益最大。那是一座高高的山，做儿女的永远——在山的庇护下。父亲，是撑起子女一片天的英雄。在第一次跟你出远门的时候，我心里一直担忧着，因为父亲是从我记事起第一次出远门，我怕他找不到路，我怕一个普通的农民跟不上一个大城市的步伐。然而，出乎我意料的是，父亲带着我顺利找到了所有地点而且把开学事宜安排得井井有条。那一刻，我的心里充满着敬畏；那一刻，父亲在我心中就是我的英雄。他总说，求学不要怕花钱，我给你赚。可是我知道，家庭的重担在父亲的身上，而父亲的责任依靠在这土地上。在炎炎夏日面朝黄土，汗洒稻田；在烈烈寒风弯腰干活，他佝偻的背影是我心中永远的痛。文弱书生，其实无法想象父亲在干活时的辛劳，只知道回到家总是日落西山，回到家总是疲惫的模样，回到家还得自己做饭；还有可能，在干活的土地上烧个土炕，草草果腹午餐。我总是对父亲说别这么辛苦了，他说家里还要负担你们的未来，无言。我知道，他的这份倔强来自对儿女的爱，来自对家庭的爱，“为了你们，我愿意放弃我自己”的低姿态。

在《金刚狼3》里令我感动的第一位父亲是在收留了逃亡中的金刚狼的内特

一家人，最后为他们的一点好心全家丧命，其中内特的父亲临死前拿起枪管，将枪口对准金刚狼。他意识到了自己的妻儿惨死都是因为面前这个人，他也知道面前这个人是变种人、异能者，他更知道自己普普通通的生命根本无法对这个仇人造成什么威胁。可是他在生命的最后一刻拿起枪，带着满腔的仇恨与勇气对准那个害死他所爱之人的人。即使最后戏剧性地——枪卡壳了，他窝囊到连射出一发子弹都不行。画面里的他绝望地倒下，却在我心里站了起来。他是一个英雄。大约天底下所有的父亲都像他一样普普通通，但为了自己想要保护的人，都能变成英雄。

第二个令我感动的父亲就是那个超级英雄。有的人会让你产生错觉，觉得他永远不会死亡，永远不会离开。他是经历了无数次变种人和变种人的战争、变种人与人类的战争、人类与人类的战争的战士。是杀戮决断野性难驯无往不胜的杀人机器，是X教授最无助也是最英勇的学生，是痛失所爱永远得不到救赎和幸福的金刚狼。他带着绝望而生，最后却拼死保护与他相识只有一星期、带着他基因的劳拉，带着希望而死。上个时代的英雄和黑色的自己一起被埋葬，死前倔强的劳拉也终于叫出了“爸爸”。这部电影里他似乎变成了普通人，也会输也会死，也会想拥有亲情，也会在等一声“爸爸”。可以说漫威成功的地方在于，为了所爱之人、所要保护的人，普通人成了英雄，英雄落为普通人。正如《金刚狼3》所说，“他的墓前没有碑文和鲜花，只剩一个用树枝搭成的‘X’，记录下这一路跌宕，低语着他曾经不可一世的辉煌”。从此，世间再无金刚狼。从此，劳拉有了爸爸。其实，这个世界上本来就没有英雄啊，只是他们为了你而变成英雄。这个年纪，我们都是劳拉或者内特。我们的生活不是漫威大片，有逼近的死亡和无限的幻想。我们只是简简单单地活着。小时候我们把父亲当作挡在我们前面的大英雄，就像年轻时的金刚狼，有他在无论你在学校被人欺负还是被老师说教，都不用害怕。

“如果我能遇见你，我会给你煎好牛排拌上沙拉，给你倒一杯白兰地，自己端着咖啡跟你窝在窄小但舒适的沙发上。”可我怕再也不会遇见你了，父亲，你是我的超级英雄，我感谢你的倔强和顽强，感谢你的绝望与希望，感谢你的愿意为了我而放弃自己。我曾对你说，“以后我真的会养你的！”你笑着说，“让你们得到不同于我们那个年代的物质与精神于我来说已经足够了！”泪目，然后我沉默了。当自己奔向梦想与未来，彷徨时，会问自己是为了什么？在意识清醒时，我的心里担的是满满的社会主义接班人的重任；而当意志脆弱时，我会告诉自己为了家庭、为了爱我的家人，不能放弃前进的步伐！打电话回家，你总是不爱说那些听起来很煽情的话语，一直说的也是“好好吃饭，没钱了找我”。这样的话语让我觉得父亲好像是一个“提款机”的作用，但是我知道说出这句话对于家庭并不宽裕的父亲来说是一份沉重的负担，心里总会默默对父亲说“父亲，你真的辛苦了！”正如歌词里唱的：“一九八四年庄稼早已收割完，女儿躺在我怀里睡得那么甜，今天的露天电影没时间去看，妻子提醒我修修缝纫机的踏板，明天我要去邻居家再借点钱，孩子哭了一整天啊闹着要吃饼干，蓝色的涤卡上衣痛往心里钻，蹲在池塘边上给了自己两拳。这是我父亲日记里的文字。这是他的青春留下来的散文诗。”眼睛已经起雾了，心中也愈坚定那份对你的承诺：“我会养你的！”

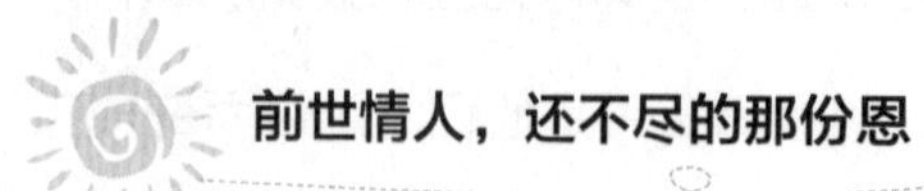

前世情人，还不尽的那份恩

你是我的牵绳，我是你的风筝，你拉着我越飞越高，越飞越远。我看到了江水如何滔滔，群山如何连绵，我还看到一湾生命之水，在你的牵引下流过四季春秋，流过岁月更迭。回过头来，我看到你满脸的汗水，却不知疲惫。你吝惜的目光撞进我沉默的眼泪，漫不经心地落在寓于无形的体会。父亲，下辈子，我依然做你前世的情人。“女儿扎着马尾辫跑进了校园，可是她最近有点孤单瘦了一大圈。想一想未来我老成了一堆旧纸钱，那时的女儿一定会美得惊艳。有个爱她的男人要娶她回家，可想到这些我却不忍看她一眼。”前世的情人，抵不住现世时光悠悠；前世的情人，今生今世我依然为你吃醋；前世的情人，此刻我想陪你走到你人生的尽头。父亲与子女间的牵绊拉不断，扯不断，即使孩子长大时、为了放飞他的梦而剪掉的风筝线依然还在牵动着子女的心。你要去远方，父亲送你去车站时一路的沉默，但回首过后，你没看到转过身的他那泛红的眼眶，还有眸中舍不得的神情。你在外受了委屈，给他打电话哭诉，他在电话里还保持着惯有的严厉，可挂掉电话的那个无人夜里，他可能哭得像个孩子一样，为你而心痛。这就是我们的父亲，他的心也是柔软的，只是包着一层脆脆的壳，你在壳里，而生活的艰辛都被他挡在壳外，哪怕用自己所有的能力。前世情人，我还不尽的那份恩！

“再见了小时候，懵懂的我，现在的梦，已经成熟。”后来我们慢慢长大，当年的英雄般的前世情人却慢慢衰老，直至变成普通人，我们联系渐少，每次只是寥寥数语。“最近过得好吗？”“还好啊。”“爸爸，忽然有点事情……”我们变得很忙，忙得忘记了家里还有一个老父亲；我们变得很忙，每年回家不过一次两次，甚至一年到头不曾见到父亲一面；我们变得很忙，父亲为了不打扰我们也渐渐消了音讯。也许，那时我们被工作、被家庭压得喘不过气，只有在过马路的时候看到老爷爷老奶奶才会想起在乡下的父亲和母亲，惦念才会从心到家，到那些我魂牵梦萦的亲人处。弟弟总是抱怨父亲对我的偏心，然后父亲说：“就是偏心啊！”撇去那些天性，只是我们从前世就相遇了，牵绊了。有一天，或许我回头看时，已经无所谓那些偏心不偏心的说法时，我看见的是一个父亲的期待与守候，父亲的怀抱一直为我敞开。有一天，或许我回头看时，那些往日的时光缝隙中尽显父亲爱意。然后，我可能会发现他斑白的头发，我会发现他不再笔挺的身影，我会发现他浑浊发红的眼睛，我会发现他不再飞扬的笑容。还有他的稍见苍老的眼梢、愈发厚重的笑容、更加苍劲的笔锋，还有发硬发黄的满手的茧子……我常常会想，前世我们相遇时的景象，还是你牵着我的手走过那一个个不平坦的石块？还是你在那些夏季下雨打雷的时候的轻声抚慰？还是你细心做饭的时候、我在旁边偷吃的场景？看过一句话：父亲的爱像右手，它只知道默默地给予，却从不需要左手说谢谢……

暖心的父爱其实就在身边：在她听到父母谈论关于公司继承问题时，她手里准备送给父亲的生日礼物掉落在地。她来到女友家暂时住下，她忘不了母亲说的那句话：毕竟她只是养女，还是让儿子从美国回来管理公司吧。父亲握着生日礼物，一遍一遍地给她打电话，她一遍遍挂掉。男友带她们来到一个偏僻的地方，并说让她先下车，他有事和女友说。她乖乖下车，却看见远处父亲苍老的身影。男友对着电话说，现在你看到你女儿了，把钱放下，退后。他下车拦住欲冲向父亲的她，用刀抵住她的脖子。父亲着急大喊别伤害她。警察此时也赶到，一切僵持着。他将她塞进车里，开车驶向放钱的地方。此时父亲竟拦在车前，车身将他撞飞起来又滚落到地。直到父亲拄着拐杖，陪在她身边看日落的时候，她才知道其实父亲一直在她身边。父亲总爱沉默，总爱不声不响爱着那个不足的你。我们很年轻，因而很轻狂，一言不合，就会拒绝父亲的电话。我们不听解释，我们并不知道他们深沉地爱着。逃离父亲的视线，逃离他能控制的范围，他总是对我们放心不下。“出门在外，一定要注意安全！”这时候的他们总是让母亲担负着传话的责任，仿佛这个离他远去的孩子一丝不干他的事一般。“长大了，留不住了，就让孩子自由地飞吧！”

岁月悄然走过，记忆沉淀过去，空中飘荡着优美的旋律，拨响了我的心弦。你好像我的守护星，如果没有你我肯定会迷路到银河系之外。你一皱眉，我就会不知所措。你一微笑，我也会开心地跃起。你会永远牵住我的手，一直有魅力的并会永远守护着我的，我的前世情人。“每一道有你风景，帮你按下快门的秘密情人。什么爱，不说，就已经存在；什么爱，望着，就全都明白。你笑，一点一点一滴漾开，一字一句形容不来，是星空上的银海。我后来，会在纯白的礼堂，牵好久的手，交给另个他。眼泪一点一点一滴流下，感动也会跟着留下，远远看着你们幸福，像前世我们有过的模样。”当他们老了，我们也大了。无论我们和父亲之间，是亲、是远、是疏，父爱于我们终究是伟大的。请不要在感叹时间流逝的时候，遗漏了我们对于父亲之爱的感激与致敬！那一天，我终于读懂了爱写在每一个平凡的家里，写在平凡的小事里。

那已经是很多年前的事了，我上四年级时的第一个星期。那天放学之后，我从学校出来，沿着联合大街向市中心的我爸爸的修鞋店走去。然而，在到达他的修鞋店之前，伍尔沃斯连锁店的橱窗像磁铁一样吸引了我的目光。橱窗正中显著的位置上摆放着一个红色格子花呢的书包。书包上那红色鲜艳的塑料手柄在秋日明亮的阳光下闪烁着绚丽多彩的光芒。书包的前面是一个嵌入式的铅笔盒，它的开口处镶着一条有着黄色拉环的拉链。我靠近橱窗，把脸贴在玻璃上，以便能够看清楚它上面的那两个扣环。它们也是用那种红色鲜艳的塑料做的，而且它们被恰到好处地安装在书包的盖子上。如果我能有个这样的书包，那我不也就像珍妮特和我们班上其他女孩子一样了吗？我想到。但是，我知道那是不可能的，我爸爸从来都没有说过要给我买这种书包。

想到这儿，我气愤地从肩头把我的那个褐色的书包滑下来，然后使劲将它摔到我前面的人行道上。在这明媚的秋阳下，这个皮书包一点儿光泽都没有，而书包上那黄铜做的扣环也是那么黯淡，没有一丝闪光。此刻，它就这么静静地躺在人行道上，像一头又老又丑的母牛，横亘在我和橱窗里的那个红色格子花呢书包之间。我的书包是爸爸自制的。

然而，无论我怎么苦思冥想，也想不出一个合适的理由对爸爸说我不想要他给我做的这个书包。最主要的，那个红色格子花呢书包要3．98美元一个，我想我们可能买不起。

第二天早晨，当我醒来准备去上学的时候，我感到非常为难。因为今天，珍妮特邀请我们班级所有的女孩放学后到她家里去喝下午茶。在这之前，我不仅从来没有喝过下午茶，而且也从来没有去过珍妮特的家里。我不想背着这个破书包去她家里。在我们班里，她是一个很讨大家喜欢的女孩，而且，她还拥有我们每一个人想要的任何东西。不仅如此，珍妮特还拥有一头漂亮的金色鬈发，她住在郊区的一栋单门独院里。她的爸爸在一家大公司里工作，而且还有自己的办公室。珍妮特也有一个从伍尔沃斯连锁店买来的配有铅笔盒的红色格子花呢书包。

那天上课的时间好像特别长，没有尽头似的。终于，好不容易熬到了放学，我们八个女孩一起来到了珍妮特的家里。哦，这一趟我真是不虚此行，大开了眼界。她的家比我所想象的还要漂亮。看着她家豪华的装饰，我感到就好像是在拜访一位公主似的。

珍妮特的妈妈端着一个银质的茶壶，帮着她为我们倒茶。而我们则几乎都在等待着吃饼干呢。就在这时候，门开了，珍妮特的爸爸走了进来。

“嗨！爸爸！”珍妮特张开双臂向他跑去迎接他。他没有看珍妮特，只是心不在焉地用手轻轻地拍了拍她的头。“哎，别把我的衣服弄破了。”他一边说一边向后退了一步。

“哦，嗯，对不起，爸爸。”珍妮特说，“您想见见我的朋友吗？”“我没有时间。”

他不耐烦地说，同时，打开公文包，从里面掏出来一摞报纸。

“凯瑟琳，”他对着珍妮特的妈妈粗鲁地问道，“我们家今天要干什么？”他指的是我们。

“罗恩，”珍妮特的妈妈道歉说，“我知道你想说什么——不过，请原谅这些女孩子们。”她说着离开了餐厅走进厨房。

顿时，这间漂亮的餐厅成了珍妮特父母争吵的回音室。“你应该知道，我回到家里喜欢安静。”珍妮特的爸爸嚷道。“是的，我知道，但是，这一次，我认为你不应该介意。”珍妮特的妈妈争辩道。“如果我回到家里没有一个和睦安静的环境，又怎么能够指望我养家挣钱呢？我想让那些小孩立刻离开这儿！”

接下来，珍妮特的妈妈就没有作声了。然后，厨房的门“砰”的一声关上了，并且，我们听到沉重的脚步声向楼上走去。一会儿，珍妮特的妈妈回到了餐厅。“姑娘们，我非常抱歉打断你们，”她低着头，眼睛不敢看着我们任何一个人，满怀歉意地说，“现在，大家赶快把饼干吃完，然后你们可以到珍妮特的房间里去玩，等你们的父母来接你们”。于是，我们只好默默地吃完饼干喝完茶，然后又默默地走到珍妮特的房间里去了。珍妮特的床上盖着镶有荷叶边的床罩，窗户上挂着带有皱边的落地窗帘。不仅如此，她还有一台电视机、一台收音机和一台电唱机。长那么大我还从来没有见过这样的房间——真是太漂亮了。

看着看着，我又想起了自己的房间——在我那个墙上涂着廉价的、略有点晃眼的粉红色油漆的窝里，地板上铺着破烂不堪的油布，家具也都是别人用过的旧家具。我环视着这里，几分钟前，我还对它艳羡不已，而现在只让我感到畏惧。

我的思绪不禁又回到了那个下午。那天，当爸爸伸出双臂紧紧拥抱我的时候。他身上的粗布围裙把我的脸都磨疼了，想到这，我不禁抬起双手揉搓着我的脸颊，我又想到了那块苹果卷饼，爸爸每次只买一块给我吃，而他自己却从来都不舍得吃一口。而且，不论他每天有多少鞋子要修理，他总是要抽出一些时间和我说话，对爸爸来说，我好像是最重要的人。他总是慈爱地看着我，问长问短。

这时我的目光正好落在了珍妮特的那个红色格子花呢书包上，它正放在白色的写字台上。我情不自禁地伸出手去，满怀羡慕地抚摸着那个漂亮的红色塑料手柄。但是，我突然发现，它的上面布满了一道道划痕，不仅如此，那用来固定背带的铆钉也因为书籍太重的缘故而被拽了出来。仔细想来，这个书包，其实就像珍妮特的生活一样，并不是那么完美。

就在那一刻，我突然非常想回到家里去。我想和我的家人们一起围坐在厨房的桌子旁，大家一边吃着硬皮面包，一边开心地笑着，聊天儿……就这样，我一边想着，一边焦急地盼望着爸爸快点儿来接我。

许多年过去了，我仍然珍藏着那个破旧的皮书包。爱，不是来自于银质的茶壶里——当然，也不是来自于红色格子花呢的书包上。有时候，它却来自于一间不大的房间，来自于一块特意准备的苹果卷饼，当然，也来自于那个自制的褐色的皮书包上——因为，那上面的每一针每一线都是用爱缝起来的啊！就在那天，我终于明白了，爸爸对我的爱就像他用来给我做书包的那块皮子一样坚韧，一样真实。

第二节　难忘的背影

母爱的唠叨

母爱是伟大的，有很多拥有母爱、沉浸在幸福中的人往往都会将母亲对自己的爱忽略，会因为唠叨而对母亲产生反感甚至厌恶。而对于一些没有母亲的人，来自母亲的唠叨却是他们梦寐以求的温暖！有人说，世界上最遥远的距离不是生与死，而是你就站在我面前，我却不知道你爱我。可能，我还会嫌弃着来自你的唠叨。我想起那个不懂事的时候，我对你说："你很烦，你知不知道？"等我说完这句话，看到你的眼光瞬间黯淡，那种委屈的感觉或许多年后为人母时才能感受得到吧！长大后，我用心回忆起我和母亲的点点滴滴，却是泪眼蒙眬。我知道，在我三四岁的时候，背首古诗就缠着你要娃哈哈的笑话；我知道，在我一年级的时候，不会拿扫把回家被你耻笑的模样；我知道，在我初中与喜欢的男生暧昧时，被你训着说要学习的难过感觉；我知道，长大后的每一场考试前，我都会给你打个电话告诉你我很紧张，而你总是说"我相信我女儿"的笃定语气；我知道，高考失利，你坚持让我选择一个学校读书的话语都是来自对我的了解与爱。有的时候，我总是会说我妈很心狠，她竟然舍得让我到距离家1700公里人生地不熟的地方；有的时候，我总是说我妈不够爱我，我离开家的那天她是笑着看我离开的；有的时候，我总是说我妈很偏心，她有什么都是先给弟弟留着。后来，我才知道，我的"总是"是对母亲的误解。她的心狠，是让我有更广阔的平台去追我自己的梦；她的不够爱我，其实是背后窝在被窝里哭，有的时候想着我泪就突然留下来的心酸；她的偏心实际上是给了我，因为只有我回家的时候，家里才会那么"富足"。

长大后，我会说“妈妈，停止你的碎碎念！我都这么大了，这些我都知道！”然后，把责怪与烦恼都甩给你。“妈妈，不要唠叨我的未来”，“妈妈，不要唠叨我找另一半”，“妈妈，不要催我睡觉”……后来，我到了大学，每周一两个电话，我们有了距离。国内知名情感专家涂磊老师说过，世界上有很多种爱，唯有母爱是用来分离的，这个分离有两个阶段。第一阶段是从母体中分离，实现生理上的独立；第二阶段是从怀抱中分离，实现人格上的独立。只有完成了这两个阶段，母爱才算完整。挣脱开你的怀抱后，我希望的却是，有你唠叨的每一天，伴着我起床，伴着我入眠，陪我走过这成为社会人之前的蜕变与阵痛。每次的寒暑假归家，再启程时，我总是想把你的叮咛装进行囊，伴我同游，隐我锋芒，我想带走你甜美的欢笑，让我不再空虚和轻狂；我总是想我心里有那么多的牵挂，我想带上你的温言软语，伴我同行，解我孤寂，让我不再担心和忧伤。我总是想，这一路上心里有太多的彷徨，我要带上你的支持和鼓励，同我奋进，伴我成长，让我努力上进，找回自己的梦想。“在学校里，一定要努力，一定要听老师的教导。冬天到了，要多穿点衣服，别感冒了，这样会对学习有影响……”大学了，然而，电话这端的我总会洗耳恭听。此时此刻的我感受到了母亲的唠叨便是爱。她的唠叨使我努力奋进；她的唠叨使我坚强不屈；而她的唠叨更让我谦虚沉稳。今天，我对母亲的唠叨不再是厌倦而更多是奢求，每每想起她对我的唠叨，就会看到她那和蔼可亲的眼神。仿佛觉得母亲的唠叨早已纺织成了一首爱的旋律，让我心灵的天空变得越发宽广。

“搴帷拜母河梁去，白发愁看泪眼枯。惨惨柴门风雪夜，此时有子不如无。”古诗词里的母爱总是借用着离别而表现，其实，母爱更是藏在这日常的唠叨中，嘘寒问暖、催促正常作息，大约这些事情只有家里那个曾经被你嫌弃过的母亲才会做。爱之深，责之切，唠叨之多。“慈母倚门情，游子行路苦。”我一直想对母亲说：每次我扬着一张纸奖状，我看见你脸上欣喜的模样；每次我向您汇报成绩捷报，您的笑靥惊喜了我的岁月；每次我踏上返途，您把我的箱子装得塞不下、手上总还带着大大小小行囊；每次的火车之旅，电话不断，您说怕不安全、怕我犯迷糊。翘首以盼的回家，回家后的唠叨，唠叨后的不舍，这是我俩的写照。多少次，您在村口等待的踟蹰；多少次，您焦灼的盼望的目光。有您的岁月美丽了沧桑。去年的春天，您的生病才让我意识到“子欲养而亲不待”的恐慌。处在学业与母爱之间，您为我果断选择学业。其实，我真的很想在您的身边、不带任何疑虑、不带任何牵挂地照顾您。经历过一次人生的洗礼，我才懂得母亲对我的意义，不只是赋予我生命的人，更是我人生路上必不可少的人。母爱像火红的太阳，母爱像黑夜里的油灯，母爱像冬天里的毛衣，母爱更像山间的溪水，一点一滴的细流汇成潺潺的溪流，一点一滴的关怀汇成浓浓的母爱、细腻的母爱。母亲，您是我永远的挂牵，是您给了我矫健的翅膀，让我梦想飞扬。母亲，是你给了我希望，让我在无数次跌倒中变得勇敢坚强。长大的心，长大的希望，却染白了您的鬓霜。未来的路，因为您，感觉更有动力；未来的路，因为您，不再迷茫；未来的路，有您陪着，我很安心。亲爱的妈妈，您的唠叨，我都记在心里！

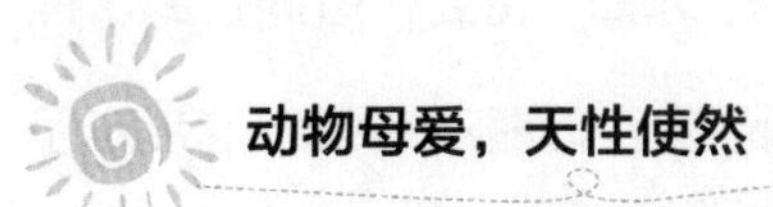

动物母爱，天性使然

2012年，游客在广西钦州三娘湾目睹了感人一幕：一只海豚妈妈驮着一具小海豚的尸体游向深海，像是要背亡子“回家”。风急浪大，小海豚多次滑落，海豚妈妈每次都顶起它继续前进。“孩子，无论你是生是死，我都不会抛弃你，无论海多宽、浪多大，无论多么艰险，我都带你回家！回家”的文字，让我们为这母爱动容！原来，这只小海豚已经死亡，露出的腹部有条长约30厘米的伤口，血迹已经变黑。成年海豚驮着它快速向深海游去，因为风浪较大，小海豚从成年海豚后背滑落5次，都差点沉到海底，哪怕游船再靠近，成年海豚也不顾一切，当即转头回来潜下去又把小海豚驮浮起来继续前进……脑海里想象着这一幕，感慨着母爱的伟大，舐犊情深的故事并不是只在书里，还有多少发生在这世界上。我感激我是个能拿得起笔的人类，可以书写这份“天然去雕饰”的爱。母爱是一种本能，这是一种最原始的本能，却也有一种最伟大的力量！它是人类历史千古吟唱的不变主题。有了母爱，人类才从洪荒苍凉走向文明繁盛；有了母爱，社会才从冷漠严峻走向祥和安康；有了母爱，我们才从愁绪走向高歌，从顽愚走向睿智。母爱是一种天性，自然而然。在人类的进化过程中，没有磨灭掉这种美好的本性；在不拥有主动性的动物世界里，这种天性表现得更加自然、更加直接。母亲,宁愿牺牲自己的生命,也要给儿女留下生存的希望。母爱的力量延续了孩子的生命,每个人的成长都离不开母爱。母爱，赐予我们神奇的力量。人如此，动物亦然。甚至，人类在所谓“文明”的裹挟下，有时候，人类的母爱来得并不像动物那般纯粹。

曾经看过《棕熊的故事》中有一篇小故事主要述说了作者和向导强巴在野外意外地发现了一只熊崽，并把它带回了观察站。在作者精心的照顾下，这只熊崽睁开了眼睛并把作者当成了自己的妈妈。一个风雨交加的晚上，母熊找到了熊崽，母熊想要带走它但是小熊崽不愿意跟随，然而最后母熊还是强行地带走了它。以至于在后来小熊崽三番五次跑回去观察站时令母熊心生妒忌。有一天，母熊为了救小熊崽而身受重伤，在母熊奄奄一息的时候，它把小熊崽叼到观察站并把它托付给了作者后就离世了。母爱是伟大的、无私的，就像母熊一样在危险的时候不惜生命也要保护熊崽，在自己快要死的时候放下心中的嫉恨，把熊崽托付给了作者，只为了熊崽可以有人照顾。因为担忧着自己孩子的安危，让母亲只想把孩子牢牢束缚在自己的身边；因为怕孩子被伤害，放下所有，把孩子交给自己嫉恨的人所养。母爱，可以麻痹母亲自己的一切感觉，只是想维护着自己孩子的安危，只想让自己的孩子健康成长。母爱是一种本能的爱，能跨越时空，无视生死；母爱是一种伟大的爱，无须言语，只有行动；母爱是一种无私的爱，不求回报，只有奉献！

在狗狗的世界里，母爱泛滥。那天，黛西产下的7只小狗崽都在谷仓休息，而她则随主人出了趟门。当他们回来时，却发现谷仓不知为何着了火，而且火势还特别大。直到救援人员到来才把火给熄灭，走进去一看，才发现可怜的狗宝宝们无一幸免……失去至亲的痛苦，让黛西吃不下饭，也睡不着觉，没事就在曾经着火的那间谷仓前趴着，一动不动地看着里面，想着自己已经逝去的孩子。“虎毒不食子”的言语总是在向我们诉说着母爱与父爱的特别，失去孩子的切身之痛令人难以忍受。就算是动物，同样逃不了生离死别的苦楚。主人看着她的伤心模样，很怕她的生命也即将走到尽头。于是，她在网上发了一则求助帖，希望网友们可以给她点建议。功夫不负有心人，在消息发布多天后，有位叫罗娜的女网友发来了回复。并且在和黛西的主人交流后，两人都觉得可以试一试。罗娜的狗狗前不久，在生下了8只小狗崽之后就不幸去世了。因而她们的方法是：让黛西来照顾这8只“失去母亲”的小狗崽。我们会想着说，大概黛西看到这些狗宝宝会有隔阂，肯定不会那么快地亲近。不成想，自从黛西见到这群狗崽的第一眼起，她就爱上了这些小家伙们，甚至给它们喂起了奶。我想母爱是一样的，无论是对自己的孩子，还是他人的孩子。普世性的母爱，在我看来，更是动物母性光辉的具体表现。从理性的角度说，这是动物移情的正常现象；从感性的角度看来，这却是一个母亲对于孩子无私的爱、对于孩子无比的呵护和关心。“老吾老以及人之老，幼吾幼以及人之幼”大概是这种普世性的爱扩大以后的结果吧！而后，才能“人不独亲其亲、不独子其子，使老有所终、壮有所用、幼有所长、矜寡孤独废疾者皆有所养”。

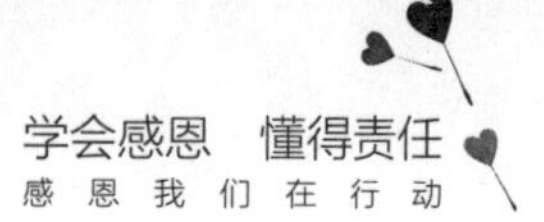

动物界的母爱不在于动物体积的大小，不在于其性格是否温顺，无论其对于人类的危害有多大，动物的母爱总是那样震撼人心！有一个医务工作者，他用一只母白鼠做肿瘤实验，他给那只白鼠移植了癌细胞，过了几天，肿瘤在关在笼子里的白鼠的身上越长越大，可他惊讶地发现一个异常的景象，那只白鼠焦躁不安，随后痛苦地用嘴撕咬身上的肿瘤，并将咬下来的一块块肿瘤吞噬下去，伤口上血迹斑斑，几乎露骨。关公刮骨疗毒之痛莫过于此。 又过了两天，他又发现那只白鼠产下了一窝晶莹透亮的小白鼠，那只母白鼠奄奄一息地带着不堪目睹的伤口，躺在笼子里，嗷嗷待哺的小鼠崽喝着母亲的乳汁，一天天长大，白鼠母亲的身体日渐消瘦，拖着只剩下皮包骨头的身子，在癌细胞无情的肆虐下，用无与伦比的顽强和神奇的意志，用自己身体里所有的能量化为生命的乳汁，喂养着这一窝鼠崽，终于有一天，母鼠永远倒在笼子里，没有了一丝呼吸，一群被喂养长大的小白鼠把它围在中间…… 母鼠在产下鼠崽后，整整活了二十一天。而二十一天，恰好是白鼠平时正常的哺乳期，此后，小白鼠就可以脱离母亲而独立生存了。现在的婚姻里充斥着金钱与物质的爱永远是坚强意志的来源，没有不爱就拥有毅力的人。孩子的成长与健康是一个母亲心心念念、牵挂不已的事情，为了孩子，可以牺牲自己，更何必说忍受非一般的折磨。不带理性思考的母爱，散发着最璀璨的光芒！

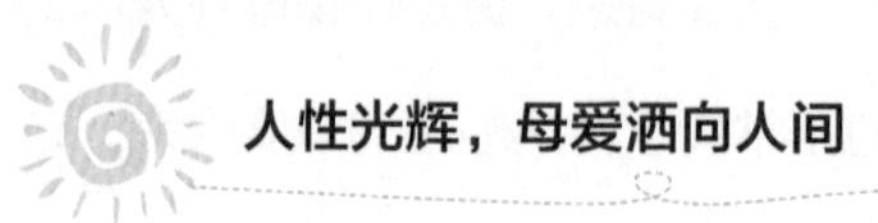

人性光辉，母爱洒向人间

看童话里的故事，养母总是恶毒般的存在，她的世界里只有自己的利益。事实上，养母也是母亲！这是一个普通的抚养了19个孩子的维吾尔族养母亲的故事。她的名字叫阿里帕·阿力马洪，她一生共养育了19个不同民族的孩子，她以博大的慈母之心，创造了人间至真至纯的旷世奇爱。这爱博大，比山高，比海深；这爱无疆，超越了亲情，跨越了民族；这爱如青格里的河水静静流淌，滋润着各族儿女的心田，撼动了每个人的心灵。在资本主义思想的侵蚀下，在利己主义的肆虐下，我们似乎已经忘却了博爱的模样，我们似乎只会对自己的孩子拥有着无边的爱心，而对他人的孩子则是一种可有可无的存在。当越来越多的爱更为具体地出现在动物的世界里，是不是作为一个智慧的人，我们应当觉醒？所幸，这个世界、这个中国让我们看到了母爱里最为令人感动的博爱部分。我们为这位母亲的事迹而感动，我们为这位母亲的博爱而震撼，我们为这位母亲拍手称赞。因为，她的身上蕴含着母亲的真正意义，蕴含着母亲的感人力量！

这段感人的故事还要追溯到20世纪60年代初。当时23岁的阿里帕年轻漂亮，与丈夫阿比包养育着自己的两个孩子，加上因自己的父母去世一起生活的3个妹妹，一家7口人过着虽清淡但很幸福的生活。1963年，她们的哈萨克族邻居牙和甫夫妇相继去世，留下了3个没了爹娘的孤儿。没有利益的驱使，没有豪言壮语，只是一种人性最本能的选择：“总不能眼睁睁地看着这3个娃娃饿死……”一句掷地有声再简朴不过的话语，注定了她一生的劳苦艰辛，也注定了她一生博爱的光环。接着，她又收养了不同族别的孩子16个。其中的艰辛与犹豫自然不用赘述。为了让19个孩子都能吃饱穿暖，都能上学读书，阿里帕妈妈和阿比包爸爸节衣缩食、省吃俭用，终日忙碌不停、劳顿不休。阿比包爸爸每天下班后顾不上休息就马不停蹄去打土块，以贴补家用，而阿里帕妈妈除了穿梭于田间地头、埋头于琐碎家务外，还在县食品厂找了一份清洗羊肚、羊肠的工作，每天早晨给孩子们做好早饭后，阿里帕妈妈就来到河边，将双脚浸在雪山融水里洗羊肚、羊肠，常常冻得双脚冰凉、双手麻木。家里用不起电，阿里帕妈妈就用棉絮搓成条，做成小油灯，孩子们就在这一盏盏跳动的灯光下读书学习，尽管生活步履维艰，勤劳俭朴、吃苦耐劳的阿里帕妈妈却没有让一个孩子因为家境贫困而辍学，她就这样日复一日、年复一年，没日没夜、任劳任怨、默默无闻、孜孜不倦地为孩子奉献着，用无边的母爱为孩子们遮风挡雨，给孩子们雨露阳光，让孩子们在爱的蓝天下健健康康成长、快快乐乐生活。人世间最美丽的是善良的心灵，宇宙间最宽广的是博爱的胸襟。阿里帕妈妈的心似泉水一般清澈纯净、如雪山一般圣洁高贵、像黄金一般熠熠生辉。阿里帕妈妈的胸襟似草原一样辽阔、如大海一样宽广、像蓝天一样广袤无垠。母爱如天，母爱无边！有一种爱是用血凝成，有一种情是与生俱来，有一种牵挂不会因为距离而减淡，有一种关爱不会因为年岁的增长而变少，这种糅合着多种复杂情感的就叫作母爱。

在文明的冲刷下，所幸我们还保留着那份最纯真的母爱，那份人世间最为博爱的感情。撇去血缘亲疏，撇去民族差别，我们只是活在这世上的同类。孩子的成长是每一个母亲的重任，也是阿里帕妈妈一直揽在身上的责任。阿里帕妈妈很不容易，从下定决心领养孩子开始，她已经做好了辛劳一生的准备；阿里帕妈妈很暖心，在孩子的身上倾注了细心和母爱，她向19个孩子传递着人性最美的爱；阿里帕妈妈不怕风雨，因为孩子们的健康成长就是她克服一切困难的动力！她温暖的关爱没有民族之分，没有偏见之心。她把孩子们无助的眼神化作对世界的希望，把弱小心灵的惶恐抚平成面对尘世的从容。正如《感动中国人物》颁奖词所说：“不是骨肉，但都是她的孩子，她展开羽翼，撑起他们的天空。风霜饥寒，全都挡住，清贫劳累，一肩担当。在她的家里，水浓过了血，善良超越了亲情。泉水最清，母爱最真！”后来，孩子们争相赡养阿里帕妈妈。感动中国人物推荐人闫肃曾说：“手心手背都是肉，身前身后都是娃，星星伴着月亮笑，每天都迎来一片金灿灿的朝霞”，在阿里帕妈妈的眼里，每个孩子都是一样的，孩子们缺什么她就努力保证孩子们的生活。孩子们物质上的缺乏，是对阿里帕妈妈身体的打磨，让她的容颜苍老，让她的身心疲惫，让她手上的茧子更加硬实；孩子们精神上的缺乏，是对阿里帕妈妈心灵的洗礼，让她给孩子们传播爱，让她给孩子们带来欢乐、茁壮成长，让她散发着母性的光辉。

感恩母爱，细节处尽是真情

诗人纪伯伦有一句名言：人的嘴唇所能发出的最甜美的字眼，就是母亲；最美好的呼唤就是妈妈。行将踏上旅程的我，在车窗口道别父母。母亲拉着我的手，哽咽不语。我懂得母爱的连绵跟柔情。她就那样地看着这列车，看着这个车窗，看着我，而后微笑，微微扬起嘴角。是一种骄傲，仍是一种说不出的苦涩。而后她静默，微微低下头，紧握一下拳头，再仰头，招手。我看见母亲眼里的潮湿晶莹的货色，震颤着我的心弦。母亲见我望着她，转过身去，用那双手擦拭着泪水。那饱含着思念的泪水，冲垮了她一直给我的女强人的形象，是她对我的牵挂与惦念汇成了一滴泪。 母亲是伟大的，母爱也是无私的。母亲给了我们生命，给了我们一个家，让我们感受世间的快乐、家庭的温暖。委屈的泪水有人为我们擦，身在他乡有人牵挂，生病时有人泪如雨下，露出笑脸时有人乐开花，这个人就是我们的妈妈。她从来不向儿女门索要回报，只是默默地注视着、期望着。可我们往往露出了不屑、嫌母亲啰嗦，嫌弃她笨手笨脚。母亲关注我们生活的方方面面，点点滴滴，犹如春雨，润物无声，犹如阳光，温暖照人。为了子女默默奉献着自己的全部，哪怕是自己的生命。细节处处是母爱的表现，越是细致，越是那一份浓浓母爱的表现！在《舌尖上的中国》展现的安徽毛坦厂陪读妈妈就是这样一个细节的代表。为了女儿的高考，她辞去工作搬来与女儿同住、为女儿换着花样做饭吃，用细心为女儿除去所有的烦恼、好好为未来奋斗！我想这是中国一大部分母亲的心思，他们陪读着、守护着，孩子到哪，他们就在哪。你无法意识到母亲是多么畏冷，可是，为你，她冬天里驰骋在冷风冷雨中接你回家；你无法意识到母亲是多么怕黑，可是，为你，她在夜路里说“别怕，还有妈妈”；你无法意识到母亲有多劳累，可是，为你，她用心煮饭加餐。总是在某些作文题目提到母爱时，我们才会想起身边的那个母亲，才会想起与她走过的点点滴滴，才会有一种冲动：哭着说，“妈妈，你辛苦了！”

新闻里曾经看过，一观光旅游的缆车上坐着一家人，其中妈妈的怀里抱着她不满周岁的孩子。行驶的缆车出了事故坠落向山涧。就在即将重重摔落到地上的刹那，母亲急中生智，把自己怀中的孩子高高举起！救援的人员赶到时，母亲早已死去，可她举起的双臂却僵直地伸向天空，双手仍举着她的孩子。孩子在妈妈的双手上安然地睡着觉，微笑挂在她甜甜的脸上！在生死一瞬，母亲想到的是自己的孩子！多么刻骨铭心的心理历程啊！这母爱深入骨髓，融入血脉，牵动着每一根神经。真挚深切的母爱散播在空气中，令人悴然心碎。母爱的深，母爱的醇，母爱的浓，母爱的久，令其他任何一种情感都逊色三分。“亲爱的孩子，我愿意用我的生命托举起你的未来，在没有我的日子里，你一定要知道我有多爱你！”我想这大概是那位母亲这个动作里面蕴含的所有深意。述说不尽的赞叹与惋惜，母爱总是在关键时刻展现得淋漓尽致。你知道，母亲的心里只有你的安危、你的幸福快乐。曾经在公共汽车上，我看到一个年轻的母亲抱着几个月的婴儿安详地坐在位置上，突然一个急刹车，母亲和婴儿重重地撞在前面的椅背上，顿时，母亲的手臂由于护着孩子，被椅背拉开了长长的一道口子，但她顾不得自己，却慌忙查看孩子是否受伤，头上，手上，脚上，在她检查了婴儿身体的每一处确信没有受伤后，惶恐的脸上才又露出了笑容。她紧紧地搂着孩子，母亲的脸贴着孩子的脸，如此静谧。而那时母亲手背的伤口上正渗着血珠。这就是母亲，这就是天底下普普通通、平平凡凡而又最伟大、最深情的母亲。尽管她们并不是伟人，但他们在创造我们生命的那一刻起就固执地准备以自己的生命捍卫儿女的生存，这也许就是人类最本质的潜意识，是人类社会生存发展最隐秘却最强大的动力。据说，年轻的时候，你有着如同墨汁似的乌黑亮丽的秀发，那双炯炯有神的大眼睛明亮得如同蔚蓝天空光芒四射的太阳，那樱红色的小嘴更是令人喜欢……可是，现在的你为我操碎了心！即使我时常让你担心生气，可当我哭泣时，你总是将怒气咽到肚子里。你的喜怒哀乐、一颦一笑就都是为我而展现的。你的细心，你的真情，我感受到，却总是不以为意。因为我知道，母亲还会一直在我的身边，继续用那颗无畏的心守护着我！但是陈斌强事件的出现却彻底打断了我一直以来的想法，我想我要陪在你的身边，我要理解你的一切，我要守护你的母爱与幸福！

陈斌强，2012年感动中国人物，他用自身的经历解释了“反哺”这一词。陈斌强是一名中学老师，母亲患有老年痴呆症，在母亲走失被送到派出所这一事件后，陈斌强决定带着妈妈去上班，上班路上，他用一根绑带将自己与母亲系在一起，这是第二次陈斌强和母亲紧紧系在一起，曾经妈妈用来系他的那根绑带，如今换作他背妈妈，曾经妈妈用小勺一匙一匙喂他吃饭，如今他也这样喂妈妈。这根绑带不仅仅深含妈妈对儿子深深的爱也溶注了儿子对妈妈深深的情。为了时刻看护妈妈，他带着妈妈去上班，早晨五点开始，就要开始为妈妈洗脸刷牙梳头，喂妈妈吃饭，他的时间表出现最多的字眼是喂妈妈吃饭，让妈妈上厕所，所有的细节他都照顾得很好。他的行为拷问着每个人的良知，他的行为感动了中国，他为自己的母亲克服了一切困难，将爱得花朵撒向世界。是的，孩子是可以等的，母亲却已经不能再等。我们总是会在失去的时候才说起自己的悔恨，可是伊人已逝；我更想现在，把每一天当成最后一天，用心爱着母亲。不经历“子欲养而亲不在”的苦楚，你就不知道该如何珍惜这每分每秒。

我还记得，那是一个秋收季节，妈妈帮奶奶收割庄稼时，不小心脚受了伤，走路一跛一跛的，每走一步都要咬紧牙关，显得非常吃力。一天中午，我放学回家，发现餐桌上并没有我预料中的“好菜”，我气恼极了，嘴里不停地小声埋怨妈妈。时间一分一秒地过去了，我该上学了，可妈妈还未回家做饭，我心急如焚，正在这时，只听见楼梯上有人跑得气喘吁吁，开门一看，是妈妈。我真怀疑是不是我听错了，妈妈脚伤成那样，怎么还能跑呢？“唉！刚才我换了点药，耽搁了一会儿，别急，我马上给你做饭。”妈妈那苍白的额头布满了汗珠，她一边喘气一边抱歉地说着。再看看她早上穿的白袜子此时已被红红的鲜血画上了几个不规则的图形，泪水顿时模糊了我的双眼，那滚烫的泪珠滴在我的手上，烫得我浑身不能动弹。

母爱如疲惫时的农井，当你软弱无力时，只消几口就神清气爽；母爱如无助时的一双手，当你手足无措时，只需牵上它困难都会迎刃而解；母爱如冬天的阳光，当你寒冷绝望时，只要沐浴在这爱的温暖中，一切寒意片刻烟消云散。母爱就像一首田园诗，幽远纯静，和雅清淡；母爱就像一首深情的歌，婉转悠扬，回味无穷；母爱就像一幅山水画，清幽秀丽，恬淡高雅。母爱是儿女成长的殷殷期盼；母爱是儿女病榻前的关切焦灼；母爱是儿女漂泊天涯的缕缕思念；母爱是儿女一生相伴的盈盈笑语。感恩母爱，从每一天做起，从每天一句问候关心开始。母亲，其实我的心里很爱你！

难忘的背影

母爱是一个亘古不变的主题。我们赋予它太多的诠释，也赋予它太多的内涵。没有历史史诗的撼人心魄，没有风卷大海的惊波逆转，母爱就像一场春雨，一道清歌，润物无声，绵长悠远。

这些天来，在59号楼的楼道口，每次下自习回来，我都会看到这样的一个场景：路灯下，一位中年妇女正俯在一台缝纫机上不停地忙碌着，她的背影在身后投了一个大大的阴影。而每次经过时，我都会情不自禁地想起家乡的那个熟悉的背影。

小时候，我像小尾巴一样经常跟在母亲的身后，一手拽着母亲的衣襟，一手含在嘴里，不管走到哪里，我都会尾随其后。那个时候，母亲的背影几乎就是我生命的全部。不管什么时候，什么地方，只要有母亲的身影，我的心里就充满着无比的幸福感和安全感。

上了初中以后，我离开了家，离开了母亲，不再像以前那样对母亲充满着依赖，我开始学会了独立生活。而每次离开家的时候，母亲总是送我到村口，一直望着我消失在路的尽头才肯离去。每次我回头望，母亲的身影就像一座雕像一样立在那里。我想那时，母亲的心里一定很矛盾的，她既期望着自己的孩子出去学习，又对独自出门的孩子不放心。上高中的时候，我离家更远了，通常都是一个月才回家一次。而我每次回家，总能看见母亲的身影立在村头，在翘首张望。母亲是不曾上过学的，但是母亲却能清楚地知道哪天星期几，而且会准确地在我离开家后第四个星期六的下午站在村头接我。每每见到我的第一句话总是："哎，娃啊，你怎么就又瘦了呢？在学校要多吃的啊！"然后，母亲就会像招待客人一样地招待我了。每每望着母亲忙碌的身影，我的心里就有一种说不出的感动，眼泪就会不知不觉地流下来。

吃饭后，母亲总是一边坐在缝纫机旁给我缝这四个星期来穿破或者开线的衣服。一边让我坐在她的身边问这问那。只到这时，我才注意到母亲满头的青丝早已变得花白了。我坐在母亲的身边一边注视着母亲的身影，一边和母亲说着话。"妈，你的头发什么时候都花白了？""是啊，老了，哪能不白呢！"母亲无不伤感地说，我想这句话包含了母亲多少的辛酸和无奈啊。然后，母亲接着说："只要你有出息了，就是让我的头发白完我也心甘情愿啊！"看着母亲那开心的笑容，我的眼泪又来了。

上了大学以后，我和母亲见面的机会就更少了。有时一年还见不到一次。每次打电话回去，母亲总是笑着说，家里一切都好，希望我不要挂念家。母亲嘴里不说，但是我心里清楚，就是家里真的出了什么事，母亲也绝对不会给我说的。作为女儿，我又怎么会不了解自己母亲呢？我也会学着母亲那样总是报喜不报忧地说着一些善意的谎言。

记得来上大学的前夜，母亲因为不放心我的行李是否忘了带东西，非要打开我的行李箱，一件一件地不怕麻烦地拿出来，然后再一件一件叠好放进去，直到全部检查完毕确定没有什么遗忘了才会心地笑了。凌晨三点，母亲就起床为我做早餐。我出发的时候，母亲就又站在村头那个老地方，望着我一步一回头地离去，有好几次，我回头的时候，看见母亲在不停地抹着眼泪。那一刻，我的心有一种锥心的痛。走了很远，我回头望的时候，母亲仍站在那里，她的身影就像一座雕塑立在凌晨黛黑色的夜幕里。我知道，无论我走到哪里，无论在什么时候，这座雕塑都会一直立在我的心里。而如今，我每每想起母亲，母亲的背影就会一幕一幕地出现在我的脑海里，一丝一缕都会让我感动不已。母爱是伟大的，母爱是深沉的，我们又该用怎样的一生来报答母爱呢！

给母爱一个依靠母爱是伟大的，她不仅给了我们坚强的信心和无穷的力量，还给了我们博大的胸怀和无尽的欢乐。

在外漂泊，身心疲惫的我拨通了家里的电话，“喂”一声熟悉又亲切的声音穿透了空间，“我的母亲”，我在心中暗暗地呼唤，满眼泪光。母亲在电话的那一端似乎感受到我心灵的抽泣，“闻儿，是你吗？”母亲急切地问。我在模糊中可以想象到母亲的心一定在为我担忧。在母亲的心里，女儿永远是一个需要呵护、安慰的孩子。母女同心，母亲应感受到我的脆弱，在另一端，我听到母亲急促的呼吸，我努力抑制自己波动的情绪。母亲已承受了太多的压力，我怎么能够让她还背负对女儿的忧虑？我轻轻地放下了电话，母亲的一声呼唤，唤醒我的勇气，感情的伤痕在慢慢地痊愈，因为有母爱，我就不会孤单。

窗外，月色如水，在这如水的月光中，母亲的点点滴滴忆上心头。忘不了那一张母亲精心保存的卡片，原本无意中寄送给母亲的一张小小的卡片，竟会成为母亲宝贵的珍藏。整整六年过去了，卡片也陈旧了，可里面却有母亲沉甸甸的爱。不为别的原因，仅仅因为是女儿送的，在母亲的心中便占据了如此重要的地位。面对卡片我落泪了，为了母亲无私的爱，为了自己的无情。

那一天晚上，我半夜醒来，母亲在旁边安睡着，可她的手却紧紧地握着我的手，粗糙又温馨的手。即使在睡梦中母亲也依然执着地关注我，一种说不出却刻骨铭心的情感弥漫了我心灵的每一个角落。我静静地躺着，泪水不停地滑落，母爱是永远替代不了的，永远抽不去的牵挂，永远减不掉的怀念。

母亲是一个很坚强乐观的人，她以宽容、慈爱、温情来抚慰女儿。女儿是她的生命，甚至比生命还珍贵，我沉浸在母亲为我构筑的爱巢世界。那一年，外祖母过世了，随之而来的是家庭变故，我只是一味地逃避，让时间来治愈我的创伤，母亲默默地关注着我的一切，而我却无动于衷。在一个黄昏，我推开母亲的房门，我怔住了，我看见母亲正在抽泣，母亲没有料到我的出现，她旋即转过身，身体仍在颤抖着，看着母亲强忍着感情的单薄的背影，我心犹撕裂般疼痛。母亲独自受了那么多苦难，背负着沉重的压力，但她却用博大的胸怀去承受着这一切，以朴实无华的方式来护着女儿，而女儿却没有体会到母亲的心，总以为母亲是不会脆弱的，母亲始终是我治疗创伤的暖巢，却没想到母亲也需要我的关心、支持。

在这一刹那，我意识到，我应该成熟了，应该给母亲一个坚定的依靠。我走近母亲，轻轻地护住了母亲的双肩，母亲没有回头，只是握住我的手。在这空荡的黄昏中，有两颗同样的心在跳动，不用言说，母亲了解我的心愿，我也了解母亲的悲伤。思念清晰如水，漾满我的眼睛，漾满整个夜空，这是多么静，月亮的光芒就是母亲的眼睛，使我永远走不出母亲的视线，这平静广袤的爱的天空，永远支撑着女儿的世界。

第三节　父母之爱，深入尔骨髓

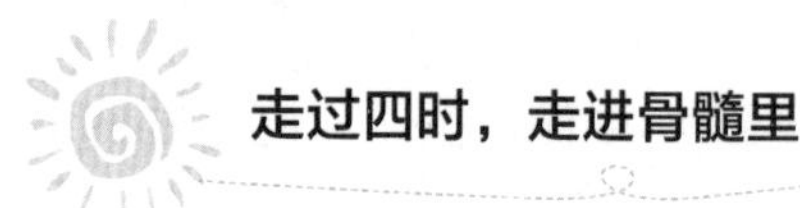

走过四时，走进骨髓里

还记得那句“感恩的心，感恩有你，伴我一生，让我有勇气做我自己；感恩的心，感谢有你，花开花落，我一样会珍惜”吗？这是对恋人说的。此刻，我却想说，这句歌词是对父母的养育之恩的表达。

白驹过隙，岁月荏苒，我们已到成年之时。回首过去种种，无非是父母伴着的半生；抬眼未来茫茫，也无非是父母伴着的半生。试问，人生中有几个人能伴你左右？是不是心突然抽搐了一下？这些最最重要的人却一直被我们遗忘。陪我走过无知童年、叛逆青春、似水年华、懂得苦痛、蜕变成长的日子，走着走着，我们散了，我长大了，你们老了。

龙应台说，孩子本来是天上的小天使，是上帝特别送给天下母亲做女人的礼物。因为爱，她并不遗憾为了孩子而占去她原本计划好的时间、不在乎岁月侵蚀渐渐变成“黄脸婆”的容颜。她知道：一旦身为母亲，“有些经验，是不可言传的”。不知不觉间，当白发悄悄爬上你们的发梢，你们抗拒着岁月的肆虐，对我说“你帮我们拔掉吧！”愈来愈多的白发，你们说“不承认老了也得承认啦！”成长过程，是我的成长，是你们的渐渐苍老，周而复始的生命循环方式，还好，我们的世界里一大部分时间纠缠着、牵绊着。

我想说，爸爸妈妈，在我的心里，你们一直还是我小时候的模样。岁月在你们的脸上刻上了斑驳痕迹，在我的心里留下的却是满满的爱与回忆。我们聊天的方式，还是像大人在哄骗着小孩喝药般的语气。你们不知道，这样的语气多让人幸福！

“总是向你们索取，却不曾说谢谢你们。直到长大以后，才懂得你不容易；每次离开总是装作轻松的样子，微笑着说回去吧，转身泪湿眼底。多想和从前一样，牵你温暖手掌。可是你们不在我身旁，托清风捎去安康与真挚问候。时光时光慢些吧！不要再让你再变老了！”歌词这样唱着，我的心里也呼喊着：“最爱的人儿，感谢你们！”父母之爱，深入骨髓，陪我走过四时，留下那斑驳记忆。是春季踏青吃青团的惬意与美妙，是夏季坐凉椅上拿着大蒲扇给我扇风的凉爽，是秋季下田收稻的汗滴与辛劳，是冬季鱼塘网鱼扑腾起的那些水滴。一点一滴，渗透在记忆里，渗透在我的每个习惯里。

回家的时候，你们经常说，我不在的时候，摆碗吃饭，一直还拿着我的份。原来，一个人对一个人的惦念可以变成一个个的习惯，抽离不了。你们也会在这时候笑自己，何必当初放飞孩子去到那么远的地方。《三生三世十里桃花》中述说一段爱情故事，说着“爱你已经成了习惯”的话语，我想对于父母来说，对于孩子的爱同样深入骨髓。

无知童年

习惯了每个夜晚，有妈妈陪伴入睡；习惯了每段难行的路，有爸爸背着走过；习惯了每一天，用着撒娇向他们索要洋娃娃；习惯了每一天，我们用爱筑成的幸福小窝。习惯了，就失去了那份感恩。

无知的孩提，我们把父母给的爱当成理所应当。童年是一个只知索求的年龄，回报父母的似乎是那些辛劳和哭闹的泪水吧！最痛心的是，已经回忆不起那个时候的父母是何模样，但仍旧记得他们关心的眼神。

孟母三迁的故事还在我的脑海呈现：孟子三岁时父亲去世，由母亲一手抚养长大。孟子小时候很贪玩，模仿性很强。他家原来住在坟地附近，他常常玩筑坟墓或学别人哭拜的游戏。母亲认为这样不好，就把家搬到集市附近，孟子又模仿别人做生意和杀猪的游戏。孟母认为这个环境也不好，就把家搬到学堂旁边。孟子就跟着学生们学习礼节和知识。童年的影响对于孩子的后天来说特别重要，学历较低的父母亲同样为了让我燃起读书的欲望，每天是由母亲带着背完一首古诗。由父母牵着走过的童年，磕磕绊绊，膝盖留下了不少伤，但一心为我的父母又操了多少的心？逐渐模糊的记忆，留不下特别真切的一幕，留下的是心底深深的感动。

最有的印象的是孩提学着穿鞋的时候，总是左右不分，然后自己经常被自己绊倒，而后哭泣，妈妈总是说："我教了你多少次"，看我哭了，就笑笑说"下次好好穿就行了！"农村里的过年过节气氛是鞭炮带起来的。半夜，接连不断的鞭炮响起时，妈妈就捂着我的耳朵，偶尔我逞能让妈妈放下手，她却说："就捂着吧，你还会被吓到的。爸爸喊着'妹妹'，我就会奔向他"，亲亲抱抱着。父亲总是不喜欢比我小几个月的表妹，他说"她老是欺负你！"父亲幼稚的话语，却是承载着一份朴实的父爱。

那些采摘果子的季节，总是父亲领着我到山上去，看我们家的果子，然后他摘着，让我试试味道。无知的童年，我很娇气；每天晚上，要有妈妈的临睡故事；每天晚上，要妈妈一起相伴入睡；每天晚上，还得有爸爸的晚安吻。我的童年，过得很幸福，但是，父母很辛苦！

叛逆青春

几年前的记忆还是如此清晰。那些与男同学发的短信没删，留在了妈妈的手机上，于是被看成了早恋的苗头。那个时候很委屈。忍着父母的训诫，逐渐迷上在学校的日子，原本的一周几个电话回家，变成只有最后一个即将回家的告知。

那段时间，被逼着回到了家，然后，陷入沉默，厌倦了跟父母说话的样子和语气，埋头读书。这是叛逆青春期吧！泰戈尔《飞鸟集》中有这么一句：静悄悄的黑夜具有母亲的美丽，而吵闹的白天具有孩子的美丽。我们不懂母爱，就像白天不懂黑夜一样，然而不论白天懂不懂黑夜，黑夜还是为了白天的光明与美丽，用自己的黑暗与丑陋来修饰。

那段时间，充满迷茫与不解。可是，再成长一点，回首这段奉行“沉默是金”准则的日子，却是如此感恩。没有父母那时严厉的警告，或许我就陷入了早恋的深渊；没有父母那时严格的回家要求，或许我就恋上了在学校晃荡的日子；没有父母那时沉默的表现，或许我也不会取得成绩上的进步吧！父母那个时候战战兢兢的态度，想起来就是满满心疼。在他们的时代里，初中谈个恋爱是件很大的事，他们不允许他们的女儿为了感情而放弃学业。我知道，我的身上背负了很多他们对于未来的期待；我知道，在一个父母文凭不高的家庭里，支持与努力学习是多么难的一件事；我知道，“望子成龙，望女成凤”的朴素思想在他们的世界观里是多么坚固。厌倦说话，与朋友交谈、与父母冷淡，然后用冷漠的态度走出那段属于自己的叛逆年华。

时隔多年的后来，母亲在与我交谈那段时间，她说很怕我熬不下去、然后变成所谓的“浪荡子”，从此背离人生应该有的轨道。父母藏着的话语，是那份关心。宁愿自己身上背负着不理解与怨恨，也要让我忍痛走过青春期的躁动与叛逆。我知道，那个时候的我有多么坏；我知道，是父母的宽容与爱，把我从边缘拉了回来；我知道，后来我变得那么努力是因为父母的引导。叛逆的青春，我过得很辛苦，父母应该更辛苦。

似水年华

老是说，大学是一座求学的象牙塔。其实，大学也是一座“销金窟”。迈进大学的门槛，就意味着你的独立生活，你的高消费的生活。而这又意味着父母的肩上要背上多重的负担。法国的罗曼·罗兰曾说过，母爱是一种巨大的火焰。对于这句话我的理解是，父母之爱像火一样的能够给我们温暖；父母之爱又像火一样的伟大，为我们心灵的阴暗之路，为我们人生的无助之路，点上一盏明灯，然而当他们把这两条路点亮之时，他们自己却被燃尽了。

曾经有一段时间，我纠结着是赚钱还是学习。然后在违背父母的意志下，我出去做了兼职，体会到赚钱的艰辛，更是体会到读书给一个人所带来的莫大财富。不知道你自己是否亲手赚过钱，你是否清楚每一分钱都来之不易的感觉。所以父母小时候要求每天读书，希望博一条出路，而不是过着一辈子面朝黄土的日子。父母辛苦的日子，我感同身受。早上是天灰蒙蒙的就起床，中午是接近12点才到家，晚上又是天黑得看不见了才回家；脸上的疲惫藏着身体的疲惫，却还得日复一日。看着他们，觉得自己无助，什么忙都帮不上，还要不时地添上麻烦。慢慢懂事，慢慢理解那份为了家计、为了我的努力有多么不简单。

父母一直在我耳边响起的一句话就是：“好好学习，赚钱的事情不急！”我想，走过他们那段求职岁月的人才会懂得知识所能代表的力量，走过那段青葱岁月才会知道学习是一件多么幸福的事情。电话里，他们惦念的不是你赚了多少，而是你缺不缺钱，还需不需要更多的支持；你的学习努不努力，每天上课是否还用心。家长里短，变成了报喜不报忧的暖心话语；抱怨愤怒，变成了“妈妈，我觉得我最近很幸福”的自我表白。父母的准则已经变成了，不让女儿忧心家里的任何一件事！我真的想对他们说，其实我已经长大了，请让我分担你们的苦痛与压力！

懂得苦痛

自己干起家务活才知道父母的辛苦。花了一天的时间，把整个家变的焕然一新。看着你们嘴角的扬起，不自觉第一次被自己感动。原来我可以在这样的年纪里让你们如此开心，可以减轻一点你们身上、我们的重担。只有一天就累得腰酸背疼，而妈妈干了20年了却没有任何怨言。此刻，我感到愧疚，深觉自己身上的责任之深。怀胎十月，抚养二十余年，日复一日，是母亲佝偻着在干家务活的背影；年复一年，是父亲扛着锄头、带着工具出门的情景。走在路上看着路边蹲着的戴着帽子的人总是会想起那年父亲在等我回家、站累了蹲着的情形；出外调研农村，看见他们下地干活的情景，总是怀念那年我们一起在地里割稻、碾稻的劳累感觉；在闲着的旅游时光，总会想何时我能带着父母走遍祖国美好的山川河流？我开始懂了你们经历过的劳累时光。慢慢地，当我开始寻找伴侣，当我迈进婚姻殿堂，当我有了自己的孩子，慢慢地，懂了你们为家操劳的心境；慢慢地，懂了你们为孩子奔忙的心情。懂得人生在世的那些喜怒哀乐，更是被你们的爱感动着。当我们的世界被功利主义包围，当身边的人来来往往留不住几个真心爱着的人，总是在脑海里想着还在乡下的老父母，总是想起被你们牵挂着的甜蜜，万分幸福！忽然想起了在汶川地震中，一对母子被深深地埋在废墟下。母亲顶住坚硬的水泥板，用自己的身体保护了她七八个月大的儿子。几天后救援人员找到了这对母子，母亲刚刚咽下最后一口气，而婴儿口中含着母亲的食指。抱起婴儿，人们惊呆了，母亲的食指只有半截！原来母亲在危难关头用乳汁延缓着孩子的生命，乳汁吸干了，她咬断了食指，用烫热的鲜血使孩子活了下来。我想，无论对于哪位父母，在生死关头护着的永远是自己的孩子，更不用说在平常对孩子无微不至的照顾。日常，父母的爱如潺潺流水，缓缓滋润孩子的心。父母单方的爱，让我们忽视了他们也会有忧伤脆弱的时刻。回忆起那时妈妈向我诉说一个老婆婆去世时的惨况，整个脑海里都是她深深惧怕的眼睛，带着一点点绝望的眼神。我知道她怕以后的自己会不会也是这样：没有孩子在身边，一个人惧怕着死去，但我更怕“子欲养而亲不待”。不敢把这句话说出口，只是对她说，没事的，以后我肯定会对你们很好很好的。那时候的妈妈，像受到惊吓的孩子，让我想抚摸着她的头发，轻轻拍着她的后背。我懂在年老过程中你们经历的那些害怕与难过，我懂那些人生在世的辛酸与无奈，我知道你们的未来有我一定会很好！现在的我无法承诺太多，但我知道我会为了你们继续努力，成为一个有能力的人，把你们照顾好。因为爱你们，所以我将不会让你们在我有了能力照顾你们以后还让你们继续辛苦。这是一个必行的承诺。

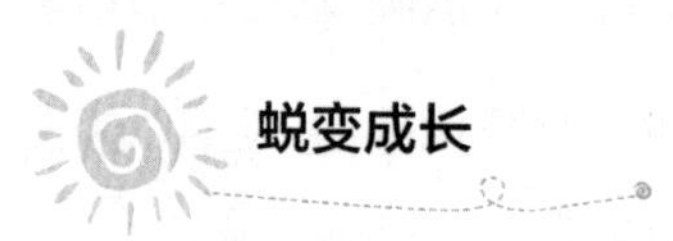

蜕变成长

茫茫人生路，你们是我路上的指路明灯。

父母，是我在困难时支持下去的力量，是我在无助时想起的温暖，是我在难过时想起的情愫对象。或许曾经我无知，我年少，但这些，已经成为过去，不再是我不懂事的借口。感谢人生中，有你们的辛勤培育，有你们呕心沥血的操心，有你们逐渐的唠唠叨叨。就像蝴蝶一般，而今我处于自己的破茧时期，积蓄的力量即将迸发，即将美丽。这些力量也是你们的努力，是你们辛劳的积累。希望你们可以看到绽放的完美一刻，分享这段美丽。同时，这段美丽也是对你们的回报，对你们汗水的最好印证。

现在的我，不会耍着脾气说，爸爸妈妈给我买名牌；现在的我，不会告诉你们，我自己经历了多么难过的事情；现在的我，不会与弟弟争东西，每个家人都那么需要珍惜。

曾经，我和我的父亲发生过这样的情景：8月底，立秋早就过了，天气不那么炎热了，我按照爸爸说的地址找到那片正在施工的工地时，还是感到了一阵阵的热浪。大大的太阳无情地炙烤着，工地上的人几乎穿着一样的衣服，都是脏得看不出颜色的背心短裤。他们有的砌砖，有的运沙子水泥，还有的一下下敲打着钢筋什么的。我茫然地站着：爸爸在哪里啊？我怯生生地喊着“爸爸”，机器轰鸣中根本就没人听见。没办法，我只好打爸爸的手机。得知我已经到了，爸爸的声音里充满了惊喜，他极力大声嚷着自己的位置。我看了半天，才看到不远处高高的脚手架上，有个不断挥舞着手臂的人。阳光刺眼，无法长久仰视，模糊中的爸爸像一个欢乐的逗点在脚手架上一直跳着。眼泪猝不及防地落下来。那么高的大楼，这么热的天气，我第一次体会到一种深深的心疼。等到爸爸从脚手架上爬下来飞奔到我面前，看着他气喘吁吁满脸大汗的样子，我的眼泪更汹涌了。每个人在家里都扮演着不同的角色，父亲是担起这个家经济的顶梁柱，母亲是家里操持家务的半边天，而我则是这个家里不知贪婪地汲取着父母养分的不懂事的孩子。

我一直在想，今时今日的蜕变会不会太晚？这样的蜕变，是我对父母辛勤培育交的一份满意的成绩单，是我证明我在实现父母期待的道路上一直努力着的标志，是我即将分担家庭重任的完美转身。爸爸妈妈，你们的女儿已然成长，不是那个拿起扫把却不知道怎么用的孩子，不是那个背首古诗就要奖励的儿童，她是即将能带着你们走遍四方的人。夜晚，听见父亲的打鼾声，睡得瓷实，睡得安心。晚安，爸爸妈妈！

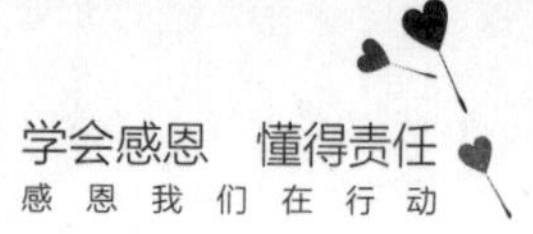

感恩父母，进入骨髓的信念

父母的爱是什么？人们都夸父爱与母爱的伟大、无私，但我觉得它是一个父母亲最本质最平凡最纯真的情感——对自己孩子的爱。父母之爱可以说是白开水，无色无味，晶莹透亮，虽说淡淡的白开水没有饮料诱人的颜色但它的甘甜是最独特的，滋润着干涸沙哑的嗓子。父母之爱可以说是悬在夜空的月亮，独一无二，皎白无瑕，散发着柔和的光亮，或缺或圆，都足以照亮游子脚下的路。它没有璀璨星辰那般耀眼，只是默默地发出自己所有的光，柔和的光落在晶莹的露珠上，倒映出母亲温婉的笑颜、父亲冷峻的脸庞。父母的爱可以说是一株小草，有着“野火烧不尽，春风吹又生”的顽强，永不泯灭。也许你有时任性，有时调皮，肆意的踩在这株小草上，它被踩折了腰，但他不会去抱怨，不会离你而去，一如既往顽强地昂首挺胸，为你绽放绿色。

感恩父母，让亲情如蜜如怡；感恩父母，是进入骨髓的信念。不管我身处何方，不管我是喜是怒，父母的心都始终伴随着我。感恩父母，已成为亘古不变的真理。孟佩杰，一个20岁的姑娘，却撑起了养母的整个天空。即使养母仅仅照顾了自己三年，但感恩的心驱使她用一辈子来偿还。她和母亲的心紧紧连在了一起。古有沉香劈山救母，今有彭斯割肝救母。彭斯毅然赶回国内将自己60%的肝移植给母亲。虽然忍受了疼痛，但他的作为却让亲情愈加浓厚。

著名爱国将领冯玉祥将军一生对母亲非常孝顺，母亲病故之后，他痛苦伤心地大病了一场。从此以后，每逢自己过生日便闭门谢客，不吃饭，有时实在饿得头昏心慌也只在晚上吃上一顿饭，以此来纪念母亲的生养之恩。1945年，他写了一首《十月怀胎》的悼母诗：“娘怀儿一个月不知不觉，娘怀儿两个月才知其情，娘怀儿三个月饮食无味，娘怀儿四个月四肢无力，娘怀儿五个月头晕目眩，娘怀儿六个月身重如山，娘怀儿七个月提心吊胆，娘怀儿八个月不敢笑谈，娘怀儿九个月寸步艰难，娘怀儿十个月才到世间”，文辞言语尽显对母亲的真情真意。对于父亲的表白总是那么少，我们习惯把父亲的爱归于深沉，我们对父亲的爱也是不允许宣之于口的。然后，我们对父亲的爱也变成了行动。

东汉时的黄香，是历史上公认的“孝亲”的典范。黄香小时候，家境困难，10岁失去母亲，父亲多病。闷热的夏天，他在睡前用扇子赶打蚊子，扇凉父亲睡觉的床和枕头，以便让父亲早一点入睡；寒冷的冬夜，他先钻进冰冷的被窝，用自己的身体暖热被窝后才让父亲睡下；冬天，他穿不起棉袄，为了不让父亲伤心，他从不叫冷，表现出欢呼雀跃的样子，努力在家中造成一种欢乐的气氛，好让父亲宽心，早日康复。扇枕温衾与恣蚊饱血的二十四孝故事都是在诉说着孩子对于父亲爱的表达、对他养育之恩的具体行动。

毕淑敏说：“有些事情，当我们年轻的时候无法懂得，当我们懂得的时候已不再年轻。”是的，在我们口口声声声称所谓的代沟的时候，当我们心安理得地花着母亲寄来的生活费的时候，当我们沉浸在母亲带来的生日祝福而从未问起她们的生日的时候，想想吧，远方的父母亲正在村头翘首而望，正盼望着我们哪怕是最简单的一声问候。

龙应台曾在她的作品《目送》中说：“我慢慢地、慢慢地了解到，所谓父女母子一场，只不过意味着，你和他的缘分就是今生今世不断地在目送他的背影渐行渐远。你站在小路的这一端，看着他逐渐消失在小路转弯的地方，而且，他用背影默默告诉你：不必追。”毛泽东接到母亲病危的家信，星夜上路，昼夜兼程，他抚摸着母亲的棺木放声恸哭，悲痛之中挥笔写下《祭母文》：“吾母高风，首推博爱。”宋庆龄孝心至诚，在母亲灵前“饮泣不已”。陈毅探母，执意要给瘫痪在床的母亲洗衣服。李鹏事母至孝，每逢假日，李鹏夫妇总要带上母亲喜爱的食物，到母亲处请安问好。这缘分牵绊着父母亲的一生，而这牵绊却在你有限的岁月里就提前终止了。我想：人生匆忙，儿女的时间总是追不上父母老去的速度；人生短暂，一转眼人生失去来处，只剩懊悔的归途。当我们还有机会与父母并肩牵手时，就应该加倍珍惜。没有“工作太忙”的敷衍，没有“明天再说”的逃避，表达感激，此刻！现在！

斯琴高娃老师在《朗读者》节目上朗读贾平凹的《写给母亲》，在朗读结束后，她说：“我希望在座的……如果你们的爹娘还健在的话，从现在做起不晚，好好地爱她们，好好地伺候她们，好好地哄哄她们，别太多的犟嘴。真的，不然的话，后悔来不及……” 如贾平凹所说，“母亲的伟大不仅生下血肉的儿子，还在于她并不指望儿子的回报，不管儿子离她多远又回来多近，她永远使儿子有亲情，有力量，有根有本。人生的旅途上，母亲是加油站”。我想人生路上，我们离不开父母而存在，是他们树立着我们看待世界的观念，是他们用爱感受这世界的温暖，是他们用耐心与呵护帮助我们健康成长。人生路上，有父母陪着的成长岁月，还有未来陪着父母慢慢变老的温情岁月……

1. 在日常阅读的过程中总结12条感恩父母的名人名言。

2. 列出自己感恩父母的生活点滴。

3. 你记得父母的生日吗？你给他们准备过怎样的生日礼物？

4. 你知道父母的爱好吗？你知道父母的烦恼吗？怎样从你的角度让你的父母更快乐？

5. 你现在应该怎样用行动来表达对父母的爱？你将来要怎样回报父母？

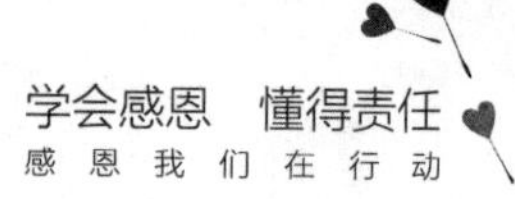

第三篇

亲情，最温暖的港湾

在最无助的路上，亲情是最持久的动力，给予我们无私的帮助和依靠；在最寂寞的感情路上，亲情是最真诚的陪伴，让我们感受到无比的温暖与安慰；在最无奈的十字路口，亲情是最清晰的路标，指引我们到达成功的目标。当生命之舟开始靠岸，亲情就是那静静的港湾，是那拥抱着你的默默的泪水。

第一节　感恩的家庭哲学

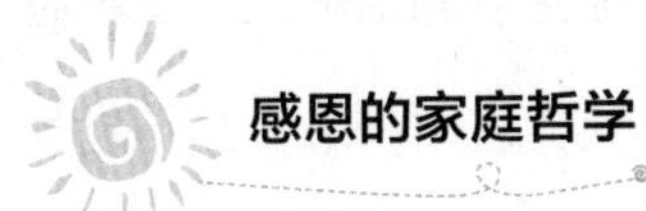

感恩的家庭哲学

在中国的饭桌上，我不止一次看到这样的景状。家中资历最老的长辈，颤颤巍巍着身子，给屋内年龄最小的刁蛮孩子端饭盛水，娇哄下咽。似手，这不仅仅是某几个家庭的景状，它所牵连到的地域，几乎是横跨南北，直越东西，贯穿了整个中华民族的现代家庭。我们对孩子的疼爱，已经到了无以复加的地步。小小年纪，他所得到的，不仅仅是父母的关怀，学校的教导，社会的底护，更有祖辈的溺爱，亲戚的骄纵，等等。

我曾家访过上百个孩子，说是与家长沟通，实质是在对家庭教育的底线做一次深刻调查，只要家中有老人，孩子的地位便是高高在上，不可动摇。这种“隔代亲”的屏障，几乎给了孩子所有恶作剧的力量，这种孩子在家中，常常是饭来张口，衣来伸手，稍有不顺，便摔碗耍闹，好不客气。

无数个家长曾对我说，孩子的祖辈要这样，我们有什么办法？或者，直接来一句，我们就只有这么一个孩子，不宠他宠谁？

听来，这似乎是父母无私的最佳表现，但实质不然，我们在娇宠孩子的同时，其实暗自也给了他一个不成文的定义，父母对你好是应当的！天经地义的！

于是，导致社会出现了一个奇怪的问题，这么多年过去，没有一个孩子来问过我：“为何爸爸妈妈要对我那么好？”他们没有追究这种问题的原因，是因为他们已经知道了答案，你之所以对他好，是因为他是你的孩子仅此而已 。

在日本的那些天，最让我震撼的，不是这个国度的经济盛况，而是家庭中的人文素养，在家中年纪最小的孩子，每次吃饭前，都要忙忙碌碌地按照从老及幼的顺序给屋内的人盛饭添饭，而后，还得目不斜视，正襟危坐，恭恭敬敬地对饭桌上的长辈们说："谢谢你们给了我这么一顿丰盛的饭菜！"父母，他们无不觉得多此一举，想想，一个仅是几岁的孩子，怎么可能懂得生活的艰辛，以及粒粒皆辛苦的道理，再者，孩子的童年必须是充满欢声笑语的，这样一来，岂不是莫名的要增加许多不必要的苦恼？

我们错了，并且一错就是上百年，中国孩子与日本孩子相比，到底少了些什么？无可厚非，定是感恩的情怀。按照理性的思维来判断，孩子是不可能懂得感恩的深意的，但我们要明白的是，感恩不是要让他们知道事情的前因后果，种种缘由，而是赐予他一颗感恩的心灵。

当他怀有了这样一种情怀之后，他便会在时光中慢慢懂得，对一切来之不易的爱和帮助，都要心怀感激，知恩图报。甚至，他会更深刻地明白，父母之所以对他百般关怀，更多的是源于那份血浓于水的爱。

在这样一种心怀感恩的氛围里成长，我们便可以不费唇舌地去教导他该如何善良，如何与他人友好交往。因为，当他怀有一颗感恩的心之后，必然会懂得，如何去体贴另外一个生命的心之所想。

还姐姐一个拥抱

姐姐是个初中毕业生，我是在读大学生，在那个年代里，农村中有太多类似的家庭，父母无力供养学费，孩子就只能辍学，老大当然就首当其冲了，姐姐，便是我们家最大的孩子。

姐姐上了一年医校，然后跟妈妈去了广东，人家都说那是个花花绿绿、灯红酒绿、纸醉金迷的世界；人家都说那是个"娱乐场"，让人流连忘返；人家还说去那里打工的女孩，过年在家待不住……众说纷纭，姐姐带着一脸稚气踏上了南下的火车，在“隆隆”声中开始一种新的生活，那一年，她才15岁。

不久，姐姐打来电话给我，她没有和我描述城市的喧嚣，没有讲述城市的繁荣，只给了我一句话：“妹妹，好好读书！”那一年我才11岁，我还不明白那句话到底有多重，我只是听话的“嗯”了一声，电话两端，便都是沉默。

那年冬天，姐姐没有回来，似乎验证了那些流言，我不明白姐姐为什么不回家过年，但我有点害怕，是11岁的我揣摩不透的害怕。

之后，我频繁接到姐姐的信，我喜欢收信，那一行行娟秀的字牢牢绑住了我和姐姐的心，当时我不知道为什么自己爱上了收信。一遍，两遍……以至于让老师误会我早恋，因为姐姐的信封上寄信人那一栏永远都是“内详”二字。

初中升高中，我没能考上省重点中学，没能完成给父母的承诺与预先的约定，面对糟糕的自己，爸爸气愤地对我说，“别读了”，姐姐：“读，要让她读书”，于是我继续着手心的爱好，但是我慢慢发现，姐姐的信薄了。少了以前的叮嘱，而多了以往没有的放任和自由，这让我无所适从，没有了指示，我得自己去寻找生活的方法。惶恐渐渐涌上心头，我认为姐姐不管我了。

家中欠着债务，爸爸担负不起巨额学费，姐姐对我说：“别担心，我来供你读书，供你上完学。”我从银行取着姐姐给我的钱，沿着姐姐给我铺好的路，一直走，一直走……

高中毕业，我名落孙山，榜上无名。姐姐还是坚持让我读书，于是我背着姐姐的鼓励走上了复读之路，俗称“二进宫”，那时我身体不好，药不离身，但依然是孤独一人，延续着已经六年的宿舍生活。说句实在话，每当看到那些为孩子送东西的家长、亲人，看着他们欢笑的神情，我不止一次地羡慕、嫉妒，也不止一次的奢求姐姐能来看看我，尽管到了最后，我的愿望都会落空，但那种渴求却变得更加激烈。

复读一年后我考上了大学，学校不是很好，爸爸再一次劝我不要继续读下去，家中因为我读书这件事又一次引发了争吵，然而姐姐依然做我最坚强的后盾。舅舅在一封信里对我说道："这几年，你让太多人失望，而这些人一如既往地支持你"，看到这句话时，我想到了姐姐。千山万水之外的姐姐，也许此时你不是在想我，但我知道，当我有困难时，你会为我着急，你永远是我最温暖的港湾。

一次偶然，看到了姐姐手机中未发出去的一条短信：我真的很累，多想找个人来依靠，可是还有那么多人要依靠我，再苦再累也要坚持！苦尽甘来，终有一天会尝到属于自己的甘甜！放心吧姐姐，我会像你爱我那样爱你，我会让你感受到爱，感受到温暖。

爱与痛的边缘，姐姐便是我心中最柔软的那根弦，涟漪也好，汹涌的波涛也好，都源于这根弦。我在姐姐的情理融化，不久的将来，我要让姐姐在我的情理微笑。

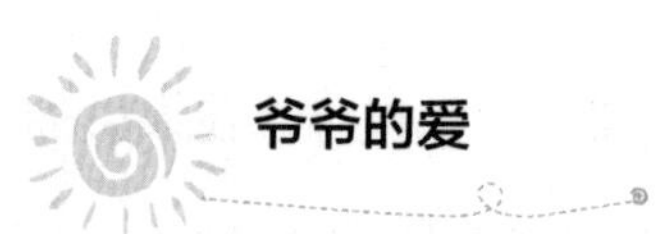

爷爷的爱

爷爷这个词永远是我心中最柔软的一隅。因为他，这个世界上最可爱、最慈祥的老人成了我爷爷，我得以享受一份纯真无私的来自爷爷的爱。

我的童年起源于爷爷奶奶家，那是一座小城的一条小巷子中的一幢老房子。老房子像一只候鸟的巢，我的爸爸、姑姑羽翼丰满后飞走了，我和我的表姐表弟在那儿从小雏鸟渐渐长大后也飞离了，只有两位老人始终坚守着属于三代人的家，为他们的儿孙留了一处漂泊后停歇的港湾、一方灵魂的净土。

我刚刚抵达这个温暖的巢床时不满周岁，我的爷爷已是古稀老人了。但爷爷慈眉善目、精神抖擞，眉眼间透露出年轻时的帅气，看上去不到花甲之年。

爷爷是位退休的工程师，有文化有涵养，好静，脾气温和，不喜欢交朋友，就一天到晚带着我，陪我说话。他的内心世界很单纯，跟童年时的我一样，我们几乎没有代沟。他给我讲过年的来历，手舞足蹈地模仿年兽的张牙舞爪，幼小的我笑着尖叫着钻进他的怀中。当我指着院子里葡萄架说一片叶子像一只猫头鹰时，他笑眯眯地说：“猫头鹰就喜欢吃不睡觉的小孩子，琪琪乖，快快睡……”

爷爷对我宠爱有加，可以说是溺爱。他背部风湿，弯起腰都困难，但每次不懂事的我要求他背我他都不会拒绝。每次回忆起年幼的我伏在爷爷温暖的背上、听着他温柔的声音穿过胸腔回荡在我耳边，都叫我既怀念又内疚。

小时候的我常半夜发烧，爷爷从冰箱取出带有冰淇淋味的冰块，包在毛巾里，放在我额头上帮我降温，再和奶奶两个人用被子把我裹着就背去医院。不知有多少个夜晚两位老人为了我彻夜无眠。

跟着他们生活的日子短短的不到五年，如今回望，蜜一般甜，此生难忘。

上小学后我去了另一座城市，跟随父母生活，寒暑假一开始我便乘上回乡的火车，回到小时候的家。

假期里爷爷会老早把我唤醒，用电瓶车载上我到山上、乡间兜风。大概是爷爷给了我自然的启蒙，使我一直都热爱草木、喜欢绿色。

我们的旅程一般花费一个上午，有时有目的地，也许骑上十几公里只为去看一排奇形怪状的大树，大多时候只是无目的地闲逛。他载着我穿过地上铺着落叶、头顶依旧郁郁葱葱的林间小道，从两排高瘦的树间、轧着星星点点的树影子驶过。阴凉透着绿色投在我们身上，微风裹着阳光和泥土的气息将我们围绕，草木散发的暖湿的鲜香掀起我们鼻翼。路边是青色或黄绿的水稻，是生满青苔时常冒出泡泡的鱼塘，是开得肆无忌惮、红粉相映的野花，是半隐在绿树丛中赭色瓦顶的农家小屋……我真想一辈子都坐在爷爷的电瓶车后座，由他带我走向自然，走过荆棘，走在灿烂的阳光下。

爷爷习惯一边骑车一边告诉我我没回来时他去了哪里，述说他见到一棵长了毛毛虫的桃树、他摘到了紫色牵牛花的种子等等平淡而新奇的小事，最后总是不忘一句：“我迟些日子带你去看。”我忘记哪一次是爷爷最后一次载我出行，我不知道是否有一个承诺永远无法兑现，就淹没在郊外中一拨又一拨的绿意之中，消失在那个逝去的夏天、我逝去的童年里面。

每次假期的尾巴拖我回去我免不了要落泪。我们在车站的候车室坐着，爷爷会抱着我，手轻轻拍着我的背，笑着吟诵到：“去也终须去，住也如何住？若得山花插满头，莫问奴归去。”我闻着他身上混着香皂和驱风油的干净的香味，好想时光在此刻永远定格。

等上了火车，我挤在窗边，望着爷爷带着慈祥的微笑朝我挥手道别，想到我有大半年无法见到他，不禁抽噎着，泪如雨下。然后我朝火车开的反方向奔跑，只想再看亲爱的爷爷几眼。火车一个转弯家乡的脸庞渐渐模糊了，我便绝望地放声大哭，惹得车厢其他乘客诧异围观。

正如再小的芽儿也有长成树苗的一天，几次悲欢离合之后，我渐渐走出了童年，跟爷爷的距离也愈走愈远了。我不再整天黏着爷爷，我不再坐在爷爷的车后座让他带我四处游玩，我不再在离别时哭得梨花落雨，我不再划着日历计算回故乡的日子。我有了自己的生活和乐趣，我更宁愿走进一个越发广阔的世界而不仅仅停留在我与爷爷的纯真理想国。就在我觉得自己慢慢抛弃了爷爷，爷爷也慢慢抛弃了我。

我没有想过英雄也有暮年，爷爷越来越老了，他转眼就80多岁了，他变得不像原来的爷爷了。

他的记忆力不断衰退，他忘记了我们共同经历的往事，他变得固执、不讲道理，像个坏脾气的孩子。他会不听任何劝阻硬要喝自来水，他会关上大门不让任何人进屋，他会经常自己一人走出去叫家里人只能干着急……我眼睁睁看着一切的变化，我恐惧我担忧，我从一开始的不相信到无奈接受，我感觉我失去了半个爷爷。

我为他的无理取闹而恼怒，为他的偏执任性而抓狂，为他忘记越来越多的事情而伤心。妈妈说，他现在就是个糊涂的孩子，你不能只把他当爷爷，要把他当孩子一样哄着。

就像小时候他哄我似的哄着他，我努力着，可是真的很难。我想起我小时候是个敏感而娇气的孩子，爷爷却无怨无悔对我百依百顺，那时的他心甘情愿，将我爱到心底处，现在的我却做不到角色转换。

这辈子我欠爷爷太多，他无私地给予我爱，给了我甜蜜美好的童年，我又能还他什么？父母之恩日后尚能以奉养相报，祖父母衰老的速度远快于我长大的速度，他们的恩情又能有多少机会报答？若有来生，我可以成为我爷爷的祖母，用尽晚年的心思弥补前世的亏欠吗？

人们表白喜欢用“爱你一万年”，我怕的是爱不能持久，怕爷爷如今的古怪会使他在我心中崇高的形象大打折扣。但随着我渐渐长大，我发现我的担心是多余的。我记不住他的不好，他对我深沉的爱、他的伟大早已刻在我骨髓上、融入我血液里，成为我永生的记忆。

英雄也会迟暮啊，硬汉作家海明威久经沙场中弹200多颗仍顽强地活了下来，却在晚年时死于自杀的子弹。老，会将人慢慢蚕食，从身体到记忆渐渐摧残，但人的爱和精神是不会褪色的。我的爷爷，无论他变成怎样，他永远都是我至亲至爱的爷爷，想到他心里还是会暖暖的，梦见他还是会幸福地哭出来。

“爱你一万年”终究只是个神话，爷爷，感谢你活在我生命中，长命百岁吧，再爱我几十年，让我再爱你几十年。

特别的爱

年前，带着小哈去了趟厦门亲戚家。第二天，家里堆了5个孩子——亲戚的弟媳妇需要去外地两天，留下了3岁和1岁多的两娃。

于是，这位姑姑，穿衣、喂饭、冲奶粉、换尿不湿、擦屁股、带出去遛达、哄睡觉，外加各种纪律维持——她自己还有一个7岁一个3岁多的娃。那天的我便看到了一个满血爆棚、无怨无悔、三头六臂的姑姑。

好朋友打来电话，询问小哈前一天玩的那套蓝色组合玩具车，是不是4岁左右的小男孩都会比较喜欢——她要让侄子晚上吹灭生日蜡烛后，第一时间就看到来自姑姑的惊喜（surprise）。

这位姑姑，微信头像是侄女的照片，电脑、邮箱、qq，甚至所有银行卡的密码，都是侄女的生日。书桌前的墙上，贴的是侄女的画，门口的鞋架里，有侄子的拖鞋——虽然，她哥嫂带孩子一年才来北京一次。

大年初二，小哈的姑姑回娘家，手里抱着5个多月的宝宝。我去了趟楼上下来，就看到她趁着宝宝好不容易睡着的间隙，抓紧时间刷洗着我和小哈放在一旁的鞋子上的泥，怎么劝都不撒手，她说，“我也没机会为你们做什么”。

有姑姑在家的日子，无论小哈是笑还是闹，在姑姑眼里都是好的；无论小哈是要买零食还是要买鞭炮，姑姑总是第一个掏钱的。吃了那么多家亲戚的聚会家宴，在姑姑家小哈吃得最是满意，因为，无辣不欢的江西人家里，只有姑姑会在备宴的厨房里不停嘱咐“我侄子是不吃辣的”。

我也是两个孩子的姑姑。第一次见到大侄女，我总是循环往复地计较侄女哪些地方像我：“这额头像我！鼻梁也像我对不对？！……”也不管自己其实是个光额头塌鼻梁。

每次通电话，侄女总是甜甜的在那头说：“姑姑我爱你！”每次从她家离开，侄女总是难过得潸然泪下；每次违反了姑姑立的规矩，她总是忽闪着大眼睛观察着姑姑的反应。隔上一段时间没搂上一搂那活泼欢跳的一团，我便开始想念那个可爱的小人儿。

宝贝儿，在这世界上，还有一类看着你长大的人，叫作“姑姑”。姑姑，就是不肯正视你其实是“别人家的孩子”的那个人——还坚定得莫名其妙。

姑姑，就是对你好的同时，又散发着讨好你妈妈的嫌疑的那个人，因为，她们认为“自家”有两人（或者更多人）握在孩子他妈手里——虽然这种认为毫无逻辑。

姑姑，就是自发将自己活成侄子侄女“第二个妈”的那个人——也不管“别人家的孩子”同意不同意。

有一种爱，不同于父母之爱，也有别于祖辈之爱；有一种爱，深沉又肤浅，奔放而婉约，界线清晰也模糊；有一种爱，始于同胞血缘，却又穿越姻亲裙带。这一种爱，就叫作姑姑的爱。

我的哥哥

妹，是不是怕哥哥以后不会带你玩了，放心，哥哥会永远是你的私人保镖，你什么时候需要哥哥，哥哥都会马上到。

哥哥整整大我9岁，从小时候一直到现在，他始终如一地呵护我，关心我，他自己称他会永远是他小妹的私人保镖和可以信赖的朋友。

我的出生据说是个意外，是爸爸妈妈避孕失败造成的意外。我妈妈生我的时候正是个炎热的夏季，我大姐和哥哥放暑假待在家里。他们在门外等我出生的时候一直在争论：大姐想要个妹妹，而哥哥却想要个弟弟。为此他们争得面红耳赤，好像谁胜利了就能改变我的性别。

哇……一声啼哭结束了他们的争论，他们争先恐后地跑进屋子，只见助产士抱着我，我爸爸在一边笑着对他们说：快来看看，你们又多了个漂亮的妹妹。大姐立刻兴奋地冲哥哥做个鬼脸，抢着要抱抱我。这时的哥哥也似乎忘了刚才的争论，丝毫没有不高兴的样子，和姐姐抢着要抱我。妈妈说，不要抢，你们每人抱一下。据说哥哥抱我时就在我胖乎乎的小脸上亲了一下说：我喜欢我小妹。那是第一个人亲吻我，不是妈妈，不是爸爸，而是我的哥哥。

从我记事时候起大姐就很少在家，她读中学时学校离家比较远。我妈妈说女孩子晚上自习不太方便，就让大姐去住校了。等到中学毕业后大姐又上山下乡了，再后来她又在外地上大学，所以我小时候都是跟着哥哥，是哥哥哄我带我出去玩。

我妈妈说在我1岁的时候，我哥哥抱着我，一不小心就把我从他肩膀上扔了出去，掉在了他身后。我当时号啕大哭，我哥哥也吓哭了，因为旁边有个人说这下肯定会把我摔成傻子。我哥哥哭着说不要让小妹变傻，宁愿他自己变傻。幸运的是我们谁也没有变成傻子，而且也都很聪明。我会走路了，我成了哥哥的小尾巴，哥哥走到哪里，我就跟到哪里。哥哥他们玩男孩子的游戏，我也要跟着玩，所以那时男孩子会玩的游戏我都会。有时候玩对抗性的游戏，别人不想要我参加，说我太小了，哥哥就和他们争，如果他们还不同意，哥哥也宁愿不玩。

还记得哥哥小学毕业时，他们几个同学去照相馆照相留念。等到他们排好队的时候，我在旁边哇地哭了，跑到哥哥跟前，非要哥哥抱着我。哥哥劝了一会儿，我就是不听，非要和哥哥在一起。哥哥只好对同学说，你们照吧，我不照了，我要哄我小妹。后来他们同学只好说，你就抱着你小妹照吧。后来就有了那张一群半大男孩子中间，站着一个梳两条羊角辫的我的照片，我的眼睛里虽然含着泪水，但是却在开心地笑着。

刚上学时，我同桌的那个男生总欺负我，他抢我的铅笔和橡皮，还在我的书和本子上乱画，我也不敢惹他。有一天下午，我大姐给我的一本小画书又被他抢走了，我气急了就咬了他的胳膊，他说放学后要打我。我害怕极了，所以在他说完这话的以后课上老师说了什么，我都没有听到，只想放学后怎么逃回家。幸好，放学后那个男生似乎也忘了要打我的事情，我才顺利地回家了。不过我见到哥哥就哭了，我像控诉法西斯那样，字字血声声泪，把他的暴行对我哥哥细说了一遍。第二天下午放学时，我看到哥哥在学校门口等我，然后当着我那么多同学的面问：是哪个小子胆敢欺负我小妹，这次我先饶了你，下次你再敢负她，我非把你打趴下。看着我那粗犷高大的哥哥，那个男生一声没敢吭就跑了，以后他再也没有欺负过我。

在我上二年级的那年冬天的一个夜里，恰巧爸爸出差，妈妈又上了夜班。我突然肚子疼，开始我还想忍住不哭，但是后来我实在忍不住了，就哭着大叫：哥哥，哥哥。听到我的哭喊声，我哥哥从他睡觉的小屋跑过来，衣服和鞋都没有顾上穿，只穿条短裤。我哥哥看我那个样子，二话没说，就动手给我穿衣服，然后他自己也穿好衣服，背上我就去了医院。我家离医院足足有3里地，我哥哥几乎是一路小跑把我背到了医院，虽然是冬天我哥哥却累得衬衣都湿透了。到了医院一检查，医生说我是急性阑尾炎，要马上手术，再晚了就会有生命危险。等到妈妈赶到医院的时候，我已经被推进了手术室。到现在妈妈还会说，我这条命是哥哥给我拣回来的。后来哥哥上了大学，毕业后留在了上海。

后来我也上了大学，我哥哥去学校看我。我正在教室学习，听到外面有人喊我名字，说外面有人找。我出来一看竟是我哥哥，我高兴得一下扑到哥哥怀里，哥哥也不推脱，就势一下抱起我轮了一圈。就这样一个动作，我们班女生则羡慕坏了，羡慕我有个这么爱我宠我的好哥哥。我同学的这些表现着实让我自豪让我兴奋，我故意挽着哥哥的胳膊走遍了我们大学的整个校园，我要让所有的人都知道我有这么一个优秀的哥哥。

现在我和哥哥天各一方，不过我们经常打电话，我有高兴的事情会给他打电话，我伤心的时候也给他打电话，每次我哥哥都不会使我失望。我高兴的时候听到哥哥的声音会更高兴，伤心的时候和哥哥聊会也会减轻许多。现在我们还经常互相发短信，哥哥的每个短信都让我开心不已，我给哥哥的短信也会让他开怀大笑。我哥哥是我的保护神，而我是哥哥的开心果。此时此刻，我又想哥哥了，哥哥，你想我了吗？

姑姑的大爱

“爸爸的妹妹叫什么？爸爸的妹妹叫姑姑。”我想，00后的孩子对“姑姑”的发音基本来自胎教碟片吧？我不知道，第一声“姑姑”是谁教我的发音？在记忆里，真正认识“姑姑”是我4岁那年。父亲下岗后，姑姑在县城给父亲找了份工作，我随父亲进了城，天天跟在父亲左右，母亲经常说：这孩子，就是父亲的“小跟班”。

有一天，我病了，发着高烧，父亲叫来了姑姑，带我去她单位的医务室看病。我坐在姑姑的单车后面，强支着头望着父亲，因为陌生，又要看医生，希望父亲陪着我去。父亲说：“这是姑姑，不怕，爸爸要工作，听姑姑的话，姑姑带你去看完医生后，头就不会痛了的。”姑姑叫我抓紧她蓝色的毛衣，我在单车的后座怯怯的抓住她。好柔软的衣服。一路上，姑姑又叫我把头靠在她背上，头就没那么重也没那么疼了。走了一半路，还不放心，下车解开白色底印莲花图案的丝巾，将我的头包住，怕吹了风更会加重风寒。我紧紧地抱住姑姑，头和身体趴在姑姑安全温暖的背上……

那年，是我第一次理解了姑姑的含义，她就像母亲一样。

今天，是姑姑嫁小女的日子。她人生中不用对任何人承诺的事儿也应该完成了。前几年退休，还去城管大队参加协保员工作，快60的人，也要享享福了。

婚宴上，姑姑忙前忙后，迎接客人，招待客人，安排入席，那活跃比姑父还喜庆。我坐在第一桌，靠近签到位，看着姑姑忙碌的身影，脸上那如花的笑容好美丽，但眼神里的那份苦尽甘来，席间有几人能懂，那里面饱含了多少辛酸啊。

姑父是军人，退役下来，在县环保局工作。可能军人的风骨在，姑父做事雷厉风行，死板不转弯。我想，这些年姑姑也没少练肺阔量吧？但能让姑姑这样坚定勇敢的坚持下来，应该是姑父的手温暖着姑姑的手，一路风风雨雨到今天的圆满人生。

姑父是再婚，他的前妻难产走了，撇下了一个2岁左右的男婴和刚出生的女婴，可以想象，当年的姑父是一种怎样的境况。

姑姑的婚礼很简单，只叫了双方兄弟姐妹一起吃了个饭。姑姑和姑父双亲只有母亲还在，她们都叮嘱对方好好照顾自己，互相多担待，多关心，多商量！姑父的那俩孩子的母亲娘家也来了人，对姑姑是千叮咛，万嘱咐，左拜托右拜托让姑姑把孩子当自己的孩子照顾。父亲说姑姑是幸福的，有个自己的家了，可母亲看着姑姑怀里睡着不到1岁的妹妹，和姑父边上正在吃饭不到3岁的弟弟。直摇头说："她本可以过的更好点，这个笨蛋以后苦日子只有她自己去受了，我们帮不了她。"

妹妹很好玩，待在家里就会哭，姑姑就用自行车，像当年带我去看医生时那样，带着妹妹在小城周边溜达，只是车后面有妹妹的专用小座椅。妹妹在姑姑车后面唱着我们听得懂又听不懂的儿歌，姑姑直夸："小宝宝唱得好。真棒。"有一天，我放学回家，正碰到姑姑带着妹妹来我们家玩，准备回家了，在跟送到家门前的爸爸妈妈说再见。姑姑骑着自行车带着妹妹，从门前的小街道一路唱着歌儿前行，我看在眼里，感觉姑姑是最幸福的！突然，在屋外晒太阳的邻家婆对面小卖部的大姨用方言大声喊："带着别人的孩子质得斜地，投个么大？"小卖部的几个女人不怀好意的笑。姑姑装着没听到，继续给妹妹唱着歌，往回家的路幸福着前行！

姑父很好客，每年过年都叫我们全家去他家吃饭，单位分的不到五十平方米，两房一厅的房子，被姑姑娘家人占满了，好热闹。一间有阳台的房间是奶奶带着孙子住，另一间稍微大点，大床旁边放了小床，但妹妹从不睡小床，很贴姑姑，妹妹叫"妈妈"时，姑姑笑的特别灿烂。姑姑和姑父张罗一桌的饭菜，大桌子放都放不下，电视柜上还有随时待命的一盘又一盘的美味，只要桌上有空隙，待命的美味就会被姑父一盘一盘的塞进来。

姑姑家有一盆姑父出差海南岛带回来的珊瑚，白白如玉，像雪花堆积起来。姑父说那是海中花，长在大海深处的花，很稀有，爱花的我，哪里忍得住，我真想抱回家，父亲说不能。弟弟无意中不小心碰掉了一枝，我捡起来像宝贝一样不撒手，姑父就送了给我。可我哪会放过那盆珊瑚，指使弟弟左碰一枝，右扭一枝的，姑姑找来胶水叫姑父粘上，姑父知道我喜欢，把掉下来的全给了我，我乐滋滋装进了口袋。

多年过后，去姑父家看到那盆残缺的珊瑚很是过意不去。宴席也吃到了尾声，我看着姑姑，还是那样的端装，高贵雅致。姑姑一生没再要孩子，看着今天耀眼而幸福的妹妹，和在姑姑身边早已完婚，有了小宝宝的弟弟，姑姑的大爱还在继续。

第二节　家园如梦

家园如梦

夜很深、夜很静。浅浅的月光流进了我的村子，挤进了那扇用皮纸蒙住的三字窗，风轻轻地梳理着窗外还略显单薄的树枝，嗓音很低，却让我很清楚地听到了那来自远方的呼唤。

庭院里的那口古井，清晰地倒映着我曾经在井旁的柳树上猴跃的童年。记忆中那长满黑斑的麻绠，依然牢牢地吊着我的心事，绷得像调紧的弦。

“月光光，亮堂堂，背书包，进学堂……”井边学会的童谣鲜活如初，只是教会我童谣的家人，却已独卧寒山。家人的声音已成记忆，然而家人的献血必将灌溉我一生。

流浪的脚步离开家园，只把乡愁饲养在井中，任何一丝不经意的涟漪，都有可能荡涤的我遍体鳞伤。

最后的黄坡上，零零散散的落户了一些三月树莓，它们在贫瘠中送走了一个个春夏秋冬，又迎来了一个个春秋冬夏。

母亲为我摘麦子时被刺破的手指，滴着血，凝成一团不褪色的火红，永远燃烧在我记忆的深处，那些吃三月莓当饭的甜甜日子，是母亲用手一分一分挣来的，今年三月，我想母亲还会在另外的世界里为我采摘三月莓，只是母亲已移居黄泉，即使我将膝盖埋黄土，也无法缩短母子间的距离。

等到三月莓红透的时候，我该回趟老家，去荒坡上采摘一包三月莓，捧撒在母亲的坟头。母亲曾经为我寻找三月莓的目光，擦亮一串串累累的爱。

屋右的古枫树——鸟的天室。孩提时，父亲总是架着长长的梯子，猫着腰一回又一回地爬上去为我取鸟，样子很吃力，可父亲的脸上却从不显露丝毫吃力的神情。如今，岛儿渐渐地少了，只剩下乱七八糟的鸟巢搁在树丫间，可年迈的父亲却像童年的我一样，在鸟归季节里一遍一遍地数着鸟巢。又是鸟儿孵育的季节，隐约中，我感觉父亲佝偻着身子站在古枫前地重复着“一，二，三，四……”那深深陷进了眼窝的眸子，专一地注视着通往山外的羊肠路。

屋左蜿蜒蛇行的山路依旧在为我走出大山的举动作注脚，那浅浅的一行不知打上了我多少若隐若现的脚印，从山村走进城市，实际上是走进一种诱惑，甚至是一种折磨。

山路的源头是生活，山路的尽头还是生活。生活就是生生死死，通往平衡世界，谁能适应这个世界，谁就是赢家。无论生活把自己推到哪个位置，都要用一颗平常心去面对，轻松靠自己给予，快乐只属于创造快乐的人。

怀念家园，更怀念家园里的某些人，含辛茹苦一生而永隔幽冥的母亲，愿她在天堂安好；艰难活命而又思儿念女的父亲，愿他长命百岁！

在家门前那堵不倒的竹篱笆上，我将自己攀缘成一株不忘的牵牛，紫色的喇叭始终朝向敞开着的家门，芬芳屋里的每一道墙缝。

家园如一件厚厚的棉袄，等待着每一个伶仃的流浪者去取暖；家园如一双不破的鞋，永远套在流浪者冰冷的脚上；家园如一柄永新的伞，一直搭在流浪者风雨兼程的肩膀上；家园如一块啃不完的饼，让流浪者一次又一次地去补充能量；家园如根拉不断的线，末端总系着一个流浪者的大风筝。

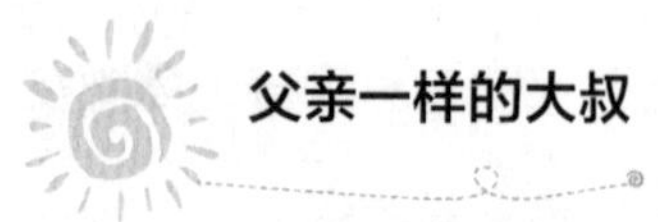

父亲一样的大叔

泪眼蒙胧中我看见了那黝黑的皮肤和憨厚的笑容，看见了父亲，看见父亲一样的大叔，看见了人间最美最温暖的东西……

在远离家乡的城市求学，对一个农村孩子来说是件既骄傲又辛酸的事。都市的喧闹繁华，于我如海市蜃楼般美好而遥不可及，我必须考虑的是父母面朝黄土背朝天的劳作和我那减了又减的生活费。上大学的第二个学期，我终于找到了一份工作——家教。

工作来之不易，所以我格外用心。每个双休日，我都要在郊外的校园和市中心学生家之间穿梭。路很远，为了省下一半车费，每次我都要跑一半路再乘车。

一个星期六，由于多上了一节课，从学生家出来，已是华灯初上了。公交车站牌下只有一只垃圾箱静静立着，最后一班车早已开走了。

路边咖啡店里放着舒缓柔美的钢琴曲，我却感受不到丝毫温暖。出租车一辆接一辆地呼啸而过，我却不能拦下任何一辆，因为，我知道，我的衣袋里没有几元钱 。去郊外必经的那条路没有路灯，我硬着头皮向前走。

“闺女，坐车不？”一辆人力三轮车停在我面前。车主是个40岁左右的中年人，有着黝黑的皮肤和憨厚的笑脸。那是父亲的皮肤，父亲的脸。我说了学校的地址，并掏出所有的钱给他看，他轻轻叹了口气，说：“你也太胆大，大黑天儿的一个人回郊外。走吧，我送你去。”路上，他不停地问这问那，问大学里多姿多彩的生活，问我的学习成绩。当他得知我是做家教挣生活费用，竟轻声责备我：小闺女家，哪能这样拼命呢。没钱，问家里要，你爹一定能想办法！那口气和父亲责备我时一模一样，我的泪一下子涌了出来。到学校大门口时，他已累得大口大口喘气了。我把仅有的两元三角钱塞到他手里，扭头就想往学校跑。他一把拉住了我，喘着气说：“别……忙，闺女，留几毛……茶钱吧！”说着，往我上衣口袋里塞了一下，又按住了我要掏口袋的手。我哽咽着，想说些什么，可只叫了一声“大叔”就什也说不出来了。他又叹了口气，用一只长满了老茧的大手摸了摸我的头说：“闺女，好好念书，给你爹争口气。我得走了，啊。”那动作，那口气，很像我的父亲。我看着他和那辆车一点一点融入夜幕，泪水止不住地淌下来，父亲和大叔的影子一遍又一遍地在脑中显现、重叠。那天，我在大门口朝大叔远去的方向站了很久，直到我终于明白，也许这一生我都没有机会再见这位父亲一样的大叔一面。同室的姐妹都已睡下，门给我留着，我换下的没顾上洗的衣服已经被洗干净挂在了我的床头。我掏出大叔塞回的“茶钱”，看见一张破旧的五元人民币，在灯光下闪着温馨华美的光芒。我的泪再一次流出来，泪眼蒙眬中我看见了那黝黑的皮肤和憨厚的笑容，看见了父亲，看见父亲一样的大叔，看见了人间最美最温暖的东西……

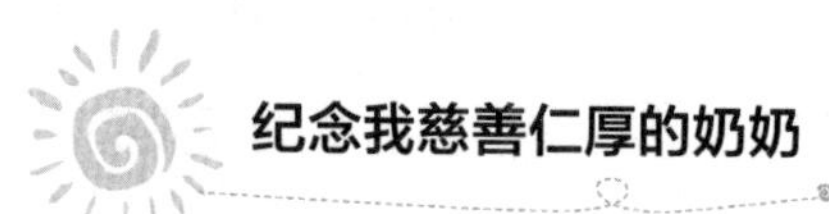

纪念我慈善仁厚的奶奶

记忆中奶奶是一个慈祥善良的人，她整天唠唠叨叨，但从来没有对我发过火，对我总是笑嘻嘻的，和颜悦色，好像一看见我，就很开心似的。

事实上奶奶也确实最疼我，塆里有哪家有个喜事办个酒席，她总是带上我，好好的大鱼大肉一番。那个年代物质匮乏，一个月能吃上一顿肉，算是天大的喜事。我那时个子小，爬上一张方桌四条长凳上坐着，老是够不着方桌中央最好吃的鱼肉，奶奶总是夹着给我吃。那个时候，觉得奶奶最懂我。

父亲是那一辈的老大，我的出世是她的第一个孙子，自然得到更多的关爱。塆里的小伙伴总爱找我玩，每逢星期六的晚上，我做完了星期天的作业，就跟塆里的小伙伴们一起疯玩。上树掏鸟，下河摸鱼，经常忘记吃中饭，要是肚子饿了，玩的地方挨哪家近，就跑哪家去吃一顿。这个时候，奶奶就会满塆里找我回去吃饭，开始是大声呼唤我的小名。我们一群小伙伴有个不成文的约定，一听到大人唤我们回家吃饭，就要默不作声的躲起来，任他们着急。

在我记忆里，我躲起来的次数是最多的。那时我们只是觉得好玩，奶奶的呼唤，总能让我们暗地里大笑，开始中气很足，声音很大，后来变得焦急起来，最后，变得低沉，我们暗地里窃喜。等到大人不在呼唤，我们才十分满意的跑出来朝大人大笑。或许是肚子真的很饿了。

有时，我们确实跑远了，到很远的小河沟里洗澡摸鱼，奶奶的呼唤听不见了。垮里的小伙伴都是过山虎，江中龙，身手好得很，不大一会儿，我们一群小伙伴摸了很多鱼，用一头很大的草把鱼串起来，提着各自回家。奶奶每每这个时候，都是先要嘟噜几下，先数落一下我，说我跑这么远去玩，掉河里怎么办？被狗咬着怎么办？被人卖了怎么办？其实，那个时候，我们都是游泳的好把式，至于狗咬人和遇到坏人，那更能引起我们的兴趣，反正，那个时候我们一群小伙伴就是天不怕地不怕，相互之间很好。等奶奶数落完，我就撒娇般地让她把这些鱼煎着，奶奶这时脸色又阴转晴的说：好。奶奶脸上有种自豪的神情：孙子这么会摸鱼。她又会生第二遍火，用农村过节才用的猪油给我煎鱼，煎好后，端给我吃，我总会央求奶奶跟我一起吃，这时是奶奶心里最甜蜜的时候。

印象最深的一次是，有一次我们小伙伴到大队后面的山上玩，大家在山上玩捉迷藏，玩得很开心。可是到晚上回家的时候，我病了，发了很高的烧，奶奶急了，用大锅灶煮艾叶水给我洗澡，又到村卫生所给我抓药，吃了不见好。我还是高烧不止，这下奶奶更急了，她信迷信，就找瞎子给看病，瞎子说，我着了不干净的东西，问我这几天哪里去玩了，我迷迷糊糊地说，到大队后山上去玩了。奶奶听了焦急地说：叫你不要整天乱跑，那山上最近埋了一个人。我听了自然很害怕。接着，瞎子跟奶奶说了一些话，后来就走了。

我那几天，就在家里躺着，每天吃药，还喝了奶奶到庙去求的符烧的水，就这样竟然病好了。现在想起来，不知是药的疗效还是符水的作用。这都不重要，我只是感觉，有奶奶在，我什么都不用怕。

奶奶十几年前走了，村里的山上多了一个坟头，我怀念的奶奶如家乡的山水一样，对我情感深厚，每次经过家乡，我都会朝奶奶的坟头看一下，望一望那儿的草是不是更绿了，树更长大了。每年清明，我都会买最好的花纪念奶奶。尽管我住的县城离家乡很远，都要回故乡祭祖，不为别的，只为怀念那一片情深似海，也为了感谢老天爷给我一个这么好的奶奶。

别踩疼了她的影子

那是一个极偏僻的林区小镇，位于小兴安岭深处。也许这里有未被污染的原始森林的缘故，到了盛夏季节，来采风旅游的人特别多。四面青山环绕，万木葱茏，愈加映衬得小镇如世外桃源般。

虽是知此，这里还是极闭塞，大量的游客虽然也拉动了地方经济的增长，可是游人去后，依然是简朴得近乎原始的生活。毕竟这里有着漫长的寒冷期，那段期间里，小镇是与世隔绝的。所以这里除了旅店多，便再没什么了。

在一个阳光极明媚的上午，我们几个去游览当地有名的南山森林公园，公园的门前是一条极平整的山路，阳光直射其上，便越发的觉得热。山路上的人也渐渐多起来，忽然我们看到了很奇怪的两个人，立刻便吸引了我们的目光。看样子是对母女，母亲30多岁的模样，小女孩也就八九岁，她们穿得极破旧，就站在左侧的路旁。当人流走近她们，小女孩便跑上前去，和人们说着什么，人们都不解地看她，然后纷纷绕到旁边去，那女孩急切的神情，看来真的是在乞讨。

待我们走近，女孩跑到我们面前，她红着脸说：“叔叔们，你们能轻点儿走吗？轻点儿走过我妈身边！”我们全愣住了，而女孩似乎要流下泪来，说：“求求你们了，你们别绕过去，轻点儿从我妈那儿走过去！”我们互相看了看，尽管充满了疑惑，还是放轻了脚步，悄悄从那妇女身边走过。那妇女站在阳光下，脸上淌满了汗，很是憔悴，见我们这样做了，女孩开心地笑了。

我终于忍不住，折回到女孩身旁，问：“小姑娘，你这是在做什么呢？”女孩看了不远处的妈妈一眼，说：“我和妈妈在给爸爸治病呢！”我更加奇怪；“这样怎么能治病呢？你爸爸得了什么病呀？”女孩说：“我爸这两年总咳嗽，还吐血，吃了挺多药也没好。后山的张婶说我爸的病是从我妈身上得的，说我妈的气运太旺，要想我爸的病能好，就得让一万个人踩过我妈的影子。那样我爸就能好了，可是，张婶说我妈的身体以后就会变弱了，就是被踩的！”

我一时间呆住了，没想到这里竟闭塞落后到这种程度！良久，我才问她：“你们每天都来这儿？”女孩点了点头，说：“快一个月了，可数来数去的，人数怎么也不够。我爸一点儿也没见好，张婶说是踩的人太少了！我们就天天来，在这儿一待一天，要是赶上阴天，我就很难受，因为我妈就没有影子了！”我回头看了看那个妇女，她站在那里又热又累，有些微微地摇晃，就对女孩说：“你怎么不去扶着妈妈，离这么远干什么？”女孩说“我妈的身体真的是越来越弱了，是被人们踩的，我在这儿，就是想告诉走过来的人，轻点儿过，别把我妈的影子踩疼了，你看她多难受啊！”

那一瞬间，有一种东西在心底悄悄地涌动，让我有了温柔的感动。女孩跑回妈妈身边，伸手给她擦了擦脸上的汗，又立刻闪到一边，把妈妈的影子让出来。她小心地凝望着从那影子上走过的每一双脚，有一种既心疼又无奈的神情，希望和痛苦都交织在她漆黑的眸子中。我轻轻地从她们身边走过，心里盛装着温暖。是的，这个孩子，用她朴素的爱，浸润了我日渐麻木的生命。等赶上伙伴们时，回头望去，那两个身影被大片大片的阳光拥抱着，湮没于人群之中。

今年我又去了一次那个小镇，却再也没见到那对母女。想必女孩的爸爸病已经好了吧，他们一家快乐地生活在这天涯一般的地方，再也不会因为影子而疼痛。这是我的祝福，也是我的希望。

外婆的硬币

直到那时，我才明白，正是外婆给了我后半生的幸福。

那年冬天，居住在美国西北部的我们刚经历了被称为“哥伦布暴风雪”的灾害性天气，无情的暴风雪和肆虐的狂风摧毁了很多房屋和树木。空气中弥漫着刺骨的寒冷，将我们的房子变成了一个冰窖。

父亲点燃了壁炉里的木柴，我们兄弟姐妹便一窝蜂似的跑到壁炉前面取暖。木头发出“噼噼啪啪”的响声，赤红的火舌舔着炉膛，我感到胸前逐渐暖和起来。然而，正当我闭上眼睛背对着火炉，享受炉火带来的惬意时，不幸降临了。不知何时，一个从壁炉里溅出的火星点燃了我棉睡衣的背后。等被发现时，火星变成火舌开始吞噬着我的睡衣。空气中夹杂着炭火味，棉絮烧煳的味道和我身上的肉被烧焦的味道。一阵剧痛后，我失去了知觉。

醒来时，我已躺在医院的床上，医生告诉母亲，我左腿背部的皮肤和神经组织被严重烧伤。由于伤势很严重，医生严肃地对母亲说：“美洛蒂的伤势很重，植皮手术做完后，她的一只脚可能会僵硬，也就是说她只能一只脚走路。当然，幸运的话，她能恢复到不靠拐杖一瘸一拐地走路。”母亲听到医生的警告后痛哭流涕。

腿上伤口的恢复是一个非常痛苦的过程。此后几个月，我每天都得换包扎伤口的纱布。其间，医生把我臀部的皮一点点植到了左腿烧伤部位。那是我有生以来身体经历过的最痛苦的时候。下半身的任何一点活动都会带来巨大的痛楚，要想站起来走路简直是天方夜谭。伤口愈合的初始阶段，那种疼痛是常人无法忍受的。任何腿部活动对于我都是一种折磨，我只能整天静静地躺着。

外婆住在附近的小镇上，离我家有五英里远。我受伤后，外婆每天一大早就赶过来看我，直到傍晚才回她自己家，从未中断过。外婆决不能接受我瘸着腿走路或者用一只脚走路的想法，也绝不允许别人说这样的丧气话。她总是用她干枯的手抚摩着我的额头，说："亲爱的，你一定会站起来，用双腿走路的！"那时候，外婆每天都会鼓励我，想出各种各样的办法来哄我活动那只伤脚。为了让外婆高兴，我宁愿忍着剧痛，噙着眼泪活动那只受伤的脚。

有一次，移动伤脚时产生的剧烈疼痛到了无法忍受的地步，我号啕大哭，决定放弃取悦外婆，我哭着对她说："外婆，我的脚实在太痛了，我不想再走，永远也不想再动它一下。"在我拒绝练习走路一天后，外婆带来一个蓝色的布袋子。她对着我神秘地笑了笑："亲爱的，你知道这里面是什么吗？"外婆拿起布袋摇了摇，里面传来悦耳的金属碰撞声。"哦，我知道了，是硬币。"外婆居然带了一袋子硬币过来，一枚硬币对于一个小孩来说是一笔不小的数目，一美分都能买到一把做成动物模样的果糖呢。躺在沙发上，我可以清楚地看到那个袋子里的那些鼓鼓囊囊的硬币，我从来没有见过那么多的硬币。它们让我想起那些美丽的果糖，我异常兴奋，忘记了疼痛。

外婆说："你如果能站起来，我就奖给你一枚硬币。"我是多么渴望得到一枚硬币啊！所以，我忍着疼痛站了起来，外婆微笑着将一枚崭新的硬币放在了我的掌心。我很快又坐下了，因为刺骨的疼痛噬咬着我的伤脚。外婆盯着我的眼睛说："我这里还有很多硬币。就照着刚才那样做，亲爱的，再站起来一次。"我重新站了起来，外婆果然又在我的掌上放了一枚崭新的硬币。

此后几个月，外婆每天都用这样的方法鼓励我站起来，鼓励我迈开步子。其间，我多次听到外婆对母亲说："我对这孩子的未来始终充满信心，我绝不会看着她瘸腿或者单脚走路。"

一天，我问外婆："外婆，如果您的硬币用完了该怎么办呢？"外婆微笑着对我坚定地说道："亲爱的，不要担心外婆会用光硬币，我会把世界上所有的硬币都找来给你。"

奇迹真的出现了，一年后我居然可以在门口悠闲地散步，像所有健康的孩子那样轻轻松松、稳稳当当地走路。给我动过手术的医生看到我的变化后非常惊讶："我治疗烧伤患者这么多年，从没有看到过一只严重烧伤的腿能恢复得如此彻底，真是奇迹！"

外婆去世的那年，我已经长成了大姑娘。那天从墓地返家的途中，母亲告诉我："你外婆万万不能接受你成人后跛脚或单脚走路。她每天都向上帝祈祷，希望你能康复，像正常人那样走路，上帝听到了她的声音。""我知道她一直希望我能像健康人那样行走。"我说。接着，我问母亲："妈妈，您知道外婆从哪里弄到那么多硬币吗？"母亲回答说："你知道吗？外公去世后，她就靠着政府给的一点救济金生活，生活得非常拮据。外婆把毕生的积蓄和救济金都换成硬币给你了。"那一刻，我泪流满面。

直到那时，我才明白，正是外婆给了我后半生的幸福。那些每天被当作励志礼物的银色硬币，饱含着外婆对生活的信念和勇气，也饱含着外婆对我最无私、最深沉的爱。

第三节　爱是一场深情的轮回

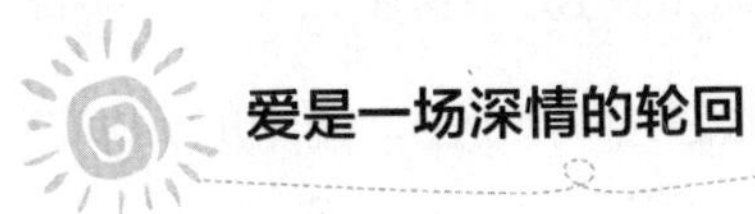

爱是一场深情的轮回

一

春节时给奶奶买了一双鞋，鞋子里头毛茸茸一片，她洗了脚来试，一边点头称赞很合脚，一边却念叨着不该乱花钱。

我告诉她："现在你孙女能挣钱呢！你尽管穿，坏了再买！"

傍晚时她的老姐妹们陆续过来玩，几个人坐在门口的石墩聊天。奶奶拿出了我买的钙片，打开瓶盖拿出几粒分给她们："孙女买的，我吃了好几天，腿脚就不酸了，你们试试！"老姐妹们连声恭维，她的笑腼腆却得意，拼命想收敛，但根本藏不住。

坐在客厅里的我忍不住偷笑，那种自豪和骄傲，就像小时候的我穿着崭新的小裙子跑出去，在小伙伴中间得意扬扬地炫耀："这是我奶奶给我买的！"

那时我还很小，跟着脚步还很矫健的奶奶去赶集，看上了商店里高高挂起的红裙子。奶奶看我喜欢得紧，就掏出了手帕层层叠叠包着的钞票，买下了一个小女孩所有的期待和盼望。

心里的满足，其实不止因为花钱买来的物件，就像二十多年后，奶奶得到的鞋子和钙片，都成了可炫耀的资本。物质只是载体，归根到底还是爱，爱才能让一个人幸福得闪闪发光。

二

我一回家，奶奶就开始忙活。她急着淘米浸泡，要给我做米豆腐吃。

日头西偏，大米已浸泡到一粒粒伸展开来，薄薄的暮色也逐渐浮上来。奶奶唤过我，端起泡好的大米，提上木桶，祖孙两人一起往村东头打米浆去。

这样的场景被我们重复过无数次，只是很久以前的奶奶还健步如飞，一手端着米，还能腾出一只手来牵着跌跌撞撞的我。转眼20多年过去，端米的人换成了我，走在夕阳下的奶奶开始步履蹒跚。

回到家，奶奶又张罗着烧开一大锅水，小时候我总巴巴地坐在灶火前，用小手抓着柴火往灶窝里送。奶奶则挥舞着锅铲不停搅拌，在童年的我眼里，那就像变魔法一样，米浆瞬间变成一锅散发着清香的米糊，趁热舀出来加些白糖，便是一碗上好的甜点。但这香甜不过是个小小的前奏曲，等奶奶在米糊中点上石膏，美味的酝酿才刚刚开始，待到次日天明，米糊凝结成脂状方大功告成。

现在搅拌米浆的人也换成了我，烧火的奶奶不厌其烦说着制作要点，她眼中代代相传的手艺，必须要教给所有的子子孙孙，哪怕她知道我对做米豆腐毫无兴趣。

因为这是她能给我的技能，倾囊相授，也是爱的本能。

三

真正意识到奶奶老去，是在小外甥的周岁宴上。

她静静地捧着碗，只肯夹面前的南瓜吃。姑姑们问起来，才知道她已经嚼不动鸡肉和蹄髈，美味佳肴也在以一种决绝的姿态在向她告别。我看到奶奶的手有一点点抖，夹菜缓慢而吃力，吃宴席似乎变成了一件不太容易的事情。

我把红烧鱼的皮扒开，夹了鱼肚子上没有刺的那几块给奶奶："鱼肉不硬，你嚼得动的。"

她笑："你还记得吗？小时候你最爱吃鱼了。"

我不仅记得自己爱吃鱼，还记得奶奶总是把鱼肚子上最好的几块全部喂给我。天真无知的我，甚至傻傻地问过奶奶是不是不吃鱼。那些年她牵着我的手去吃了无数场宴席，喂饭喂菜，一天天带大了我。

现在夹菜的人变成了我，奶奶开始成为被带着去吃宴席的老人。

她依偎着我坐下，在一片热闹喧哗里，等着我接过她的碗，夹一点鱼、舀一点汤、加一点饭，然后开始慢慢吃，神情满足安详。

那一刻，我总能感觉到一种强烈到让人想流泪的幸福。

四

春节有七天假，奶奶第一次来到我在城里的家。

我带着她去逛文庙，挽着手走在熙熙攘攘的人群里。奶奶不识字，把孔子塑像当作佛像来拜，我指着文庙里的一草一木给她讲孔子的事迹，就像小时候藏在被窝里听她讲神话传说，加了许多感情色彩，说得绘声绘色。

她频频点头的模样好似忽然变为小小孩童，下楼梯时又紧紧牵住我伸过去的手，有无穷无尽的依赖和信任。

恍惚记起儿时第一次进城逛公园，就是跟在奶奶身边，坐了小火车和海盗船。奶奶排队买票时总是嘱咐我："不能乱走，乖乖在这儿等奶奶。"

同样的话现在轮到我说了，在人来人往的大广场上，上厕所买饮料总不忘交代她站在原地等我。熙熙攘攘的都市，人来车往的街道，曾让幼小的我张皇失措。日新月异的城市变化，也让渐渐老去的奶奶惊恐慌乱。

幸运的是，我们都被另一双手紧握着，牵引着，走在车水马龙里时，安心而从容。因为牵着我们的那个人，就是所有的依靠和寄托。

五

假期结束，送奶奶回老家前，我给她塞了些零花钱。她一再拒绝着，推来推去好几次，红包才放进了她的口袋里。

她知道刚刚成家的孙女经济紧张，总是攒着土鸡蛋，也会在赶集时买好砧板和洗菜盆，甚至是洗碗帕、装筷筒，让进城的爸爸给我捎过来。

都是随处可买的细小物件，但她固执地坚持着，嗯，因为这也是她对我表达爱意的方式之一。

所以我们的小家里，依旧满溢着奶奶的疼爱。就像外出读书那几年，上车前她总要塞过来几百块钱，还有煮熟的鸡蛋和削皮装好的苹果。一边说着好好读书，一边就红了眼眶。

将近20年的求学生涯，记不清奶奶悄悄塞了多少次零花钱。童年的我在这样的宠爱和庇护下，总能吃到冰棍糖果，得到满满的幸福感。

好在如今，我也能带给她幸福感了。我看到她的皱纹舒展着，忽然就对所有的辛劳坎坷都释怀了，因为我的努力终于转化成了她的依靠和骄傲，变成实实在在的贴心。

六

我终于有了足够的能力，来照顾这个照顾了我十几年的老人。

陪她散步看风景、带她逛街买东西、给她做饭洗衣服，就像她当年牵着蹒跚学步的幼女，走过春夏秋冬，走到生命的繁花开处。

仿佛一切都在轮回，所有画面都似曾相识。只是昔日的稚嫩孩童已长成，身边的亲人却垂垂老矣。我们角色互换，关爱如初。

成长与衰老，本是自然规律，也是一个家庭的永恒主题。所谓你养我小，我陪你老，便是岁月流转里生生不息的爱，在人世间深情地轮回。

而子欲养亲尚在，就是我们最大的幸运。

妹妹的第一笔工资

晓燕是我最小的妹妹。生在贫家，应了“穷人的孩子早当家”那句话，五个姐妹勤奋要强，仁义重情。尤其是姐妹间，谦尊礼让，情深意笃。晓燕虽然是最小的妹妹，上有四个姐姐的呵护，却未有一丝一毫的娇气，相反，有时聪明智慧、善解人意得让我们这些做姐姐的汗颜。

晓燕与我相差整整9岁。自打懂事后，家里的粗细活儿她基本沾不上边儿了。尽管生活困苦，但毕竟是老闺女，加上她的懂事、乖巧，不论父母还是姐姐们，都对她宠爱有加。但晚饭后妈妈拆毛衣时，她依旧小鸟依人般乖乖地为妈妈缠线。妈妈做棉衣时，她也会守在一旁为妈妈穿针引线。这时妈妈便会给她讲一些故事，故事的主人公多是爸爸、姐姐们。妈妈会唠唠叨叨地讲爸爸如何下了夜班又立即带着年仅9岁的我和年岁略长的姐姐上山砍柴，中午就吃着随身带着的硬馒头来充饥，捡柴回来，棉鞋与裤脚被冰雪冻在了一起；讲冬天的大清早儿，我和姐姐如何揉着惺忪的睡眼，从暖暖和和的被窝里爬出来，挎着小筐拿着去车站、去工厂的煤灰堆里面捡煤核……那时候，家里经济条件改善，已经有了煤气罐，这些事情对于晓燕来说，已经很遥远、很陌生，但她却听得认真、很动情，可以说是百听不厌。接下来便常常有这样的场景，正在大屋里学习的姐妹们听到轻轻的拉门声，一个小脑袋瓜探进来，见我们没有反应，她便一点点地蹭过来，支着下巴眼泪汪汪地看着我们学习。还有的时候，她会轻轻地送进来一杯水，说句：“姐姐，喝水”，或是兴奋地从兜里掏出两块糖来塞进我和姐姐的嘴里，然后带着一丝羞怯、一丝兴奋腾腾地跑出去。

那时，姐姐虽然年长因为其长得娇小、单薄，加之没有兄长，我便成了家里的“男孩子”，一些粗活累活，我总是当仁不让。尤其有自己童年的那段艰苦的经历，我更舍不得让晓燕再如我和姐姐那般受累受苦了。但晓燕却格外心疼姐姐，那时家里没有自来水，吃水靠自家打的水井，家里人口众多，每天都要一缸水，这体力活基本被我承包了。可后来，晓燕长到10岁后的日子里，放学归来，放下书包，拉开水缸的盖子，水缸却总是满满的。原来，晓燕总是在我放学前将水缸打满，那水井在我的记忆里烙印很深。井把是铁制的，很重很粗，即便是我，压满一缸水也要不间断的十几分钟，更何况晓燕一个小小的女孩子。心疼之余吓唬她如果再抢着活干，就不再和她好了。她就忽闪忽闪着那双大眼睛委屈得要流泪，我只得又揽过她安慰一番。吃完饭，她还会争着抢着洗碗。洗完后需要将碗筷放进碗柜里，她个子小，够不着，就站在小板凳上，一个一个的往里面摆放。总之，她希望尽己所能分担一份家务，减轻父母和姐姐的劳累，并以这种方式表达对亲人的爱。

十几年后，当初那个懂事可爱的小姑娘以自己的实力成了一家外企的企业管理人员，那年春天，我至今记忆犹新，回到父母身边的晓燕兴高采烈，手里拿着刚刚发下来的第一个月的薪水。她开始摇头晃脑地数她自己的工资，那是五十张崭新的百元大钞。父亲在笑，母亲也在笑，那是幸福、满足、开心的笑容，他们终于大事完毕，老闺女也开始自食其力了。

几天后，结束假期的晓燕要返回单位工作了。临行前，她敛收顽性，认真的递过来一个信封提醒我一定在她走后拆看。看她神秘兮兮，我也不忍破坏那感觉，郑重地接过，郑重地承诺。

晓燕走后，我打开信封，那是晓燕写给我的信，信里面夹着我熟悉的晓燕摇头晃脑喜滋滋数过几遍的五十张百元钞票。

亲爱的姐姐：

选择写信的方式，是想说一直以来想说的话，表达一直以来想表达的情。你可能感觉到，在家里，除了父母，你是我们四个姐妹最敬重的人。不是因方你是姐姐，而是因为这个姐姐为我们这个家，为我们姐妹付出的太多太多。你为父母付出了你做女儿的爱，你为姐妹付出了你的学业，付出了你的未来。我还清晰记得为了供我们上学你中途退学躲在角落偷偷流泪的情景。那时你知道我一遍遍在心里下着怎样的决心？那决心就是我一定要好好学习，长大了赚好多钱，照顾姐姐一辈子！现在想来这决心很幼稚，很可笑。但请姐姐相信我，这是我的真实感爱。这钱是我人生的第一笔薪水，我已同爸妈商量过，把它留给我的姐姐。姐姐千万不要推托，其实钱并不重要，但却代表了做妹妹的一片心意，我想说：姐姐，我们爱你……

读着这封信，我笑了，笑得流下了眼泪。晓燕真的长大了！她不再是那个我总想拢在身边呵护的小姑娘了！钱被收下了，至今我没与晓燕再提起这个话题，甚至没有说声“谢谢”——那将是何等苍白无力。我也没有将钱存入银行——八年的光阴，果真换回一张窄窄的存折，这存折想必早已“添人进口”了。我固执地将它原原本本地放在那个信封里，连同晓燕那封信。信封已经发旧，信和钞票却依然平展如新。从6岁起，儿子便知道了书架里藏着的那个信封的故事，也如同他小姨小时候一样，小家伙儿对这个故事百听不厌。望着孩子那双纯洁无瑕的眼睛，我知道我很难把握儿子是否成才，但我却可以教儿子如何做人，数他学会如何去爱……

杰瑞的天堂

这个冬天对于9岁的杰瑞来说，真有点祸不单行。先是病了多年的母亲，在一场重感冒之后，病情突然加重，去世了。然后，就是在消防队工作的父亲，在扑灭一家造纸厂的大火中，烧成重伤，也没有维持几天，就追随着母亲去了。家中一下子变得凄冷荒凉起来，开始的时候，还有亲戚和朋友来看看他，但没过多少时候，门庭便冷冷清清的了。

圣诞节很快就要来了，每年的这个时候，爸爸和妈妈总要送给小杰瑞一份礼物。即便是家庭拮据的日子里，爸爸也要想尽办法送给杰瑞一个惊喜，或者是一个会跳舞的怪兽，或者是一只宠物猫，或者是一座积木公园。杰瑞每年都盼望着这一天的到来，因为这一天不仅是圣诞节，也是他的生日，重要的是，这一天他可以得到快乐。

今年的圣诞节，杰瑞故意把自己关在家里，和奶奶一起看电视。窗外无声地飘着雪，纷纷扬扬的，院子白了，树也穿上了银装，远处，是孩子们此伏彼起的叫喊声，欢乐而令人向往。杰瑞不敢往外边看，他想让这天快快过去，好让他心里好受一点。黄昏的时候，他见奶奶蜷缩在沙发里快睡着了，他想和奶奶早早上床睡觉去。就在这时候，他听到了轻轻的拍门声。

杰瑞打开门，外边站着的是伯莱叔叔，帽子上，身上，全是白白的雪花。

“伯莱叔叔，有事吗？”杰瑞有些疑惑地问。“你看，这是什么？”伯莱叔叔说着从身后拿出一个大纸盒来，“这是你的邮包，刚才邮差来的时候，我顺便拿了并给你送过来，快看看吧，会是什么东西”。

打开包装盒，里边是一只土灰色的玩具狗，还有一张红色的卡片，上面写着有几个大字：圣诞节快乐，杰瑞。爱你的卡鲁西。“卡鲁西是谁？他在哪里呢？”杰瑞扭过头问道。伯莱叔叔说：“是爸爸的朋友，他在一座遥远的城市里。”“卡鲁西？他们那座城市美吗？”“美，比天堂还美。”杰瑞也不知道爸爸有没有这样一个朋友，但他很快就被天堂的玩具狗迷住了，这只狗除了会自动拐弯外，还会发出各种惟妙惟肖的叫声，杰瑞一点睡意也没有了，他玩得愉快极了，有点、仿佛回到了以前的圣诞节，至于伯莱叔叔什么时候走的，他根本就不知道。

圣诞节过去了好几天，杰瑞还沉浸在玩具狗给他带来的快乐中，他决定回赠给爸爸的朋友一份礼物，送什么好呢？有一次，杰瑞去问伯莱叔叔这个问题，叔叔说，就送你最喜欢的东西吧。夏天的时候，杰瑞常常从学校旁边的小河边捡一些漂亮的鹅卵石回来，各色的鹅卵石是他最珍爱的，于是他突发奇想，从玻璃罐中拣出最漂亮的两颗来，交给伯莱叔叔，要帮忙寄给把爸爸的朋友，伯莱叔叔很高兴地答应了。

以后每年的圣诞节，杰瑞都会收到爸爸的朋友寄来的礼物，卡鲁西、汤姆、琳达……爸爸有许多的朋友，每年都寄来让他心仪的礼物。在失去父母的那些年里，每一年的圣诞节都是他最开心的日子。因为他并没有缺少生活的阳光，以及爱。当然，他也不忘记每年夏天的时候，独自一人徜徉在河床中，将最美的鹅卵石捡回来，藏起来，等圣诞节过后，由伯莱叔叔寄出去，寄给那些爱着他的人。

时间过得很快，杰瑞一天天地长大起来，奶奶去世之后，他已经能够独立生活了。然而，不幸的是，他从伯莱叔叔的口中得知，爸爸的那些朋友们也有了一些变故，有的家搬到了很远的地方，有的则已经去世了，本来杰瑞想通过自己的努力挣一些钱，去报答这么多年来一直关心他、照顾他和爱着他的这些人，如今看来，似乎是很难做到了，杰瑞只能在心里默默祝福他们。

伯莱叔叔也一天天的老了，身体大不如从前，精神很差，走路也蹒跚了。这么多年以来，杰瑞一直习惯等在家里，由伯莱叔叔将圣诞节的一份惊喜带给他。这一年的圣诞节，给杰瑞送去寄来的礼物后，还未等到帮杰瑞寄去鹅卵石，伯莱叔叔就不行了，风烛残年的他很快走到了生命的尽头。就在清理伯莱叔叔的遗物的时候，杰瑞在伯莱叔叔的床底下边发现了一个精致的箱子。

箱子有些重，里面会是什么东西呢？杰瑞推开上面的杂物，拂去尘土，他有些漫不经心地打开了箱子，上面是一沓卡片，是伯莱叔叔的笔迹。上面会写一些什么东西呢？杰瑞任意拿起一张来，见上面写着：去迈米超市，为杰瑞选购今年的圣诞礼物。杰瑞似乎感觉到了什么，猛的扒开所有的纸片，箱子的下面，果然是一颗颗熟悉而漂亮的鹅卵石，排列的整整齐齐。至此，杰瑞才完全明白了，所有的卡鲁西、汤姆、琳达等人，全是伯莱叔叔一个人，而所谓遥远的城市，遥远的天堂，确是伯莱叔叔这么多年来，为他一个人精心搭建的爱的天堂。杰瑞捧起鹅卵石，哭泣不已，泪水朦胧中，泛着美丽光泽的鹅卵石 ，朝着杰瑞微笑着，像是一颗颗温暖的水晶。

奶奶的面条

如今30多岁的我，前二十年生活在河北。如今的饮食习惯基本都是前二十年固定下来的。我不离大米，喜爱面食，每天的饭都少不了馒头。我还爱吃面条，就是最简单的那种做法，说穿了，一碗热汤面而已。

热汤面应该是这样做的：倒一点儿油在锅里，烧至滚热，放盐、葱花和若干白菜丁，葱花略呈焦状时，倒水烧开，然后放面条进去，随时用筷子扒拉着，以免面条粘连在一起。不一会儿，一碗热气腾腾的汤面就端上桌儿了，汤不要太少，也不能太多，汤和面的比例要适中才恰好。这时候再倒几滴小磨香油在里面，但一定不要太多。抄起筷子，就着咸菜，一口面，一口汤，嚼上一口咸菜，那滋味，美极了。若怕吃不饱，还可以掰上几块凉馒头泡进汤里。

面条可以有一万种吃法，我也吃过各种各样的面条，但迄今为止，我一直认为这种吃法最适合我。

这是因为，小时候，奶奶经常这样给我做面条。在我生病的时候，每每便能得此口福。感冒了，发烧了，或者肚子疼，脑袋疼，不用吃药，一碗汤面下去，病就好了。面条可以治病，这是从小就深深扎根在我心里的认识。

如今，我在大病过后或者大酒过后，都非常想念这样一碗面条。成家不久，有一回我感冒了，让妻子给我做上一碗汤面条，她做好以后，我怎么尝怎么觉得不对味儿，妻子看我表情不对，问我：面条不是这样做吗？我说是啊，但是吃不出奶奶做的味。我这一说，妻子有点无所适从，问是不是需要加盐，加油，我摇头。后来，妹妹也搬到我们这个城市来了，她从小和我一起在奶奶身边长大，做饭都是跟奶奶学的，妹妹给我做了几次面条，我吃完之后，说，呦，有那么点意思了。妻子不解，不就是一碗面条吗，哪来这么多说道。

同样的菜谱，一百个人去做，一定是一百种味道。我的胃里，最适应的面条是奶奶的做法，好在，如今也渐渐地适应了妻子的面条，这大概可以证明，一个家已经稳固的形成了。大酒过后，全身没劲，有种要虚脱的感觉。一碗面条端到面前，心里立刻踏实了。吃下去，暖心暖胃，额头冒汗，随着汤面进入身体，跑走的活力又一点儿一点儿地被拽回来了，而我那在酒怀里四处乱走的思绪，也一点儿一点儿扎实地、稳健地回落到家中。这碗汤面，就是我的家。

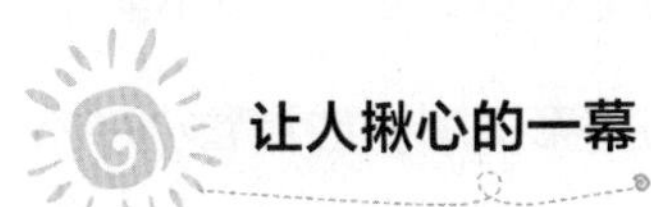

让人揪心的一幕

当生命濒临绝境，是什么让我们感动无言？是什么让我们泪流满面？是爱！是亲情之爱！哪怕是一头牛，都会谱写一曲舍命救子的悲壮之歌，除了心酸、除了心痛，我们还能做什么？

这是一个真实的故事。

故事发生在西部的青海省，一个极度缺水的沙漠地区。这里每人每天的用水量严格地限定为三斤，这还得靠驻军从很远的地方运来。日常的饮用、洗漱、洗菜、洗衣，包括喂牲口，全都依赖这三斤珍贵的水。

人缺水不行，牲畜也一样，渴啊！终于有一天，一头一直被人们认为憨厚、忠实的老牛渴极了，挣脱了缰绳，强行闯入了沙漠里唯一的也是运水车必经的公路。终于运水的车来了，老牛以不可思议的识别力迅速地冲上公路，军车一个急刹车戛然而止。

老牛沉默地立在车前，任凭驾驶员呵斥驱赶，不肯挪动半步。五分钟过去了，双方依然僵持着。运水的战士以前也碰到过牲口拦路索水的情形，但它们都不像这头牛这般倔强。人和牛就这样耗着，最后造成了堵车，后面的司机开始骂骂咧咧，性急的甚至试图点火驱赶，可老牛不为所动。

后来，牛的主人寻来了，恼羞成怒的主人扬起长鞭狠狠地抽打在瘦骨嶙峋的牛背上，牛被打得皮开肉绽，哀哀叫唤，但还是不肯让开。鲜血沁了出来，染红了鞭子，老牛凄厉的哞叫和着沙漠中阴冷的酷风，显得分外地悲壮。一旁的运水战士哭了，骂骂咧咧的司机也哭了。

最后，运水的战士说："就让我违反一次规定吧，我愿意接受一次处分。"他从车上取出半盆水——正好三斤左右，放在牛面前。

出人意料的是，老牛没有喝以死抗争得来的水，而是对着夕阳，仰天长哞，似乎在呼唤什么。不远的沙堆背后跑来一头小牛，受伤的老牛慈爱地看着小牛贪婪地喝完水，伸出舌头舔舔小牛的眼睛，小牛也舔舔老牛的眼睛，静默中，人们看到了母子眼中的泪水。没等主人吆喝，在一片寂静无语中，它们掉转头，慢慢往回走。

1. 读完感恩故事，你有什么深刻的感触吗？

2. 你印象中最亲的人是谁？

3. 分享令自己感动的亲情故事

第四篇

老师，最深切的关爱

老师，是我们人生路中的路标，指引着我们走向了成功之路；老师，是辛勤的园丁，培育出祖国的花朵；老师，是燃烧的红烛，燃烧了自己，却照亮了他人。教师的春风，日日沐浴我心。一位好老师，胜过万卷书。经历了风雨，才知道您的可贵，走上了成功，才知道您的伟大。感恩老师，给我顽强的翅膀，飞向那知识的海洋，让书伴我成长；感恩老师，给我指明人生的方向，走向那五彩斑斓的人生风景线，让灯点燃火种；感恩老师，给我无限的前途和光辉，使我的明天繁花似锦，让我走向光辉的未来。

第一节　我的恩师

难忘师恩

（一）颜回的故事

孔子带领他的学生们周游列国，在去陈国和蔡国的路上被困，一连好几天没吃上一顿饭。孔老夫子实在受不住，只好大白天躺下睡大觉，想以此来忘却饥饿。孔子的大弟子颜回见老师饿得很，心中十分忧伤，心想，老师上了年纪，怎能经得住这般折磨啊！再不想出办法，怕是要出危险了。颜回也没有什么好办法可想，只好去向人乞讨。这一次真是天不绝人，居然碰上一个好心肠的老婆婆，给了他一些白米。颜回高高兴兴地把米拿回来，急忙把米倒在锅里，砍柴生火，不一会儿，饭就熟了。孔夫子这时刚好醒来，突然闻到一股扑鼻的饭香，好生奇怪，便起来探看。刚一跨出房门，就看见颜回正从锅里抓了一把米饭往嘴里送。孔子又高兴又生气：高兴的是有饭吃了；生气的是，颜回竟然如此无礼，老师尚且未吃，他却自己先吃了起来。过了一会儿，颜回恭恭敬敬地端来一大碗香喷喷，热腾腾的白米饭，送到孔子面前，说："今日幸好遇到好心人赠米，现在饭做好了，先请老师进食。"不料孔子一下子站起身来，说："刚才我在睡梦中见到去世的父亲，让我先用这碗白米饭祭奠他老人家。"颜回一把将那碗米饭夺了回去，连忙说："不行！不行！这米饭不干净，不能用它来祭奠！"孔夫子故作不解地问道："为何说它不干净呢？"颜回答道："刚才我煮饭时，不小心把一块炭灰掉到上面，我感到很为难，倒掉吧，太可惜了，但又不能把弄脏的饭给老师吃呀！后来，我把上面沾有炭灰的饭抓来吃了。这掉过炭灰的米饭怎能用来祭奠呢？"孔夫子听了颜回的话，才恍然大悟，消除了对颜回的误解，深感这个弟子是个贤德之人。

（二）周恩来不忘师恩

1952年2月，南开大学老校长张伯苓突患脑血栓逝世，周总理参加了治丧委员会并送了花圈，挽联上写着：“张伯苓老师千古，学生周恩来敬挽。”张伯苓病故后，周恩来一直惦记着张家的生活，自然灾害时期，周恩来把自己的购物证给张伯苓夫人，还派人给张夫人送去500元，并嘱咐交际处对张夫人及其子女的生活要倍加关照。

（三）朱德给老师让座

1959年，朱德同志在云南政治学校礼堂看戏，开演前，一位年逾古稀的老人由服务员引了进来，朱德一眼便认出，那位老人是自己早年在云南陆军讲武堂学习时的教官叶成林，急忙起身向前，立正敬礼，礼毕又紧紧握住老人的双手将座位让给老人，待老人坐定后，他自己才坐下。

“师者，所以传道授业解惑也。”老师，并不仅仅指教你书本知识的职业教师，讲授知识，只会记得一时，而育人之理，却使人受益终身。为人师表，答疑解惑，则为老师。

在我们的人生中，除了我们的父母之外，给我们更多关怀和教导的非老师莫属了。在我们的人生成长之路上，因为有了老师，我们走得每一步更加正确、坚定。

感恩老师，是他们，让我们懂得了人生的意义，让我们在成长的过程中不会迷失方向。感恩老师，教会我们寻找梦想，给我们插上了飞翔的翅膀。

我的恩师

一晃三十多年过去了，永清县别古庄中学已经没有了，我们的恩师卢奇老师也走了。三十多年来，总想写点什么，由于嘴拙手笨，一拖再拖，未能了却心愿。今得知《廊坊日报》教育专刊部开展“我身边的好老师”主题征文活动，经在线咨询了解，得知素材符合要求，感觉机会来了。如果能让更多的人了解我的老师，那也是学生们高兴的事，或者说是学生们对老师的一种怀念吧。

我们是最后一届高中两年制，高二毕业后参加高考，没考上的，可以继续上一年，说是补习班也行，说是高三也行。1982年9月，我们当年高考未录取的50多名学生组成了一个班集体，卢奇老师担任我们的班主任。就这样，我们50多名学生也有幸在卢老师的精心栽培下，在1983年7月的高考中取得了绝对优异的成绩。

卢老师关心我们，爱护我们，和我们呼吸相通，做我们的知心朋友。卢老师从思想上、行动上严格要求我们，发现同学中不正确的思想和行为就及时耐心地帮助纠正，把我们引导到正确的思想认识上来。尤其对后进同学，卢老师不疏远、不歧视，亲近他们，细心观察，发现他们的优点，进行鼓励，一些后进学生也及时赶了上来。

那个年代，供电不是十分正常，晚上经常停电，但同学们还需要争分夺秒的学习，卢老师就找来当时的煤油汽灯，点亮，为我们学习提供照明。卢老师当时年龄应该是50多岁，有点跛脚，走路不方便。那时，学校只靠一眼小砖井供水，到了干旱季节甚至连凉水都喝不上。

针对这种情况，卢老师就自己拿出钱来为学生买了扁担、水桶、井绳、大铁壶等，组织学生利用课余时间到校外挑水。然后卢老师在自家的炉子上一壶一壶烧开，一瘸一拐的将水提到教室，送给同学们喝。据学校上下届的同学介绍，卢老师为同学送水坚持数年，从未间断。卢老师无论刮风下雨、风雪严寒，都拖着残疾的腿脚为我们烧水、送水。每当我们喝到热腾腾的开水时，心里都涌起一股暖流。卢老师经常参加省里县里的会议或阅卷工作，每次临行前，卢老师都把饮水问题交代给老伴夏老师，直到同学们的饮水问题落实好，卢老师才肯放心离校。

我们大部分学生都是农村来的，在学校食宿，家庭经济都不宽裕，每当有生病的同学，卢老师都自己掏钱请医拿药，有了重病号，还请老伴夏老师给做病号饭。

卢老师处处以身作则，要求我们做到的，他自己必须首先做到。卢老师曾多次带病坚持上课，一次得了重感冒发烧，学校领导和同学们都劝他休息，但卢老师仍坚持给同学们上课，同学们都非常受感动，同学们因为小病也不好意思请假了。卢老师除了教学工作以外，还担任教研组长、班主任和工会委员等职，任务非常繁重，备课、批改作业经常到夜间十一、十二点钟。每天除了吃饭的时间外，其余的时间都在办公室坚持工作。卢老师用自己的工作精神激发了学生的学习劲头，有的同学夜间十一点还坚持学习。卢老师始终和同学们一起坚持早操、课间操和体育锻炼，还自己拿出钱来为我们买了篮球、足球，促进同学们的健康成长。

当时，我由于年龄小，对卢老师所做的一切没有太深的体会，随着年龄的增长，自己也为人父母，走向工作岗位，对卢老师的良苦用心有了更深的体会。没有卢老师，也许没有我们很多同学的今天。除去父母，还有谁能像卢老师这样关心照顾我们。

卢老师在平凡的教师岗位上，做出了不平凡的事迹，同学们感激他，更不会忘记他。党和政府也给了他很高的荣誉，1982年，卢老师被河北省人民政府授予模范班主任称号，1983年，卢老师被评为河北省“五讲四美为人师表活动”优秀教师，1984年被评为全国优秀班主任。

卢老师虽然离我们而去了，但他的音容笑貌、人品风范、崇高精神，长留在我们心中，永远激励我们不断前进！

卢老师，您的学生永远感激您，永远怀念您。

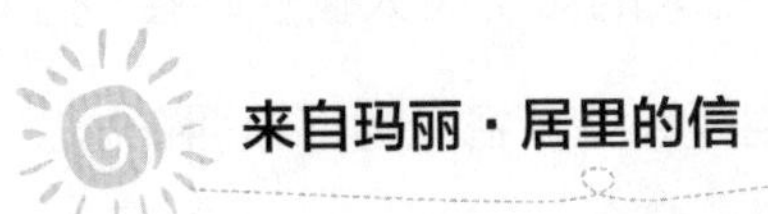

来自玛丽·居里的信

居里夫人是波兰人，是世界上最著名的女科学家，曾经两次获得诺贝尔奖奖金，被人们尊称为“镭的母亲”。她在取得巨大的成就和受到世人的无限敬仰的同时，首先想到的是自己少年时代教法语的欧班老师，因为居里夫人深深懂得，如果当初没有老师细心严格的教诲，自己是不可能取得这样伟大的成就的。

这一天，欧班老师收到一封信，寄信人是“玛丽·居里”。欧班老师简直不敢收下，还以为是邮局弄错了呢？

因为，这时的居里夫人早已经是一位在全世界都被赞颂的伟大科学家，怎么会给一个又老又穷，默默无闻的农村教师写信呢？欧班老师连连摆手对邮递员说：“先生，您一定是弄错了，一定是弄错了，我不可能收到这位名人的来信！”直到送信的人十分肯定收信人没错，她才用不断颤抖的手拆开了信封。

欧班老师觉得这件事情真是难以置信啊！她颤颤巍巍地戴上老花镜，拆开信仔仔细细地读了起来，读着读着，激动地泪水不禁涌出了眼眶，原来写信人竟是她二十年前门门功课都考全班第一的小姑娘玛丽。居里夫人在信中向欧班老师深表敬意，告诉老师，她一直在法国从事科学研究，并且诚恳地邀老师能到巴黎做客，细心的居里夫人还把往返的路费一起寄了过来。欧班老师读完了信，呆呆地

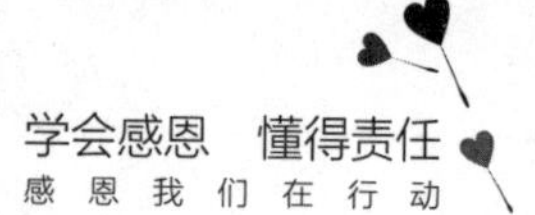

坐在椅子上，泪水模糊了她的双眼，那个多年前可爱勤奋的小玛丽浮现在她的眼前，欧班老师喃喃地说：“我竟然教出来了一个这样伟大的科学家。”

过了不久，久别的师生就见面了，居里夫人在家里热情接待了少年时代的老师欧班女士。她亲自下厨房做菜，向老师祝酒。饭后又和老师紧紧挨在一起，亲切地谈心。她使欧班老师忘掉了一切拘束，忘掉了面前是一位诺贝尔奖奖金的获得者。

1932年5月，华沙镭研究所建成了。作为赞助人的居里夫人愉快地接受了祖国的邀请，到华沙去参加开幕式典礼。这天全世界许多著名人物都簇拥在居里夫人周围，他们中间有国王王后，有许多国家的领导人，有各个领域最著名的科学家，还有居里夫人的亲朋好友。

开幕式马上快要开始的时候，居里夫人不顾众人，忽然从主席台上快步走下来，捧着鲜花穿过人群，来到一位坐在轮椅上的老年妇女面前。居里夫人深情地亲吻了她，轻轻推着她的轮椅向主席台走去。回到台上，居里夫人向大家介绍，这位老人就是自己少年时代的欧班老师。会场里的人见到这情景，都向这师生俩投来羡慕敬佩的眼光，全体起立热烈地鼓起掌来。这位80岁的老人的脸上挂满了激动幸福的泪水，她的学生成为世界名人之后，对她还是那样热爱，那样尊敬。

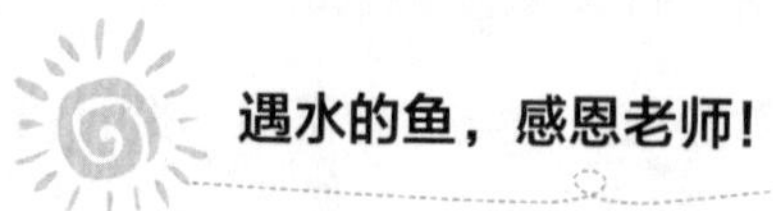

遇水的鱼，感恩老师！

茂密的森林离不开哺育它的土地，柔嫩的小草离不开滋润它的雨露，欢快的鱼儿离不开养育它的河流，就像我们一生都离不开老师那谆谆教导的话语一样。

尊敬的老师，我们就要和您告别了，您的教育和恩情将会变做我们奋进向上报效社会的动力，老师，您永远是我们的榜样，是我们学习向上的永恒力量。

三年来我们之间结交下的何止是师生情，在我的心中存留的是一种深深的母女情，您不仅是一位好老师更是一位好母亲，一样的爱却有着不一样的表达，不一样的感受，是您教会了我在漫长而又曲折的人生路上要豁达，要开朗，要善良，要永远的坚强，是您教会了我风雨过后是彩虹的道理，是您教会了我用心去感激那些对我提出缺点的人，也是您教会了我用微笑去面对那些对我不满嘲笑我的人，您的关怀、呵护、帮助、安慰、理解和体谅展现出了母爱伟大的力量，

红尘有爱，人间有情

曾有一股清泉润泽心田，曾有一阵和风唤醒希望，曾有那么一个人在我困苦时，把他那双温暖的双手伸出帮助我，这份关怀，也许是送来千金，也许只是投来一个小小的眼神，但却足以让我心生温暖渡过难关。

夜，仔细想想。

灯，便亮了。

风想吹灭灯光，却吹来了黎明，时光匆匆一闪而过。

您带我们走过了一年又一年，我们在懵懂中走过了幼年，在无忧无虑中走过了幼年，在热情的梦幻中走过了少年，这几年在您指导下的我们，一路欢唱，一路拼搏，一路欢喜一路感受，一路阳光……

在我们稚嫩的记忆里收获的是您给予的爱，教会的知识，引领的道路，改正的错误，良好的品德，是您教会了我们这一样一个道理：上帝在关上一扇门的同时，总会打开另一扇窗，永远不要放弃希望，不管它有多么微小，是您给我们带来温暖，带来光明，带来前进的方向。

鱼对水说：你看不到我的眼泪，因为我在你的怀抱中。水对鱼说：我能感觉到你的眼泪，因为你在我心中。是的，我们就生活在这样一个爱与被爱的日子里，那是一份鱼水情，师生意。

感恩深深，真真切切！

我感恩我的老师，是他们阳光般的笑脸抚慰了我心灵的创伤，用那无悔的青春书写不朽的辉煌篇章，是您培养我们，教会我们那可遇而不可求的做人道理。

落红不是无情物，化作春泥更护花。这是花儿的感恩。乌鸟私情，愿乞终养。这是鸟儿的感恩。士为知己者死，女为悦己者容。这是人类的感恩。

因为懂得感恩，他们拥有了一颗金子般的心，因为懂得感恩，他们创下了人世间温馨的传奇，因为懂得感恩，这世界才会如此美丽，幸福如花，在感恩的枝头美丽的绽放。

点点繁星将夜空点缀的星光璀璨，回想往事，心中又充满了阳光般的温暖，带着几分憧憬，怀着感恩的心情，相信，我们今后的脚步将会迈的更加踏实，更加有力。

落叶飞扬的乐章，是树木对大地哺育的感恩。丝缕飘荡的叶子，是小草对雨露滋润的感恩。迎浪而上的勇敢，是鱼儿对河流养鱼的感恩。

人生中的三位老师

在我的读书生涯中，经历了三个好老师，他们是杨世芬、马文德、杨云波。

小时候，我很贪玩，对学习根本不感兴趣，很喜欢打架，打起架来敢玩命，天天挨批评，根本不知道表扬为何物。记得在读二年级的时候，和一个叫杨严该的打架，学校要我到全校作检讨，我没作，就跑回家了，学校就把我开除了。在家里玩了三年，不过，我很喜欢看书，《毛泽东选集》四卷基本上连猜带认看完了，马克思的《哥达纲领批判》看不懂，就没有看。还看了一些小说。有一天，实在觉得无聊了，就对父亲说，还能不能读书啊？父亲说，只要你想读，我去跟校长说。第二天，我就又去读书了。一上学，就读六年级，也就是初一。班主任是杨世芬老师，我记得第一节课就是要我们写一篇作文，题目是《雷锋精神鼓舞我》。我不知道如何写作文，就胡乱的写了一通。第二天，杨老师说我的作文写得很好，并且要班长用红纸把它誊写出来，张贴在墙上，我当时真是太紧张，太兴奋了。不知为什么，自始至终，我都不敢看墙上，不敢看我写的文章。这一件事好像是我人生中第一次受到表扬，自此，我才知道，原来我的作文还可以写得这么好，原来我不是那么憨！

杨老师上语文课，我都听得懂，我回答问题，比别人答得好答得快。我自己都觉得很惊奇。更令人不可思议的，我这个一点基础都没有的学生，居然连数学也听得懂，并且作业做的都很对。我真的觉得我变了，同学们都对我刮目相看了。杨老师也看出来了，在班上表扬了我，还要我写一篇文章，题目就是《变》。我确实费了一番心思，写了很长一篇文章，记得我是用笔记本写的，好像写了十几页。交上去后，杨老师又大加称赞，并且要我到讲台上去念。虽然我很紧张，但是很满足，很幸福。

到了七年级，也就是初二，是马文德老师教我们。他既教语文，也教数学，同时又是班主任。他高深的学问，勤勉的态度，严谨的作风，把我带进了另一番天地。他相当严厉，从不宽宥违纪学生。有一些学生很害怕他，暗地里给他取了个外号——温奇九。这是当时样板戏《杜鹃山》里面的反面人物。后来老师知道了，我们都替那个给马老师取名的同学担心，但是，没有什么，马老师只是对那个同学说：“海山，我叫温奇九吗？我怎么就叫温奇九呢？”

那个时候，我居然还不知天高地厚的写诗，还填词呢！这都是马老师的功劳。那个时候，节日很多，每个节日都要出一版刊，老师就要我们写一些东西。刚好，郭沫若老先生出了一首词，题目是《满江红·打倒四人帮》。我就邯郸学步，写了一篇《满江红》，马老师说很好，不过还要改一改。我就又改。交上去后，马老师说有进步了，还要改。我于是又改，这样反反复复，老师不觉得厌烦，我也不觉得厌烦，但是耽误了老师这么多时间，我都有一点不好意思了。老师却很高兴似的，脸上的笑容很灿烂。那个时候会议有好多，每一次会议都要有学生发言。马老师每一次都要我写发言稿，然后上去发言，我自然是搜肠刮肚，想方设法把文章写好，不然怎么对得起老师的信任呢？

马老师还把我叫去给他择菜，帮他干一些家务。我们都认为，这是老师对学生的信任，对学生来说，这是一种荣耀。这个时候，老师就像朋友一样，家长里短，海阔天空，我们可以近距离地感受到老师的关爱，心里充满的，只有满满的幸福感。

我还遇到了另外一个好老师。高中毕业班的班主任是杨云波老师，高考期间，突然患疟疾，高烧四十点几度，整晚都在呕吐，胆汁都呕出来了。和家里又联系不上，可能考不成了。但是杨老师坚持要我去考，天天早晨用自行车把我带到医院，打针后把我带到考场，然后把我带到休息的地方。没有食欲，他就咸的甜的辣的样样让我试，睡觉时坚持守护在我的身边。最后，他也患上了疟疾，我真的很不好意思，又不知道怎么表达，后来我到街上买了一包烟，到他的住处，看到那里有很多人，都没有拿出手。俗话说，人生得一知己足矣。我套用这句话，把它改成人生得一良师足矣。我高考没有考取，回家干了三年农活，又到村里民办小学教书，后来考取了师范，成了公办老师。日子可以说没有什么亮色。我不知道老师对我寄予希望没有，但是我还是觉得有愧于老师。老师的恩情，就像陈年老酒，越来越浓。现在我也忝居教师行列，我不知道我有没有误人子弟，但是我还是要尽最大的努力把他们向成才的路上牵引。这样我才不辜负曾经的师恩。

我的老师们

人的一生会遇到很多位老师，大部分都会在我们的记忆中匆匆而过。人们就像是流水线上滑落的产品一样，在权利义务约定的教育体制之内，经过老师们的一道道操作筛选之后，打包签发，流入社会。但是，在这个过程之中，或多或少，总会有那么几位老师，在我们还没有走下生产线的时候，精打细磨，令我们一生都难以忘怀。就像是我们的亲人朋友。

我很幸运，自己也曾遇到了几位这样的老师。

我出生在山西南部的一个小山村，村里一共200多户人家。人口的增长和消亡完全是自然形态下的出生和死亡。几乎没有任何形式的迁出和迁入。所以，每年新出生的小孩，也就很自然地成为一起上学的伙伴，也就是同年级的同学。

我们那一年有8个男生，5个女生，一共13个伙伴。是我从幼儿园到小学毕业所有的同学。在我的记忆中，村子里每年出生的小孩大概有十几个人，超过20人的时候很少很少。所以，我们村里的学校，从幼儿园到五年级，加上所有的老师，一般不会超过100人。一位老师教一个年龄，从小学一年级开始，到五年级毕业，负责所有的课程。还有一位单独教幼儿的老师。就这样，这6位老师，一批一批地把我们接进校园，然后再送到镇上的中学。年复一年，差不多我所有的童年记忆也都定格在那个几十人的小院子里。每次回到家乡，走过那个小院的时候，我都会有一种说不出的感受。现在村里的小孩子上学都到县城里了，那里现在空荡荡的，留下的只有我们的记忆，几代人的记忆。

幼儿时教我们的老师是郭老师。一位普普通通的乡村妇女，像妈妈一样。除了教我们简单的拼音识字，和基础的加减运算之外，还会让我们参与适当的课外劳动，打扫卫生，规整桌椅。有时候放学之后，家里人还在地里忙活的时候，我们也会在老师家玩耍，直到爸爸妈妈从地里干完活回家。那个小院子里还有一个不成文的规定，学校里的老师可以对我们不听话的孩子加以适当的体罚，这是每个家长在送我们到学校时都默认的法则。多少年来，都是如此。就是这位普普通通的老师，把我们学前教育的基础，夯得扎扎实实。我们不会唱歌，不会跳舞，但我们学着洗衣做饭，替父母分担家务。

另一位老师就是我小学时候的皇老师。语文、数学、自然社会，一身挑，从小学一年级教我们到小学毕业。除了正常的上课之外，皇老师布置给我们最多的作业，就是抄写和背诵。做错的习题会让我们反复抄写，不理解的问题会让我们反复背诵。我记得老师当时给我们的一项奖励就是，谁先背诵下来，谁就可以先出去玩，或者提前放学回家。并且不会给我们增加任何课业之外的兴趣或爱好，也许那个时候真的是因为没有那样的条件。虽然我不知道当时自己是为了能够提前回家，还是真的为了学到知识，我总是会在提前完成的那几个人中间。虽然我到现在想不起任何一点当时背诵得滚瓜烂熟的东西，但是我明白了一个朴实的道理：很多时候，简单的事情重复做，就会显现出它难以预计的力量。尤其是在面对体制内教育时所需要掌握的东西。这也是我在后来的学习生涯中始终坚信的，最笨拙，但最有成效的方法之一，熟能生巧。

还有一位是我初中的语文老师，也是我们的班主任。我印象最深刻的是，他让我们练字，庞中华的硬笔书法。没有任何技巧，也没有任何道理，就是一张一张的临摹。老师给我们说得最多的就是，基本功是练出来的，漂亮的字也是练出来的，一切都是练出来的。只有在不断的练习之中，你才能感受到汉字的魅力，才能体会到汉字中那种力量。我记得当时，有一段时间，我练字练到看字都不像字的时候，老师说，这是一个过程，说明你感觉自己的字不够好，如果你能写好了，你就感觉它像字了。事实上，对于一个喜欢练字的人来说，是永远都写不出自己最满意的那个汉字的，这是我在多年之后才明白的道理。也许我们现在很多时候都已不再写字，虽然我也不知道练字对于今天的中国人来说还有多少意义。但是，有一点我非常肯定，当我烦躁的时候，我只要拿起笔，在纸上随随便便地写一写字，我就可以很快地让自己冷静下来。这是初中语文老师让我习得的技能，没有太多现实的意义， 但对我来说，受益终生。谢谢您！老师！

进入社会之后，我们很难再遇到这样的老师，或者说这样的机会少之又少。这个时候，我们必须善于自己提醒自己，或者说把自己当成自己的老师，而其中最好的方式就是读书，也许只是我个人认为最好的方式。如果说，活到老学到老，是人生一种常态的话，那读书无疑是可以让我们汲取前人养分，不断磨砺自己的好方法之一。除了自己，没有人会给你带去任何压力。也只有那种发自内心的真实动力，才能在人生这一漫漫长夜之中，看清自己前方的，属于自己的那盏灯塔。在这个时候，我们既是自己的老师，也是自己的学生。

第二节 不灭的烛光

心中的跳杆

生活中总会出现意外。10岁时的一场车祸给我留下了长短腿的缺陷。

因为长短腿的原因，我走路总是一瘸一拐的。走在路上，大家都会向我投来异样的眼光。为了不引起别人的注意，我每次走路时都刻意踮一下左脚。

出院返校后，同学和老师仍旧给予了我最温暖的关怀。体育课或是课间操，我都会得到老师的允许而不参加这些活动。我下楼梯时总是有人搀扶，甚至还有朋友用单车载我回家。渐渐地，我竟习惯了这些照顾。

最近换了个新的体育老师，心想着班主任应该已经提前跟体育老师打过招呼，所以上课的时候我像往常一样待在教室里休息。可当我看课外书正入迷的时候，体育委员跑进来对我说："体育老师让你去上课！"我心想，可能新来的老师还不知道我的情况，我还是去上一次课吧。

我一瘸一拐地走向了体育场。我想老师看到我的样子，会让我回教室休息。可是我听到的声音却是"入队吧"！

"可是老师，我的脚……"我想解释。"轻度的运动是不会有什么影响的，入队吧！"他态度强硬。我觉得自己像是撒谎逃课的学生，现在被打回原形，让我在同学们面前无地自容。

无从辩驳的我还是归队了。我挤开体育委员，站在排头兵的位置上。无论是侧平举还是前平举，这个点永远都不会动。之后，我渐渐发现与同学们一起做做广播体操也是不错的活动。所以，本来稍有一点埋怨老师的心理也打消了些许。

接下来是跳高的测试，我想着这一次我总不用参加了，于是我坐在旁边准备观看。老师质问我："你怎么不跳？"连同学都为我求情，可是老师的态度却丝毫不受影响，他径直走到了跳高区域，挥手示意我可以助跑了。当时，我希望自己在助跑中摔跤，最好爬不起来，报复老师。可是助跑、起跳、过杆、落地，我每一个步骤都有如神助一般地通过了。同学们都拍手叫好，老师二话没说，只是让我再来几次。

第二次、第三次……大概是我体力被耗尽了，一直到第九次我都没有跳过去，而且还把右脚给扭了。当时虽然还是有点记恨老师的残忍，但是我发现我浑身有了一股从未有过的力量和自信。下课后，老师走到我的旁边，说了一段话，让我久久不能平静。

老师说："你知道台北大学生运动会体操队的主教练林育信吗？他小时候因为小儿麻痹，而导致两腿差了三厘米。但是他并没有放弃过自己的梦想，也没有因为自己长短腿而自卑过。其实，刚才你每跳一次，我都暗中将跳杆升高了一厘米。你本以为你不可以做到的事情，你却一直都在超越。因为你已经跃过了心中的那条跳杆。"

是啊，心中的那条跳杆拦住了我多少次追求梦想的机会。突然间，我明白了老师的用意，他并不是故意为难我，而是在帮我重拾信心和勇气。

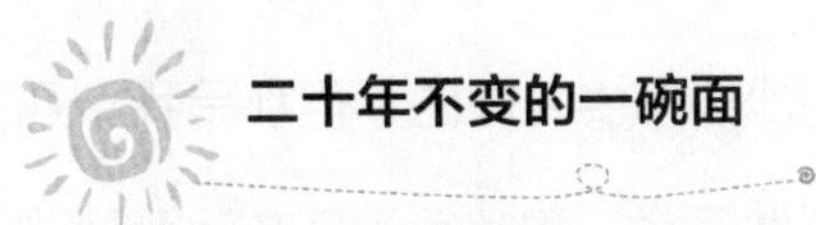

二十年不变的一碗面

三十年前，父母外出到深圳打拼，将我交给一个老奶奶照看。因为年幼不懂事，我总是因为别人家小孩有父母接送就围着老奶奶哭闹。可是，五年之后，听我哭闹的那个老奶奶也因为突发疾病死去了。本以为回乡奔丧的父母不会再离开我了，可他们待了两天之后就再度外出，更让我羡慕又嫉妒的是，在这五年之中我又多了一个弟弟，而且弟弟可以随着父母外出，我却只能寄宿在学校。

这一切就像是命运的剧本被临时改动了一般，所有的悲剧都集中在我的身上。自从父母带着弟弟离开的那一刻开始，我的心中便埋下了一粒怨恨的种子。我经常与寝室里的同学发生冲突，常常不做作业、不上课，也会把在食堂刚打的饭菜倒掉。为此，我被批评了无数次。久而久之，我成了学校里的问题少年。所有科任老师都打算放弃我，甚至想让学校强制让我退学，唯独班主任刘老师为我说情，拯救了我。

刘老师为我奔走了几天，到各个科任老师以及校领导面前求情，说是我的父母委托她，让她好好照顾我，出了这么多事，都是她的责任，没有看管好我。"父母"这两个字在当时听起来是多么刺耳。但看到刘老师在别的老师面前哀求的模样，我觉得她更像是我的父母。最后经过校领导的同意，我从宿舍搬了出来，来到了一个"新家"，那便是刘老师的家。

那个家其实也只是刘老师暂时租来的房子。因为平日工作繁忙，她根本没有时间休息。她家里除了学生的作业本之外，便是大堆的课外书。那天，老师让朋友搬来了一张钢丝床，把它放在客厅里靠墙角的地方，然后将被褥整理了一下。刘老师说："你以后睡卧室里，我就睡墙角。小孩子正是长身体的时候，要睡得舒服才有益于生长。"当时，我很想给老师一个拥抱，可是要强的性格还是阻止了我，我只是噙着泪走开了。

第一个晚上，我是在老师翻动作业本发出的沙沙声中入睡的，但那是我十几年来睡得最安稳的一次。第二天醒来，老师正在做早餐，香喷喷的气味让简陋的出租房有了家的感觉。那是一碗再简单不过的面条，面条上面撒了些葱花，盖了一个鸡蛋，可那是我吃过的最美味的一顿早餐。之后，我与刘老师一起到了学校，当我走向教室时，老师在我身后说了一声"加油"，我对着她做了一个剪刀手的姿势。

不仅让老师、同学感到奇怪，而且我自己也很诧异的是，我竟然上课时没有睡觉，也没有打扰周围的同学，而是开始认真地听起课来。可是由于之前落下的功课实在太多，即便很专心，我上课还是像听天书一般。刘老师好像从我眼中也读懂了什么一样，晚上回到家后便给我上起了小课，即使她自己还有一大堆工作要做。日子便这样慢慢地走上了正轨。有时，我会早起，偷偷出门买早餐，虽然我不善于用言语表达，但我能用实际行动告诉老师。老师每次都会很感动地说："这顿早餐吃完，我一天都会充满干劲的！"我有时也会随声附和："我也会在学习上充满干劲的！"慢慢地，我和刘老师之间不再有任何隔阂，像是一对母子一般地朝夕相处起来。

像是命运的刻意安排，五年之后，我父母突然从深圳回来了。他们在深圳发展得不错，做生意赚了不少钱，已经在深圳买房了，还打算让我去深圳读高三。当时，我断然拒绝。可刘老师说："去吧，到父母身边去。趁着父母还健在，多陪陪他们。"那一刻我多想告诉她："您就像我的父母一样啊！"

二十年悄然过去了。我考上了名牌大学，成了一名老师，人生可谓是一帆风顺。但这二十年来，我即便不曾踏上归乡的路，但对刘老师的那份思念与日俱增。在事业稳定了之后，我终于下定决心带着自己的家人走上了这条盼了二十年的回乡路。

由于城建，我当时就读的学校早已被拆除。我望着那拔地而起的高楼，不禁后悔这二十年来为什么不早一点回来看看刘老师。这时儿子说他很饿，刚好旁边有家面馆，我们便走了进去，叫了三碗面。面条很快地从厨房端了上来。那撒上的零碎的葱花，那煎得金黄的鸡蛋，那清淡的面汤，不就是了二十年前刘老师下的那碗面吗？我立马冲到了厨房，看见一个绑着头巾、体态略显臃肿的妇女，她手上的玉镯子依旧润泽。"刘老师，我回来了！"

我激动不已。老师手中的汤勺差一点掉了下来，可是那一刻滚烫的开水都不及我们的眼泪炽热。她诉说着这些年来她从老师变成下面师傅的经过，我也讲着这些年来我的变化。千变万化之中，那碗面条的味道不曾改变，对老师的那份感恩之情更不曾改变。

不灭的烛光

晨曦像一层薄纱笼罩着延绵的群山，太阳渐渐探出了头，山间的大树一片翠绿，鲜红的国旗高高飘扬，教室里的读书声在山中回荡。

这是一所建在群山间的小学，风景美丽，气候怡人。但因为地处偏远，教育资金短缺，老师大都不愿来这里教书。来了的十几个老师待了没多久也都陆陆续续离开了。交接好工作后，第二十位老师骑着一辆破旧的自行车进了这所学校。她的名字叫李姣。

她个子十分矮小，起初，学生们经常笑话她，给她取了很多绰号。但李老师从不计较，甚至有时用绰号自嘲。活泼的性格让她很快就融入了这些孩子中。有时放学后，老师和孩子走在一起有说有笑，这和乐融融的画面很久没有在这所小学出现了。

李姣总是请求城里的朋友募捐一些钱或者是生活用品，然后她骑着自行车给每个学生家里送去。家长们都觉得这是位难得的老师，不仅照顾好自己的孩子，心里还能挂念着孩子的父母。经常天还没亮，就有村民看到李老师提着桶子去打水，早早地烧上几壶开水，然后将开水冷却，让来校的学生能够喝上一口凉开水。天色已晚，村民们仍可以看到李老师的宿舍里亮着烛光，那是她在为了第二天的课在做准备工作，可她又不想增加学校的电费开支。

有一年春节，李姣没有回家过年。家中的父母寄来了好几千克面粉，正好学校发了一些猪肉，李姣便自己擀面包饺子，想给每个学生家里都送上一些。从除夕开始直到第二天清晨，她才包完所有的饺子，却已经筋疲力尽。第一天一大早，她骑上自行车，手里提着近十千克饺子，就这么在寒天冻地里她走完了她人生的最后一段路程。在一个下坡时，突然路中间蹿出一个小男孩，李姣使劲按刹车也没有任何作用，情急之下，李姣将扶手往右摆了一下，径直从山坡上掉了下去。等到村民找到李姣时，她手上还紧紧抓着那一袋饺子。

往后，学校又来了几位老师，村民们会轮流为老师打好水放在宿舍门口，也偶尔为老师包饺子。久而久之，来这里的老师多了起来，而且很多一来便是五六年。现在村里的一切都变了，危险的山路周边加上了护栏，老师也多起来了，唯独没变的是那比晨光还要温暖的不灭的烛光。

最美的风景

古语云：书中自有黄金屋，书中自有颜如玉。我曾以为最美的风景也必然全都在这白纸黑字、字里行间。我的朋友很少，因为大多数时间我都与书中的人物为伴，为他们的成功而喜，为他们的失败而哀。我没有离开过家乡，没有去过远方，因为我认定世间所拥有和未拥有的一切美景都已经在书中被描绘了。所以，我一直都只是在埋头看书。

但是，一旦周围的同学嬉戏成群，一起聊着各自在假期中的趣事时，我难免会从书中的情节中走出来，偷偷听着那些书中出现过但比文字更有趣的故事。可是，低着头看书、低着头听别人讲话似乎已经成为我的习惯，当我想要抬起头真正与同学交流时，却总感觉后脑勺被千斤的石头给压住了，始终不敢抬头。

上大学后，我依旧孤独，只有影子相伴。尽管我每天都会暗示自己要主动和别人交流，可是低着头看脚丫子的时候，同学早已经走开了。久而久之，我与班上的同学越来越疏远，连各种通知，我也是最后一个才知道，我仿佛已经从大家的视线中消失了一般。

记得那是一次普通话测试，监考老师是特意从外校请过来的播音主持，听说要求特别严格，很少抬头看测试的学生。那不就是我平常的样子吗？是不是老师也会有着和我一样的困惑呢？种种猜疑让我迫不及待地提前赶到了测试考点。

监考老师坐在我对面。我瞥了她一眼就低下了头，她的确没有抬头看我一眼，只是低着头说："报学号、班级、姓名，然后抽题。"我也低着头一一回答。当时我竟然感受到了一种不被别人尊重的痛心。我恍然意识到，平时我低着头和别人说话，是多么不尊重他们。所以，其实不是他们忽视了我，而是我无视了他们。

我抽到的题目是"你最爱的一本书"。这真是太巧了，正好是我最感兴趣的话题。我低着头滔滔不绝地说了一大堆，书里的美景仿佛都从我一张一翕的嘴唇中蹦了出来。之后，我依旧低着头等待老师的评价。突然，我似乎感觉到老师抬起了头，她放下手中的笔说："你的普通话还算不错，只是有很多音发得不够饱满。但最主要的问题是，你怎么不把头抬起来呢？"

"我……我……"我结结巴巴，不知道该怎么为自己辩解。"你的书看得多，读得深，语言组织能力很好，为什么不抬头与我进行交流呢？书里的世界固然美好，但是现实世界有最美的风景呢。你低下头，看见的只有自己的脚丫子，但你抬起头，看见的风景会更多更美，而且每一处风景都是独一无二的。"

监考老师说这段话的同时，我渐渐抬起了头，感觉脖子有些酸痛，也许是我低头太久的缘故。那位同学口中严格的老师，现在正满面笑容地看着我。我想，这就是老师所说的最美的风景吧。

自从我抬起头后，我敢于和同学交流了，朋友自然也多了起来。这些全都归功于只有一面之缘却影响了我终生的那位老师。

没有围墙的教室

读《没有围墙的教室》，很多次我都停下来，慢慢咀嚼、反思。在董老师面前，我很羞愧，像一只鸟羞愧于飞行。

羞愧的原因是，我们的教室是有“围墙”地，尽管我们讨厌这样的教育生态，如帕斯所说：“我有着反抗的目光，却只能压低声音歌唱。”但慢慢的，我们会服从它，遵循它，然后离不开它，以致最后我们成了围墙的一部分，甚至我们自身就是围墙，乌黑破旧，陈腐不堪，沾满平庸无奇的恶。

董老师则不然。

因为可以毫无拘束，做自己喜欢的事，当然更重要的是因为深爱着孩子，她选择了做一个老师。还是因为深爱孩子，她没有听从老教师“一个月不露笑容就能掌控孩子”的忠告，而是把内心的爱和包容通过笑容表达出来。在她眼里，教师的职业是微笑，其次才是教书。

因为微笑，因为尊重和信任，董老师得以走进学生心灵，鲜花铺满的小径之后，就是孩子们的秘密花园。唯其和孩子们拥有相同的语言密码，才能成为与孩子尺码相同的人，才能成为孩子们的铺路人、引路人和同路人，才能众人划桨开大船，创造出值得彼此崇拜之活人。

教学并不是一件简单、单纯的事。她告诉我们，“把孩子当作学习对象”“从孩子身上学习”，孩子就会焕发出创造的活力，也会自然而然地从老师身上、从同学身上、从课本身上、从世界身上吸纳雨露和阳光；而把孩子当作灌输的容器，孩子就不再是一个活泼泼的人，而只是一个口袋，一个筐子，一个器皿，一个沉寂如死的物件。

叶圣陶先生也说，学生是种子，不是瓶子。教育是农业，不是工业。坏教师各有各的不同，好教师却是相似的。但我们真的有勇气说自己和董老师相似吗?

20年不仅仅是一个时间的长度单位，更是一个用爱心和智慧累积的厚度单位啊。

20年里，她始终像是一匹马，热情、奔放，充满活力。在她的眼里，孩子就像是草叶上的小露珠，必须给予最大的信任、呵护、理解和爱，在最充分的安全和自由中，孩子的心灵才会真正打开。

在她的眼里，知识一点也不重要，让孩子循着自己的方向，找到最适合自己的路径才最重要。乔伊是在停车场学会了认字，这种认字与在课堂上学会的认字结果没有任何不同，但意义却有天壤之别。后者的学习是一种有意义的学习。没有意义的学习，教学不会真正发生；没有意义的课堂，是不道德的课堂。

有了信任和爱，有了这种意义的自觉，她的教学，就不是一堵堵墙，而是一扇扇窗。她用美好的俳句，温暖的阅读，引导学生沿着灵魂的无数条路行走。她拆除了师生沟通的围墙，心灵隔膜的围墙，也拆除了孩子对知识恐惧的壁障，每一个孩子都在心灵的舒展中慢慢发现，自己的身体里住着一个诗人。

鹏鹏就是这样，他是在足球场奔跑的浓雾中触摸到了诗，他说：“我没办法摸到它。我越是跑，它越是消失不见。” 他一脸迷茫，写满了忧伤。董老师说：“我被他的话牢牢吸引了，以至于一个字都吐不出来。我用手搂着鹏鹏，我们慢慢地走回教室。”

剧烈的幸福感突然到来，在诗意的复活中，浓雾里的师生茫然失措，互相搀扶，甚至于静静流泪，如同悲伤。这是真正的高峰体验，也是我看过的最美的最深刻的教学相长。

“诗人之所以是诗人，不总是因为他写的诗，而是因为内心的一些东西，以及把他的内在自我和身边的世界连接在一起的体系。”

好教师也如是。好教师也不只是因为她所教的东西，还在于她把她内在的自我、孩子们和世界互相编织成一个体系。这个体系，董老师称之为“我们”。世界从“我与他”变成了“我与你”，然后世界就是“我们”了。

灵魂就缠在自己指尖，让生命完成最隐秘的辉煌……

最好的教师总是不教书，他们只教孩子——把全部的心灵都敞开，用露珠一样的眼睛和爱，朝向伟大真理。

唯一的理由

汶川大地震过去了几年了，灾区重建工作已进入尾声，但感人事迹历历在目，仍让我心中余震不断。

2008年5月12日下午2时28分，彭州市红岩小学幼儿园大班的孩子们正在上课。突然，周汝兰老师感到整间教室都在剧烈地摇晃，她立即意识到发生地震了！全班52名学生，年幼无知的孩子们嘻嘻哈哈随震动一起摇头晃脑。就在那时，周汝兰大声吼道：“快跑，都往门外快跑！”听到老师的吼声，孩子们都吓呆了，站起身来却不敢往外跑。

周汝兰一边喊，一边拉着两个孩子就往外跑，其余的学生紧紧跟在他们身后。冲出教室之后，周汝兰让所有孩子都趴在草地上，清点了一下人数。还少十个！肯定是有孩子还在上厕所！眼看着墙体已经渐渐出现裂缝，她仍然不顾危险冲进了教室里。他一手拉着一个孩子，背上背着一个孩子，前后三次将九个孩子从即将垮塌的教室里转移到平地。

只剩一个孩子在里面了！可是教室屋顶上的瓦片已经震碎，像冰雹一般地往下落。教室里那一个受到惊吓的小孩哭着走向了门口，周汝兰朝他大喊：“快跑出来！”可吓坏了的孩子只是站在门口大哭起来。房顶开始慢慢向下塌陷，不过多久就会全部垮塌的。周汝兰安顿好其余的孩子后，第四次冲进了教室，抱起孩子往外跑。就在冲出教室的那一刻，教室瞬间成了一片废墟。

52个孩子安然无恙！周汝兰早已疲惫不堪。事后当记者问她哪里来的勇气救出52名学生时，她只是说：“因为我是一名老师。”

周汝兰幸运地活了下来，而平武县南坝镇小学的教师张兰却魂断废墟之中。她为了救自己班上的学生，放弃了救10米外的女儿。当她救出班上的四名学生后，被突然塌下的墙体压住，遇难时她的怀里还有两个学生。

压在废墟中的任雪鸥是张兰9岁的女儿，被拯救出来后，她的双手粉碎性骨折，但她表现出了同龄人少有的勇敢和理解。她说：“妈妈对我说的最后一句话就是让我快跑。她当时离我只有10米的距离，如果妈妈先救我，我们两个都可以逃出来。但她是一名老师，她不可能不顾学生的安危，她选择了先救学生。我绝不会为此而埋怨妈妈，因为她既是一个伟大的母亲，也是一个伟大的人民教师。妈妈是英雄，我长大后要向妈妈学习。”听到这一席话，在场的人无不潸然泪下。如同周汝兰所说的那唯一的理由一般，张兰也是仅凭着这一个信念，舍弃自己的生命而拯救了学生。这撼天动地的人间大爱怎不叫人为之动容。

向倩是什邡市龙居小学的一名英语教师。她有一头漂亮的卷发，喜欢谈天说笑，学生们称呼她“小向姐姐”。她是学校最年轻的党员，遇难时刚满21岁。在得知向倩身亡的消息后，同事和朋友们都陷入了无尽的悲恸之中，大家都为这个好老师、好姑娘感到惋惜。

向倩的遗体被发现时，由于身体严重变形，救援人员甚至都无法确认其身份，同事们都不愿相信，这个身体已被压断成三截，上半身几乎揉成一团的人是他们平时最喜爱的向倩。她张开的双臂下，仍然紧紧搂着三个已经死去的学生。救援人员使劲力气也无法扳开她的双手，临死前她想到的只是保护学生。现场的武警官兵无不为之落泪，纷纷行起了军礼。

事后，记者采访了向倩的父亲，他是什邡市南泉小学副校长向忠海。这个两鬓已经开始发白的男人失声恸哭，可嘴里却只有一句话：“作为教师，应该这样！”

当问到幸存的老师为什么要冒着生命危险去救学生时，他们定会告诉你一个相同的理由：因为我们是一名老师。

第三节　爱的鼓励

爱的鼓励

开学的第一天，张老师站在五年级的学生们面前，说了个谎。她看着她的学生们，说她会平等地爱班里的每一位同学。

但这是不可能的，那是因为坐在前排的一个小男孩，他叫李德惠。

张老师发现，小李根本无法与其他孩子们玩到一起去。他的衣服很邋遢，身上也不整洁，而且不怎么受大家欢迎。张老师很喜欢在他的卷子上用红笔画一个个红叉。

过了不久，张老师教课的学校要求老师对每个孩子过去的记录进行审阅，她把小李的档案放到了最后一个才看。然而，当她看小李档案的时候吃了一惊。

小李一年级的老师写道："小李是个聪明的孩子，永远面带笑容。作业写得很整洁、很有礼貌，他给周围的人带来了欢乐。"

二年级的老师写道："小李是一个优秀的学生，深受同学的喜欢，但是他很苦恼，因为他妈妈的病已经到了晚期，家里生活困难。"

三年级的老师写道："母亲的去世对他是个沉重的打击。他试图尽最大努力，但他的父亲责任感不强，如果不采取一些措施他的家庭会对他产生不利影响。"

四年级的老师写道："小李性格孤僻，对学习不感兴趣。他没有什么朋友，有时会在课堂上睡觉。"

此时，张老师才意识到问题的所在，她为自己的行为感到羞愧。

老师节到了，当学生们送给她老师节礼物之时，她更是无地自容。学生们的礼物是用明亮的彩纸包好，上面扎着美丽的丝带，唯独小李的不是。

他的礼物是用厚厚的牛皮纸袋包裹，那纸是从杂货袋上扯下的。张老师费了很大劲才打开这个礼物。

那是一只水晶石手链，上面有颗水晶石已经丢失了，还有一瓶只有四分之一的花露水。一些孩子开始发笑，她制止了他们。

她大声夸赞这只手链多漂亮啊，并把它戴在手上，还在手腕上擦了些花露水。

那天放学后，小李说了一句话才走："张老师，今天你身上味道就像我妈妈以前一样。"

孩子们走后，她哭了至少一个小时。就从那一天起，她不再研究怎样教阅读、写作和算术，而是研究怎样教育孩子们。

张老师开始特别关注小李。与她一起学习时，他的大脑便显得灵活起来，她越鼓励他，他的反应就越快。

到了这年年末，小李已经成为班上最聪明的孩子，尽管她说过会平等地爱所有的孩子，但小李成了她的"宠儿"。

一年后，张老师在门缝下发现一张纸条，是小李写的，他告诉她，她是他一生中遇到最棒的老师。

又过了六年，张老师又收到小李的另一张纸条。他说，自己已经高中毕业，成绩排在全班第三名，她仍是他一生遇到的最棒的老师。

多年后，张老师收到一封信，这次小李说，当初拿到学士学位后，他决定继续留在学校深造，他还说，张老师仍是自己一生中遇到的最好的老师。但如今信上的落款变得长了些：医学博士李德惠。

那年春天，小李又来了一封信，说他马上要结婚了，他不知道张老师是否愿意参加他的婚礼，并坐在新郎母亲的座位上。

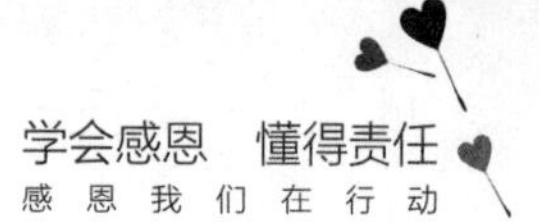

当然，张老师去了。她戴着那只丢了颗水晶石的手链，还专门喷了小李母亲用过的那种花露水。

师生俩互相拥抱，李德惠博士轻声在张老师的耳畔说道：谢谢你，张老师，非常感谢你让我知道自己可以有所作为。

张老师眼含热泪，低声说：小李，你全搞错了，是你教会了我，直到遇见你，我才知道如何做老师。

我们看到优秀老师的责任，她认真完成了工作，并且思考了她以往的工作，更可贵的是她有一颗爱心，愿意为此做点什么。用实际行动给予了孩子最大的鼓励。

骆家辉先生曾经说过：中国人可以给陌生人大笔捐款，却不为自己身边的人给予帮助。

张老师给予了她身边人的帮助，才是真正的正能量。

长大后我就成了你

对一个内心孤独、情感脆弱，在姥姥家长大的孩子来说，没有什么比鼓励、温暖的话语更能令她快乐、感动的了。

在我中考的时候，以两分之差没有考上重点中学，只好留在母校，一所普通的中学读书。就是从这时起，解兰芳老师开始教我化学，一教就是三年，直到把我送到了北京师范大学。我是个孤僻的女孩儿，不爱说话，和同学很疏远，没有什么远大的理想，在我受的教育中，能考上大学就是天大的幸运了，从没想过选择。高一入学后，有一天我被解老师叫到办公室，她很平淡地对我说，我是我们班入学时化学成绩最好的学生，希望我再接再厉，努力学化学，有不会的问题就来问她。我当时有两个惊讶：第一，我竟然是我们班化学学得最好的，要知道我对化学没有什么特殊的感情，它也不是我中考几科中的最高分；第二，老师干吗单独把我叫来说这些话呢，据我所知，好几个同学和我的化学成绩一样。不管怎样，我很开心，老师那么早就认识了我，对我这个又矮又胖、戴近视眼镜的不起眼的女生来说是一种安慰。

在不知不觉中，我花了很多时间和精力学习化学。有一次晚自习时间，全年级进行化学竞赛，我们班本来是解老师监考，但她生病不能来了，于是我们班在无人监考的状态下完成了这次竞赛。当然，同学之间会对答案，抄别人的答案；我也没例外，和同桌对了答案。我至今仍记得第二天下雪了，解老师在操场上告诉我：我考第二名，81分；我的同桌考第一名，83分；还问我事先知不知道试题？我摇头。雪花落在我的脸上，融化成雪水，和我的泪水混合在一起。要知道昨天考试的时候，她抄了我好几个答案，而我只问了她一个填空。也许解老师觉得我们俩考得太好了，怀疑我们，这对我来说已经算不了什么了。我心痛，我发誓考试的时候永远不作弊，要知道，我多么想看到她因为我考了第一名而开心地笑啊！

从那次竞赛以后，我的同桌成了我们班化学最棒的同学，我暗暗努力，但是不管怎样就是无法超越她，日子如水一样流过，一晃就是两年。在这两年中，几乎所有大大小小的化学考试，我都不是第一名，我的行为令我自己都无法理解，我竟然从未灰心，从未绝望，我从未如此坚强过，依然如故，每晚温书而且必温习化学；我从未如此坚定过，坚信解老师看到我得第一名会更开心。

转眼上了高三，因为压力太大，班上女生的整体成绩明显下降，而我却恰恰相反。在第一学期期中考试的时候，我以高出第二名30多分的成绩排在全年级第一，同时值得欣慰的是我的每科成绩都得了年级第一名，这里面当然包括化学。但是，解老师并没有表扬我，甚至没有一个赞许的眼神。不过，我想她是开心的，她最好的学生一直是我，不是别人。后来我问过她为什么不表扬我，她说事实摆在那儿，言语是多余的。在整个高三，我一直做着年级的领军人物，虽然最后高考，我没有得第一名，但是我的化学成绩仍然是全校最高的，我更在乎这点。

好的成绩给了我极大的信心，我要上最好的大学，可是我将来做什么呢？这天上化学课之前英语老师把我叫了出来，告诉我派我代表学校参加区里的英语竞赛，就细节问题说了半天，等我回教室时，以为他们早开始上课了，没想到解老师在讲笑话，等我，看我进来才开始上课。也许这对别人来说是一件小事，但我从那一刻起，决定做个像解老师一样的化学老师，用行动和话语温暖学生的心。我报考了解老师的母校北师大。其实报考北师大，我并没有十足的把握，但我的愿望太强烈了，我一定要做一个她那样的老师，那就要和她受一样的良好的教育，上同一所名牌大学。

十年从指缝间流过，从我和解老师相识，到而今自己成为一名化学老师已经三年了。我的梦想从现实中走来，在现实中实现，谁说平凡的生活不幸福？谁说青春的梦想不易实现？我做到了，而且做好了。

我是解老师一生许许多多的学生中，很普通的一个。我感谢老师给了我温暖、鼓励和希望。面对我的学生，我总能想到当年的自己，也许老师只是每个学生漫长一生中的匆匆过客，也许很多年以后，当年老师教的知识早已所剩无几，但老师温暖关心的话语，信任鼓励的目光会在我们心里留下深深的痕迹。

我相信并且在实现着：一个学生热爱生活，是从热爱他的老师开始的。

在心上的一声咳嗽

读小学时，我是一个活泼可爱的学生，只是成绩不大好，老师那关注的目光从没有降临到我的身上。为了引起老师的注意，我经常抢着做清洁。直到那个阳光刺得眼睛生疼的午后，我的梦才如虚幻的气泡一样在顷刻间破灭。

不知道是第几次义务打扫办公室了，当我放下笤帚正欲回教室时，被教数学的张老师叫住了。这正是我所期望的。我有点激动地站在他的面前，脸红红的。“你真是一个爱劳动的好孩子，明天让学校的广播表扬你。”张老师笑容可掬地说。我甭提有多高兴了——终于能像其他学生那样被表扬了。我双手拉着衣角，脸涨得通红，听着张老师的夸奖。“还害羞呢？”张老师盯着我的眼睛说，“对了，你叫什么名字啊？”啊？这句话把我推进了万劫不复的深渊，没想到教我一年的张老师竟然还叫不上我的名字。除了为自己的不起眼感到一丝沮丧外，我幼小的心灵里开始滋生叛逆。

很快，我就和几个被老师视为“朽木”的学生混在了一起。一次，看到同班的一个女生买了一支很漂亮的钢笔，那贼亮贼亮的光泽和她那高傲的神情让我萌生了将钢笔窃为己有的念头。放学后，我从窗户爬进去将钢笔偷了出来。第二天，女生的嘤嘤哭泣和老师的大发雷霆让我有一丝快感。

这件事之后，我的胆子越来越大。凡是老师喜欢的学生，我都“光顾”过他们的书包，然后狡黠而满足地看着老师焦急的样子。

没想到，我会“栽”在老校长的手里。

那天，我正在翻抽屉，不远处传来轻轻的脚步声。拉下耳朵细听，确定是有人来了，我立马跑到门边蹲下来，心“扑通扑通”地撞击着孱弱的胸膛。脚步声近了，接着是“咚咚咚”的敲门声。我害怕极了，蹲在门边直发抖。敲门声越来越急，还伴随着几声轻轻的咳嗽。这咳嗽就像一把带有千钧之力的铁锤，重击着我本已脆弱的神经，因为这咳嗽声我听得出来，来人是老校长。那时我总认为老校长是专管老师的，一定比老师更严厉。想到这些，我有点绝望了，但还是本能地缩在门边，顽强地固守着最后那一点可怜的自尊。

敲门声停止了，一声咳嗽后传来老校长的声音：“出来吧，我知道里面有人。”我紧张地屏住呼吸。老校长又说了一遍：“出来吧。”

沉默，长久的沉默，我能听到自己的心跳声。老校长又说话了：“好吧，你不出来就算了。我就站在外面说几句话。我想你留在教室肯定是有原因的，我也不追究了，过一会儿你就可以走了。还有，教室里的一些东西，不是你的就不要带走了。”我听到脚步声远去了，咳嗽声也渐渐听不到了。我站起来，缓缓地舒了一口气。我没有马上爬出去，一直等到天黑……

在薄雾中，我依稀看到放学不久就紧闭的铁门竟是开着的。我一溜烟冲出铁门，一路小跑回了家。躺在床上，我庆幸自己的虚惊一场，也回想着老校长的那番话，不觉泪眼模糊起来。我说不清是幸运、感动，还是羞愧。第二天，我悄悄地把以前偷的一些东西放在了原处。

“时光容易把人抛，红了樱桃，绿了芭蕉。”转眼许多年过去了，当年那个猫在门边听着咳嗽声直发抖的男孩，已经走上了三尺讲台。每每回想起当年自己的人生之舵偏离时，老校长用他那慈爱的心包容着我，并提醒我前进的方向，我总是一次又一次被感动包围着。

四颗糖的故事

陶老师任班主任时，班上有一个很特殊的男生。他是个易怒、报复心很强的孩子，常常以攻击的方式对那些曾给自己带来不愉快的小伙伴发泄不满，他的口头禅是：你等着，我会报复的。

一天，陶老师正在进行一堂课的讲解时，这个男生没有认真听讲而是借了其他同学的本子在抄，后面的同学发现了要抢他的本子，他于是想护着本子，在这一拉一扯中，他的本子被撕破了，这次可惹恼了这个男生。冲动的他不假思索地就将那位同学桌上放着的英语书拿起来撕了个粉碎。

这种过激的行为让陶老师不得不有所行动，于是陶老师马上前去阻止两个人的拉扯。他举着被撕破的本子大喊："他撕碎了我的本子，我就要报复。"为了保证课的顺利进行，陶老师没有让他再做过多的解释，收了他的本子，并让他坐下继续听课。但他仍处于亢奋状态，用椅子狠命地往后挤，表示报复。陶老师还是没有停下课的节奏，只是安排他坐到了最前面的空位置上。10分钟后，他平静了下来，陶老师让他坐回了原位，并告诉他课后到老师办公室。

当陶老师回到办公室时，那个男生已经等在那里了。陶老师坐到座位上，然后掏了一颗糖给他，并说："这是奖给你的，因为你很准时，比我先到办公室。"他惊疑地瞪大了眼睛看着陶老师。

接着，陶老师又掏出第二颗糖，对他说："这第二颗糖也是奖给你的，我调查过了，因为在课上你知道将前几天遗漏的课程及时补上。"他将信将疑地接过糖果，低下了头。

接着，陶老师又掏出第三颗糖给他说："因为课上老师收了你的本子，你没有抢老师的书，说明你对老师还是很尊重的，应该再奖励你！”

这时的他脸涨得通红，结结巴巴地说：“老师，我错了，补作业应该在课间，同学不小心撕破了本子，我不该冲动报复，因为我们是同学，同学间要相互友爱……”

听到这，陶老师笑了，马上掏出第四颗糖：“为你正确认识错误，我再奖给你一颗糖。我的糖发完了，我们的谈话也结束了。”

现在的孩子常常以自我为中心，心胸不够开阔，时常会有报复情绪。其实报复心理是一种不健康的心理状态，它不仅会对报复对象造成这样或那样的威胁，而且有害自己的心理健康。有报复心理的孩子，神经经常处于亢奋状态，容易误解别人的意思。

作为教育者，教师必须要注重批评的策略和智慧。通过如此“艺术”施教的方法，使学生认识到自己的错误，从而达到改正的目的。原来，小小的4颗糖竟有如此惊人的教育魅力，我们不得不敬仰那些有智慧的教育家。他们身上闪耀着智慧的光芒，用自己的爱心创造教育的神话。

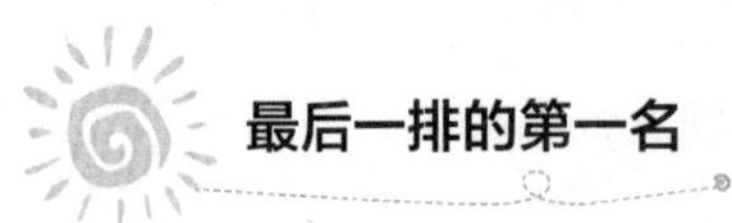

最后一排的第一名

因为个子矮小，我从小学开始就一直坐在教室的第一排。这样一来，我上课自然很认真，成绩也优异。初中时，父母由于工作需要，必须离开家乡，我也不得不一起搬去大城市读书。一时间，脱离了儿时的玩伴和熟悉的生活环境，我不再像过去那样活泼开朗。加上我和城里的孩子没有什么共同话题，我始终交不上什么朋友。这一度让我陷入封闭自卑的漩涡中。

进入新班级没多久后，我主动向老师提出要坐到最后一排，撒谎说我视力很好，坐在最后一排也看得很清楚。可是，谁又知道我每天走进学校后就把眼镜给摘了呢？看得清楚与否都不重要，因为周围的一切对我来说都是那么陌生，即便看得再清楚依旧觉得很疏远。

大家心里都有一个相同的看法，认为教室里最后一排座位就是留给“差生”的。我周边都是些调皮的男生，他们上课时要么看漫画、聊天，要么酣然入睡。不知是被他们感染了，还是开始认定自己成了一名“差生”，上课时我经常在腿上放一课外书本，然后不时抬头留意老师有没有发现。可是每次抬头时我都会发现，老师的目光大都是停留在前排同学身上，很少看后面。

我虽然不与同桌说话，但上课睡觉，回家也不做作业，与入学时相比，简直是天壤之别。老师在家长座谈会上公开批评了我，爸妈不分青红皂白地狠狠教训了我一顿。从此，我的厌学情绪愈发严重，一直延续到陈老师的到来之前。

之前的班主任被调去外地考察，所以临时让陈老师来做我们的带班班主任。从她略带乡音的普通话中，我知道她是我的老乡，无形中就倍感亲切。每次她上语文课，我都会很认真地听，但是视力越来越差的我始终不愿戴上眼镜，很多知识点都只能靠回家后自己复习。

有一次作文课，陈老师出了个《最后一名》的题目。大家都摸不着头脑，她解释道：“平常，几乎所有的聚光点都在冠军身上，甚至连亚军都少有人问津，最后一名更是无人关注。可是，就算是最后一名也是鼓起勇气、尽心尽力在参赛，不是吗？我们应当给他与冠军同样热烈的掌声。”这段话深深地触动了我。我一挥笔，洋洋洒洒地写完了作文。

第二天的作文点评课上，陈老师如沐春风般地走进了教室，像宣布一件喜事一样对我们说：“同学们，昨天的作文我已全部看完了。其中有一篇文章让我印象最为深刻，而且深受启发。其中有个句子是这样的，‘世界上只有坐在最后一排的人，却没有排在最后一名的人’。这句话告诉我们，无论你身处多么糟糕的环境，你仍然有能力去赶超跑在你前面的人。”那一刻，我的衣摆都要被我拽坏了，因为那篇文章就是我写的。

“这篇文章正是我们班上坐在最后一排的同学写的。”大家纷纷猜测会是谁的。“陈丽红，上台来吧！”我浑身像触电了一般，颤颤巍巍地走上了台。第一次那么清楚地看了看黑板看清了，前排同学还有老师。之后，像是最后一名在冲刺时超越了第一名，我赢得了全班热烈的掌声。

之后，陈老师将我那篇文章送去市区参赛，获得了第三名。在学校周会课上，我再一次赢得了掌声，而这一次是来自全校师生的掌声。放学后，陈老师把我叫住，说：“你换到前排来坐吧，我知道你的视力不好，几次在来学校的路上都看见你戴眼镜了，可是一进教室你就取下了。”当时，我被老师细致入微的观察所感动，但仍坚持不换座位，因为我相信最后一排的学生也可以做第一名。

从此，我收起了所有的课外书，上课也不再打瞌睡，我想尽快将落下的功课补上。渐渐地，我的名次直线上升，成为班上一直在守擂的第一名。可还没来得及分享的时候，陈老师被调到别的班，不再教我们了。而更让我吃惊的是，妈妈后来告诉我，陈老师是她的初中同学。在得知我的情况后，陈老师主动请缨来做我班的代课老师，因为在她眼里，只有坐在最后一排的学生，永远没有最后一名的学生。

永远的那一课

那天的风雪真大，外面北风呼啸，大雪几乎想把整个树枝压弯，风声通过门缝挤进屋里，呼啸着又从门缝冲出去。

大家都怕冷，读书的心思似乎都被冰雪冻住了。一屋子的唏嘘声和跺脚声。

我庆幸自己今天到校早些，否则是会被风雪冻结在路上的。

这时鼻头红红的欧阳老师挤进教室，萧瑟的寒风顺势紧跟着他席卷而入。吹得大家直打冷战，而墙上的画也跟着随风起舞，开玩笑似的卷向空中，又一个跟头栽了下来。

往日温和的老师今天一反常态，满脸的严肃和庄重，犹如外边的空气一样寒冷无情。看着一脸严肃的老师，大家都以为出了什么大事，就连平时最闹的小毛大气都不敢出一口。大家都以惊奇的眼光盯着老师，准备接受他的一顿训斥或者教导。

“请大家穿好衣服，排好队，我们到操场上去。”欧阳老师大声地喊着。

“什么？”大家带着疑问大喊道。

“到操场上去，我们要在那待上几分钟。谁若不想去，那以后就别再上我的课了。”说完，他转身出去了。

即使老师已经下了死命令，可是仍有几个娇气的女生没有出去。当我们大部分走到操场上时，老师已经在那等我们了。

除了我们班的同学，操场上没有其他人了，只有仍旧在向我们示威的风雪和几乎被压得喘不过气来的几棵雪松。天地变得白茫茫一片，操场上的篮球架被风雪打得“啪啪”作响，风无情地打在我们的脸上，让我们几乎睁不开眼睛张不开嘴。平时厚实的羽绒服今天几乎失去了威力，根本阻挡不住风雪的侵袭。

再看同学们，个个小脸冻得通红，但没人敢出声。一分钟过去了，又一分钟过去了……足足5分钟，瘦削的欧阳老师才吃力地说：“解散。”

我们手脚僵硬地跑进教室。大家谁也没再说什么，只是继续上课。事后，欧阳老师说：“在教室里，我们都觉得那场风雪太大了，谁也不可能敌过它，事实上，让你们站半个小时，你们也能坚持住。面对困难，许多人戴了放大镜，但和困难一拼高下时，你就会觉得，困难不过如此……”

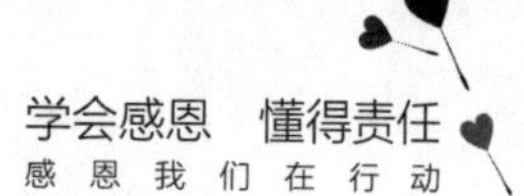

多年过去了，每当我遇到困难时，我一想起自己曾经坚强地在风雪中站立过那么长时间，我就什么也不怕了，因为我知道，最艰难的我都经历过，这些小事又算得了什么呢！我很庆幸，那天自己没有缩在屋里，在那个风雪交加的时候，在那个空旷的操场上，我上了永远的一课。

1. 总结出10条老师无私奉献或者感恩老师的名人名言。

2. 你记忆中最深刻的老师是谁？

3. 与大家一起分享你最感恩的老师的故事。

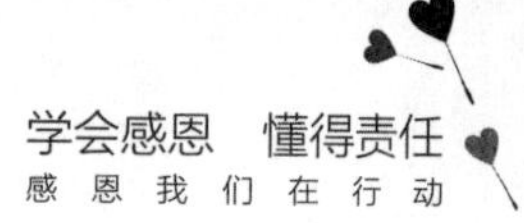

第五篇

朋友，最真挚的伴侣

朋友是人生旅途中的一把大伞，为我们遮风挡雨；朋友是泥泞滩涂中的一支拐杖，给我们战胜困难的力量；朋友是前进道路中的一条鞭子，不断给我们警醒；朋友是打开心扉的一把钥匙，让我们看到阳光与希望；朋友是一盏明亮的灯，照彻了我们的生活。朋友是一种相知，朋友是一种相契，朋友是一种相助，朋友是一种相思，朋友是一场相辉，感恩朋友，感恩一路上有你们！

第一节　朋友都是值得一读的好书

朋友

还记得周华健的朋友吗？朋友一生一起走， 那些日子不再有，一句话，一辈子，一生情，一杯酒。还记得你的“小朋友”“中朋友”“大朋友”吗？现在可能早已变成老朋友，老朋友，你过得好吗？

友谊真是一样最神圣的东西，不光是值得特别推崇，还是值得永远赞扬。它是慷慨和荣誉的最贤惠的母亲，是感激和仁慈的姊妹，是憎恨和贪婪的死敌；它时时刻刻都准备舍己为人，而且完全出于自愿，不用他人恳求。

朋友之间重于心，对方困难时要帮助之。得意时提醒不要得意忘形，失意时安慰其励志向上。世间最美好的东西，莫过于有几个头脑和心地都很正直的严正的朋友。除了一个真心的朋友之外，没有一样药剂是可以通心的。

朋友是一种相知。朋友相处是一种相互认可，相互仰慕，相互欣赏，相互感知的过程，对方的优点、长处、亮点、美感，都会映在你脑海，尽收眼底。哪怕是朋友一点点的可贵，也会成为你向上的能量，成为你终身受益的动力和源泉。朋友的智慧、知识、能力、激情，是吸引你靠近的磁力和力量，同时你的一切，也是朋友认识和感知你的过程。

朋友是一种相契。朋友就是彼此一种心灵的感应，是一种心照不宣的感悟。你的举手投足，一颦一笑、一言一行，哪怕是一个眼神、一个动作、一个背影、一个回眸，朋友都会心领神会，不需要彼此的解释，不需要多言，不需要废话，不需要张扬，都会心心相印的，那是一种最温柔、最惬意、最畅快、最美好的意境。

朋友是一种相伴。朋友就是漫漫人生路上的，彼此相扶、相承、相伴、相佐。是你烦闷时送上的绵绵心语或大吼大叫；是你寂寞时的欢歌笑语或款款情意；快乐时的如痴如醉或痛快淋漓；得意时的善意的一盆凉水。在倾诉和聆听中感知朋友深情，在交流和接触中不断握手和感激。

朋友是一种相助。风雨人生路，朋友可以为你挡风寒，为你分忧愁，为你解除痛苦和困难。朋友时时会伸出友谊之手，是你登高时的一把扶梯，是你受伤时的一剂良药，是你饥渴时的一碗白水，是你过河时的一叶扁舟，是金钱买不来，命令下不到的，只有真心才能够换来的最可贵。

朋友是一种相思。朋友是彼此的牵挂，彼此的思念，彼此的关心，彼此的依靠。思念就像是一条不尽的河流，像一片温柔轻拂的流云，像一朵幽香阵阵的花蕊，像一曲余音袅袅的洞箫，它有时也是一种淡淡的回忆，淡淡的品茗、淡淡的共鸣。

朋友是一种相辉。朋友就像是夜空里的星星和月亮，彼此光照，彼此星辉；彼此鼓励、彼此相望。朋友也就是镶嵌在默默的关爱中，不一定要日日相见，永存的是心心相通。朋友不必虚意逢迎，点点头也许就会意了，有时候遥相辉映，不亦乐乎？流星虽逝美好的愿望依旧在心底，于是所有的日子都轻松，于是所有的负重都甜美，于是不会再后悔，于是不会遗憾未了又遗憾，于是过去了的成为回忆，于是今天拥有的不会再无奈。拥有过的，永远不会失去，没有得到的，亦无须苦苦追求。是你的，迟早都是你的；不是你的，永远都不会属于你。只要你不为天长地久而苦恼，不必为失去的而遗憾，不必留恋昨天，只在乎曾经拥有。

感恩朋友

世间最美好的东西，莫过于有几个头脑和心地都很正直的严正的朋友。

——爱因斯坦

朋友是一杯醇香的美酒。可以是香槟，浅浅的却有着不温不火的香甜；可以是葡萄酒，抿一小口都经久不散的那种浓郁的香醇；当然也可以是烧白酒，大口大口地灌下肚，却是火辣辣的痛快与酣畅。朋友，真的就像是一杯酒，快乐和忧愁的时候总会在你身旁。酒是陈的香，时间越久味道越浓香，朋友也是越老的交情越深，情深似海，很多时候感觉她几乎都没有了时间和空间的距离。

朋友像是一首轻快飞扬的歌，岁月如海，友情如歌，在这美妙的旋律中，一次心与心的交流，一个简短的问候信息，一段亲切的电话交谈，一个生动活泼的表情的发送，都如此让我感动，感动友情的温暖温馨。朋友是一种相遇知音似的感动，让人久久难以忘怀。

朋友一把遮风挡雨的伞，虽不能遏制狂风恶浪，也能撑起一方晴空。在这把伞下，没有权势的逼迫，没有金钱的诱惑，更没有地位的装饰，但她有美丽的真诚。也许你会淋雨，也许你会跌倒，朋友会敞开她的心，会伸出她的手，给你慰藉，给你支持和希望。朋友这把朴实的伞，就是你避风雨的港湾，让你流连忘返。

朋友是一面真诚的镜子。一位名人说：“镜子能照出一个人的五官，但是他所交往的朋友才能显示他的真正面目。”每个人都有自己的朋友，从他们身上你可以看到自己的影子，能看到或多或少的自己的人生态度、处事方式、情趣爱好和性格特点。明净的镜子永远审视着我，提示着我，也时刻告诫和温暖着我。人生的路上，我在用心感觉拥有朋友情谊关怀的温暖的美好感受。

朋友是一盏明亮的灯，照彻了我的生活。在这明亮的灯光下，没有争吵，没有猜忌，没有羞辱，没有尔虞我诈的欺骗，但是有真诚的心灵沟通。淡淡的温暖将友情的灯光点亮，温馨地照耀着人生的旅途，拥有朋友的人生不再孤单，拥有情谊的生活不再寂寞。这盏能照亮心灵的灯，已经足够温暖一生，她永远照耀着我前行的路。

“朋友就是即使是一点感动和快乐都想一起分享；朋友就是当你抱头痛哭的时候，扶着你肩膀的那个人；朋友就是当你面对人生挫折时，一直紧握你的那双手。”人生拥有三五个这样的朋友足矣。

谢谢那些爱我和我爱的朋友们，人生路上有你们真好！

朋友都是值得一读的好书

每个人都是一本好书。学会欣赏别人，你的视野就不会被禁锢在你自己这片小小的天地，就能看见人生的多姿多彩。

中学时代的我，是一个桀骜不驯、狂傲自大、孤芳自赏的人，直到遇见平凡的她，我才有所改变。当老师把这个小巧瘦弱、平淡无奇的女孩，安排到能歌善舞、成绩优异的我身边时，我嘴角不由闪过一丝不屑。我希望我身边的人，都和我一样，是一本丰富多彩的书，而不是一页单调乏味的草稿纸。可是，无论从哪方面看，我都觉得她就是那一叠千篇一律的草稿纸里的一页。

正是这种想法，让我总是习惯性地在她面前高昂着头，用“谢谢”之类的客套话，展现着我的淑女气质，也透露出我与她之间，有着多远的距离。这种游戏让我乐此不疲，我身边的朋友，大多是仰视我，正因为没人肯用心读我这本书，我才会那么落寞，那么孤独，也因此更加傲气。

有一天，我和几个同学谈到一本《人生》的好书，作者路遥，我们异口同声地说这本书好，好在对巧珍这个痴情又纯朴的人物形象的刻画。就在我们说到这里时，我那平淡无奇的同桌，抬起她无知的大眼睛，她说她也很喜欢这本书，这本书不仅好在巧珍形象的塑造，更好在对高加林三番两次回乡下的象征意义的表述，她口若悬河，从作品讲到作家，又从作家讲到流派，甚至贯穿各种理论和社会大背景，见解深刻且精辟。在那一刻，我眼中的她，那一页随处可见的草稿纸，顿时丰富起来，甚至熠熠生辉了。她让我认识了一个词，那就是自大，我之前多么无知，多么狂傲，多么可笑，我总在欣赏自己。而她，用她潜藏在平凡之下的能量，让我自惭形秽。课间时，她仍然安安静静地坐在椅子上，在我看来，她却不再是一张纸了。我给她写了一张字条："我的孤芳自赏，让你见笑了。"她看见纸条，对我笑了笑，回道："平凡之下，各有千秋，学会欣赏，视野无垠。"

自那天起，我开始用心地欣赏每一个人。我惊奇地发现，坐在后排角落的小顽童，居然是篮球高手，八卦王的书法，堪称一绝，就连最不起眼的淘淘，讲起笑话来眼睛一闪一闪的，简直是光彩照人……

原来，每一个朋友都是一本值得一读的好书，值得我全心全意地驻足欣赏。

诤友

忠言逆耳，很多对我们自身发展有益的话，往往比较刺耳，听上去可能不太舒服，但这些话可以像一把刷子替我们扫去思想上的污垢，使自己的大脑保持清醒，而不致被厚厚的灰尘遮掩住。也因此，“净友”经常会被我们误解，甚至可能葬送友谊。

正所谓“甜言蜜语，百听不厌”，然而，良药虽然苦口，却能治愈身体的疾病，忠言虽然逆耳，却可以帮你扶正自己的修行。

有一位在森林里修行的人，非常纯净、非常虔诚，天天只是在大树下思维、冥想、打坐。

一天，他打坐感到昏沉，就起身在林间散步，偶然走到一个莲花池畔，看到莲花正在盛开，十分的漂亮。

修行人心里升起了一个念头：这么美的莲花，但如我摘一朵放在身边，闻着莲花的芬芳，精神一定会好得多呀！

于是，他弯下身来，在池边摘了一朵，正要离开的时候，听到一个低沉而巨大的声音说：“是谁？竟敢偷采我的莲花！”

修行人环顾四面，什么也看不到，只好对着虚空问：“你是谁？怎么说莲花是你的呢？”“我是莲花池神，这森林里的莲花都是我的，枉费你是个修行人，偷采了我的莲花，心里起了贪念，不知道反省、检讨、惭愧，还敢问这莲花是不是我的！”空中的声音说。

修行人的内心升起了深深的惭愧，就对着空中顶礼忏悔：“莲花池神！我知道自己错了，从今以后痛改前非，绝对不会贪取任何不属于自己的东西。”

修行人正在惭愧忏悔的时候，有一个人走到池边，自古自语：“看！这莲花开得多美，我该采去山下贩卖，卖点钱，看能不能把昨天赌博输的钱赢回来！”那人说着就跳进莲花池，踩过来踩过去，把整池的莲花摘个精光，莲叶全被践踏得不成样子，池底的污泥也翻了起来。然后，他抱着一大束莲花，大笑着扬长而去了。

修行人期待着莲花池神会现身制止，斥责或处罚那摘莲花的人，但是池畔一片静默。

他满心疑惑地对着虚空问道："莲花池神呀！我只不过谦卑虔诚的采了一朵莲花，你就严厉的斥责我，刚刚那个人采了所有的莲花，毁了整个莲花池，你为何一句话也不说呢？"

莲花池神说："你本来是修行人，就像一区白布，一点点的污点就很明显，所以我才提醒你，赶紧去污浊的地方，回复纯净。那个人本来是个思恶棍，就像一块抹布，在脏再黑他也无所谓，我也帮不上他的忙，只能任他自己去承受恶业，所以才保持沉取。你不要埋怨，应该欢喜，你有缺点还能被人看见，看见了还愿意纠正教导你，表示你的布还很白，值得清洗，这是值得庆幸的事呀！"

修行人顿时醒悟了，他连忙向莲花池神道谢，再次感谢他帮助自己修行，让自己保持纯净的本性。

朋友那些逆耳的忠言，可以帮你更加清楚地认识自己、完善自己、提升自己。口蜜腹剑，生活中的赞美的声音并不一定是发自赞美人的内心，那些敢于当面指出你缺点的人，才是你生命中的贵人。

奥斯特洛夫斯基曾经说过："所谓友谊，首先是诚恳，是批评同志的错误。"陈毅同志也曾经写过这样两句诗："难得是诤友，当面敢批评。"那些敢于指出你的错误或缺点，敢于当面批评你的人，便是你这一生的诤友。诤友像一面镜子，让你更清楚地看清自己身上的不足。

乔治·罗纳曾在维也纳当过多年律师，第二次世界大战期间，他逃到瑞典，变得一文不名，急切地需要一份工作。他能说能写几国的语言，希望能在一些进出口公司找到一份秘书的工作。但是，绝大多数公司都回信告诉他，因为正在打仗，他们不需要这类人才。不过他们会把他的名字存在档案里……

在这些回信中，有一封信这样写道："你完全没有了解我们的生意。你又蠢又笨，我根本不需要什么替我写信的秘书。即使需要，也不会请这样一个连瑞典文也写不好，信里全是错字的人。乔治·罗纳看这封信时，气得发疯。他也写了一封信，想气气那个人。但他冷静下来对自己说："等等！我怎么知道这个人说得不对呢？瑞典文毕竟不是自己的母语。如果真是如此，想要得到一份工作，就必须不断努力学习。他用难听的话来表达他的意见，并不意味着我没有错误。因此，我应该写封信感谢他才对。"

于是，他重新写了一封感谢信："你写信给我，我实在是感激不尽，尤其是在你并不需要秘书的情况下。我对自己将贵公司的业务弄错一事表示歉意。之所以给你回信，是因为听他人介绍，说你是这个行业的领导人物。我的信上有很多文法上的错误，而自己却无法自知，我备感惭愧，而且十分难过。现在，我计划加倍努力去学瑞典文，改正自己的错误，谢谢你帮助我不断地进步。"

不久，乔治·罗纳就收到那个人的回信，并且给了他一份工作，两人还成为很好的朋友。

缺点和错误是一个人成功的天敌，而诤友的作用便在于帮你指出缺点，并引起你的警觉。只给你鲜花和掌声的朋友，是你的普通朋友；给你提出中肯的意见和建议的朋友，才是你的诤友。所以，我们要善待诤友提出的批评的意见。如果不能善待诤友的批评，那么你就永远不能发现自己身上的缺点，永远无法改正，也就无法获得成功。

千万不要把诤友善意的批评当成是对你的攻击，也不要把诤友的意见当成是给自己难堪。拒绝了诤友的批评，你便是为自己关上了成功的大门。

两个苹果

每次看到苹果，我总会情不自禁地想起安娜。

安娜是从澳大利亚过来的留学生，我们相识在英语社团，那是我最为狼狈的时光。处了三年的男朋友突然和好朋友在一起了，当这种滥俗的剧情在我生活中上演时，我整个人都崩溃了。长期的伤感、熬夜、暴饮暴食让我看起来黯淡、虚弱、邋遢。

我忘记自己和安娜是怎样吵起来的，我只记得，那次英语角的主题是友情，安娜不谙世事地在台上说着，友谊是世间最纯洁无瑕的情感。这句话激怒了我，挑起了我脆弱的神经。

那次争论过后，安娜就“缠”上我了。她一心想着要感化我，要让我重新找回内心的爱与光明。为此，她把自己标榜为来拯救我的人，时常提前去图书馆给我占位子，茶余饭后陪我聊天，偶尔还做点小手工送给我……她这样“愚蠢”的举止坚持了一整年。不知不觉，我和她成了朋友，常常结伴而行。

同在一个学校，狭路相逢不可避免。有一次，我与安娜竟然和他们碰上了，转角的街头，躲也不是，打招呼也不是，我们都很尴尬。倒是安娜，拉起我的手大大方方地走到他们面前，说了句：“常听小蒙提到你们。”我傻眼了，不自觉地说了声：“好久不见。”他们很是惊讶的样子，随即向我道歉。那天，我们四个人一起去吃了顿饭，聊到很晚。我很惊讶自己竟能这样淡然地面对他们，所谓的爱，所谓的恨，似乎都随时间淡化了。

那晚我和安娜看了很久的星星，感慨万千。安娜常和我说：“他离开你，总好过骗你。”我之前不以为然，现在才真正觉得这话有道理，如果一段感情不能走下去了，拖得越久就伤得越深。这样想来，他们的坦白，反倒是对我的恩赐。这种宽容，是安娜教会我的，让我受益匪浅。

看着漫天星光，安娜给我讲了个故事：“上天不相信人间的友谊，就做了个实验。他让两个好朋友穿过沙漠，说，你们会遇到一棵苹果树，树上结了两个苹果，得到大苹果的人才能活下去。两个好朋友为了向上帝证明友谊的存在，便

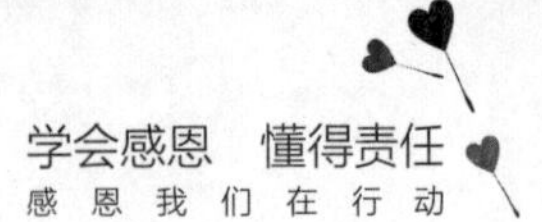

踏上了去沙漠的路。走了三天三夜，就在他们疲惫不堪时，果然看到了一棵苹果树，树上结着两个苹果，一小一大，他们看了对方一眼，安心地躺在树下，睡着了，谁也没想着去碰那个苹果。但是到了第二天，其中一个醒来，发现好朋友已经不见了，苹果树上，只剩下一个小小的、干瘪的苹果，当时他伤心极了，心里咒骂着友谊的虚伪，但当他走到半路上，他看见了自己的朋友，朋友已经死在了黄沙之中，他的手上，却拿着一个更小的苹果。”

她说，苹果是友情的象征，只要人心里相信友谊的纯真与伟大，就能收获到最美的幸福。那晚上，我们一个人吃了两个苹果，还约定着，以后每次吵了架，错的那方只要送一个苹果，另一方就必须原谅。

我至今还记得那片飘着苹果香的星空，我和安娜用真诚的友谊，见证了两个苹果的故事寓意。虽然安娜已经回国，我们天各一方，但我们的友情却从不曾褪色。

张仪和苏秦

张仪是战国时魏国贵族的后代。秦惠文君时任秦相，被封武信君。他执政时迫使魏国献上郡，帮助秦惠文君称王，游说各国服从秦国，瓦解齐、楚联盟，夺取楚汉中之地。苏秦是战国东都洛阳(今河南洛阳)人，奉燕昭王之命入齐，从事反间活动，使齐疲于对外战争，以便攻齐复仇。齐湣王末年被任为齐相。秦昭王约齐湣王并称东西帝，他劝说齐王取消帝号，和赵国李兑一起约五国攻秦，赵封他为武安君。

张仪和苏秦两人曾在鬼谷子门下共同钻研过游说之术。从那时起苏秦就认为张仪本领比自己大，始终保持着一种虔诚的敬意。学成以后，两人各自寻找展现才华的机会。张仪首先到楚国游说，在与楚王共饮交谈的时候，因楚王丢失了一块玉璧，楚王手下人怀疑是他偷了，并对他进行拷打。张仪受到羞辱，愤然离开了楚国。当落魄的张仪徘徊于十字街头之时，身挂六国相印的苏秦却已是春风得意了。他游说赵国与各国缔结合纵之策，共同抗秦，已经成功。但要巩固这一成果，并不是一件容易的事。他想张仪如果能在秦国掌握权力，事情就好办得多。怎样能促使张仪进入秦国的政治集团呢？这得靠自己运筹帷幄了。

苏秦懂得一个深奥的道理，人与人之间如果没有对抗和竞争，就不能激发富有创造性的潜力和才华。人的思想只能在斗争中成熟，精神只能在竞争中升华，道德只能在竞争中臻于高尚，人格也只能在竞争中完善。如果没有人与张仪对抗，他便会消沉下去，难以腾飞。国与国之间没有对抗，就会失去防范；合纵连横之术没有对抗，同样也会失去存在的意义。如果帮助处于潦倒中的张仪去任秦相，那将是一件具有深刻意义的大事。苏秦这样想着、筹划着，也在暗暗地行动着。

“士可杀，不可侮”，是任何一个具有高尚气节者的共性。张仪就是具有这种性格的人。一天，一个交往不多的人来见张仪并劝他道：“你的老同学苏秦，挂六国相印，周游列国，上马金，下马银，是何等威风！你为什么不求助于他呢？只要他肯帮忙，你的理想又何难实现？”尽管求学于鬼谷子门下时，张仪自我感觉并不比苏秦差，但机遇不佳，官运难通，他不得不走求助于人的这条路。

这一天，满怀希望的张仪，拖着疲惫的身躯来到金碧辉煌的苏秦相府，递上书札，请求接见。不料苏秦找借口不答应马上接见，且布置手下设法拖住，不让他离去。这样推三阻四，一连几天把张仪折腾得火冒三丈，恨得咬牙切齿，连声咒骂，便打算一走了之。苏秦见张仪火升上来了，才安排和他见面，赏给他与奴仆一样的饭菜，还连连责怪道：“凭你的才能不应该潦倒到这个地步。本来我可以说几句好话，使你获得富贵，但又觉得你不值得我这样做。你今天这个模样来见我，难道不觉得有辱师门吗？”苏秦说罢这几句话，便扬长而去。

张仪受到这番奚落，烈火中烧，愤然离开苏府。他思前想后，感到只有秦国才能困扰赵国，便下决心一定要进入秦国的政治集团，不然，这口恶气是永远也咽不下去的。

饱受凌辱的张仪，经过一番痛苦的思索后，终于怀着激越的心情踏上了西去咸阳的征途。然而，此时囊中空乏，不免忍饥挨饿。幸好路上遇到了几个好心人，对他照顾得十分周到。他们一起乘车、骑马，一起餐宿，好心人还为他付款垫钱，十分慷慨，几乎成了一家人。这事令张仪感激万分，心想：世上还是好人多啊！苏秦啊，你何其情薄？张仪啊，你又何其幸也！

经过一番努力，张仪终于取得了秦惠文君的信任，成了秦国的客卿。惠文君常与他促膝谈心，共同商讨进攻各国的大事。他也一再表示要帮助秦惠文君称王。这时他在秦国的政坛上稳稳地站住了脚，但一路随他到咸阳来的几个伙伴突然来向他辞行。他疑惑不解地问：“在我最艰难的时候，是你们几个陌生人帮助了我，为什么在我命运好转的时候，却要离开我呢？”这时同行的几个人才向张仪吐露实情，告诉他这一切都是苏秦的精心安排，苏秦这样做是担心秦国进攻赵国，破坏他为之奔走游说的合纵部署。这时张仪才如梦初醒。苏秦知道张仪是天下奇才，是最能掌握秦国政权的能人，由于出身卑微，无人引荐，一时陷于潦倒的境地，一旦时机成熟，就会干出一番轰轰烈烈的事业来。为了不让小利淹没了大才，苏秦才设法激励他到秦国去施展抱负。这时张仪感慨万分地说：“这本是我们两人共同钻研过的‘权谋’之术，为什么我一点也没有觉察到呢？看来苏秦比我明智得多啊！”这时他的恨意早已消失得无影无踪，唯有那“同窗好友”之谊填满胸际。

苏秦死后，张仪虽然破坏了苏秦合纵事业的基础，但这是出于政治形势的需要，而在苏秦生前，张仪始终没有改变自己的诺言。这正是“惺惺惜惺惺，英雄爱英雄”的表现。正是这种互相尊重和对抗，他俩的才华才得到了充分的展示，友谊也在这种竞争和对抗中得到了巩固。

第二节　一块电子表

同桌的你

很早以前就认识了小茜，她是我第一个好朋友。我们是同桌，我们两个很谈得来，性格也很像。那时大家都很小，天真、幼稚。我们喜欢坐在梧桐树下，背对着背，闭着眼睛，仔细去闻那梧桐雨的芬芳，感受着友情的甜蜜。

我俩形影不离，彼此珍惜着这份甜蜜，不时也会搞点恶作剧。两个弱女子，并肩作战，竟然将一个男生弄得苦不堪言，那是何等的自豪。

假期是一段难熬的日子。暑假过后，终于开学了。我兴冲冲地小跑到学校，心里想象着相见时的快乐。或许是我来得太早了，教室里还显得空荡荡的，我坐在自己的位置上高兴地迎接每一位同学，盼望着那个熟悉的身影出现。

时间慢慢消逝，教室里的同学都一个个地来了。可是小茜呢？在哪里？不来了吗？还是来了又走了？我一个人在心里嘀咕。

我没有走，我相信她会来的。我一个人在那里等着，却迟迟不见她的身影。为什么？“还不走吗？”老师亲切地问我。“哦，我还想再待一会儿。”“那你早点回家，免得家人担心啊！”“嗯。”我小声地回答着老师的问话。老师走了，教室里就我一个人，我突然感到好寂寞。

不久，老师又回来了，身后好像还有一个人。难道是……是小茜的奶奶来了，我一下热情高涨，跑过去问：“奶奶，小茜呢？”“哦，她在家里，她要转学了，在收拾东西呢。”突然，好像晴天霹雳，我似乎觉得冬天来了，可是外面却骄阳正盛。我一个人待在那里。“小茜的桌子是哪一张？”突然有一只大手拍打着我的肩膀。我的手指向那张熟悉的桌子。就在那张桌子周围，有我们的欢笑与泪水。

走出教室，天空中骄阳似火，灼烧着我的心脏。

小茜走了，留下我一个人在寂寞里歌唱，我哭了。

后来，我的同桌换了。是一个大方、开朗、活泼的女孩子，她的开朗和我的腼腆形成了鲜明的对比。我上课不敢举手，她说："勇敢点，我看着你呢！我为你加油！"她的鼓舞是我的动力，我克服了那胆小的毛病。每天，她举手后都会说："该你了，加油。"然后，我举起手，慢慢站起来，吞吞吐吐地回答了问题，心里却是很高兴。"你好棒！"她说。然后我们微微一笑。这个女孩子，很好。

我们成了好朋友，她的名字叫梦梦。一个狂风大作的雨天，雨下得很大。我们没有带伞，就搀扶着对方，一起走着艰难的路。不时，风会加大，我们娇弱的身体怎么能阻挡，只好躲在角落里等风儿来同情我们这两个可怜的孩子。在风里，我们感受着风吹雨打的痛苦。她说："别怕，一会儿就会好的，再等等。"其实我知道，她也快挺不住了，她那在风里颤抖的身影，印在了我的脑海。

"冷吗？"她问我。"不啊！我的身体好着呢！"我勉强地笑着。我怎么可以让她知道我很冷呢。"啊——啊嚏——"响亮的喷嚏从我的嘴里打了出来。"还说不冷，快，把我的外套穿上吧！"她带着命令的口吻说。"可是……"她什么也不想就直接将衣服套在了我的身上。一下子，我暖和了，这种温暖的感觉是特别的，让我感觉好像风雨都停了，天空中的太阳暖洋洋的，还有那美丽的彩虹……

雨终于停了，我俩回了家。

后来，她病了，是因为我而病的。我恨我自己为什么要打那个响亮的喷嚏，怎么可以让她忍受刺骨的寒风，又怎么能心安理得地穿上她的外套，还因觉得温暖而不想脱下？我是怎么了，我怎么能这么自私，怎么能让我的好朋友去忍受折磨？我来到了梦梦的家里，看见她那憔悴的脸庞，那病恹恹的身体，我哭了。“对不起，我……”“没事，我好得很呢，我马上就能陪你玩了。别哭！”

梦梦啊，我的好伙伴！毕业了，梦梦，陪我6年的梦梦，最终还是选择了离开，留我一个人在曾经携手走过的石板小路上徘徊。我又哭了。现在，我的同桌还是不停地变换，可唯有过去那些曾让我流泪的往事，才是我一辈子的怀念。

一块电子表

在我枕头下，至今仍珍藏着一块电子表，每次看到它，往事一幕幕，便浮现眼帘。

初中时，电子表很流行，一块块五彩缤纷的电子表在同学们手腕上，闪闪发光，尤其是同桌小雅的那一块，好看极了。那是一块宝蓝色的电子表，表链上镶着一颗颗洁白的小水晶。我真想拥有这样一块表。但是，看着妈妈因操劳而两鬓斑白的头发，我知道一个几十元的电子表，对我的家境而言，是一种奢望。可想要一块电子表的愿望，还是深深地埋在了我心里。只要遇到一个机会，便会破土而出。

那是第六节课下课，我们都急匆匆地跑去食堂吃饭，跑到中途，我发现自己没带饭票，便返回教室去拿。教室里静悄悄的，只有两三个同学伏在课桌上打瞌睡，我一眼就看到了静静地躺在小雅课桌里的电子表，我顿了顿，拿起来，戴到了手上。多好看啊，我在心里赞叹着。忽然，一个邪恶的声音在我脑海里出现了，“带走它吧，反正没人知道。”可能是想要拥有一块电子表的欲望太强烈了吧，我鬼使神差地拿起那块表，飞快地奔到了宿舍，藏到了带锁的抽屉里。为了避免被怀疑，又飞快地奔到食堂，打好饭，故作镇静地和大家一起吃着，说着话儿。看着吃得正香的小雅，我心里内疚极了，但一想到我拥有了那块表，又有种隐隐的兴奋冒上来。回到教室时，我坐立不安，生怕小雅发现她丢了表。可是，她怎么可能发现不了呢？果然，没过多久，小雅站起来，大声喊道："哎呀，我的电子表不见啦。"顿时，所有同学的目光都聚焦在我们这里，我心虚极了，却极力地装作焦急的样子，和大家一起四处寻找。上晚自习时，小雅把丢表的事情告诉了老师，老师生气极了，严令说一定要抓出小偷，这让我更加紧张，越发不敢认错。我怕以后大家都戴着有色眼镜看我，怕好朋友们从此都远离我、鄙视我。

搜过教室之后，老师提出，趁着小偷还没来得及回宿舍，马上去宿舍搜，我急得眼泪都快掉下来了。如果去宿舍搜的话，只要打开抽屉，那可爱的表就会出现在大家面前了。我似乎已经看到大家围在我的抽屉边，用鄙视的眼神看着我，边指着我边责骂着："小偷""小偷……"我的心更沉重了，整张脸绷得紧紧的，再也装不出一丝镇定。就在老师准备带大家前往宿舍时，小雅忽然站起来说，她的表找到了，放在书包里边的口袋里了。大家一片唏嘘，老师也生气地责备她说，以后要把东西放好，别再让大家担心，耽误大家的学习时间。我松了一口气，但心里却疑惑极了，那块表明明就在我的抽屉。我转头看看坐在身边的小雅，她正埋头看书，这一刻，我多为自己感到羞愧啊。

晚上，等大家都睡着了，我偷偷起身，打开抽屉，看见那块表还静静地躺在里边，我心里的大石头落了地。暗暗地，我下定决心，一定要偷偷地把表放回小雅的书桌。令我惊讶的是，第二天，小雅居然戴了一块一模一样的电子表来到学校，这像是一个谜，我百思不得其解。怀揣着手里的表，我始终没有勇气拿出来给小雅，我想，就让这一切成为秘密吧。但心里的这个秘密却让我从此不敢和小雅在一起玩了，每次看到她，我就觉得羞愧极了。

直到几年前的同学聚会，我再次坐在了小雅的旁边。看着小雅幸福的笑容，我终于忍不住，把埋藏多年的秘密告诉了她，并恳求她的原谅。小雅却一点都不惊讶，她淡然地笑着，说："其实我早就知道了，隔壁班的珠珠看到你了，我让她守住秘密，因为我们之间的友谊，不能因为一块表而破坏。"那一刻，我泪流满面。

小雅用一颗包容的心，为我保留了一份小小的尊严，给了我一次改过的机会。这件事点亮了我曾经阴暗晦涩的心灵，让我深深意识到了实实在在做人，不仅是对自己负责任，更是对友情的感恩。

永远的柚子树

一别三十年，强强家门口的柚子树，还是那么郁郁葱葱。几个少年在树下数时光的日子，似乎就在昨天。

我和强强是邻居，也是玩伴。镇上的每一户人家，都有自己的独立小院，我们住的那条街，大多数人家都用水泥把院子铺得光洁平整。只有强强家的小院，长着花花草草，散发着泥土的气息，还有一棵又高又大的柚子树。强强家的小院成了我们的乐园，那里留下了我们许多纯真美好的回忆。

那时我们的学习任务繁重，作业像是一个重重的蜗牛壳，压得我们喘不过气。可淘气的我们却总能从家长眼皮底下溜出来，躲在柚子树上，贪婪地读着故事书。偶尔，我们的斗智斗勇会输给家长，免不了一顿责骂，我们却依然乐此不疲。

无论春夏秋冬如何更替，柚子树总是青青翠翠。我常常会仰着头问强强："树木大都春天冒嫩芽，夏天绿油油，秋天黄灿灿，冬天光秃秃，为什么柚子树没有四季变化呢？"强强总爱挠挠头说："可能是它已经成仙了，所以长生不老了吧。”我便会眨巴着大眼睛，敲敲树干，又问：“它多大了？”强强总会说：“我爷爷说，从他有记忆起，这棵树就已经是这样子了。”这样的对话一遍遍重复，却从不让彼此觉得厌烦。偶尔故事书读腻了，强强会想着法子逗我玩。有一天，强强突然唱起了“池塘边的秋千上，只有蝴蝶停在上边”，我鼓掌叫好，他忽然问我：“想不想荡秋千？”我欣喜地点头。强强从屋里拿出一根很粗的麻绳，可我们两个不到十岁的少年，要想把绳子攀上高高的树枝，简直是太难了，但又不想请家长帮忙，因为要是家长知道了，我们会被拽回去的。

苦思冥想之后，我们决定采用叠罗汉的办法。他执意要我这小胖子站在他肩膀上，说男孩子的天职就是不让女孩子吃苦，我感动极了。尽管我心里顾虑很多，可对荡秋千的渴望还是战胜了这些担忧。我能感觉到，他颤颤巍巍地站了起来，奇怪，我竟一点也不担心自己会摔，也许是长久以来，我们的友谊已经升华到互相信任这一层了。我记得很清楚，直到他踮起脚尖，我仍然碰不到树枝，我索性就从他肩上站到了他脑袋上，把绳子用力一甩，总算是成功了。也许是我身体摇晃幅度太大，他一个踉跄，直把我从头顶抛了下来，我的额头正好碰到板凳上，霎时一阵剧痛，起了好大一个包。他急忙跑过来，一边轻轻揉着我的额角，一边问我疼不疼，我却两眼放光地盯着秋千绳，高兴地喊着：“以后，我们就可以荡秋千啦！”看着我这副狼狈又开心的模样，他也忍俊不禁了。我们把绳子打好结，固定了一个板凳在上，秋千就做好了。我正要坐上去，他拉住我，说：“我先来。”我还在为他和我争而生气，只听哐当一声，板凳和他一起掉了下来，这下我才明白，他是想先试试秋千牢不牢靠。试了又调整，调整了又试，来来回回好几遍，直到他坐在秋千上稳稳地荡了好几个回合，才放心地把我扶上去。

几缕阳光透过树叶间的缝隙，絮絮绵绵地洒在树荫下，两个少年在带柚子叶清香的微风中荡着秋千，这是多美的画面啊。久而久之，绳索与树干接触的地方，树叶明显稀疏了好多，我想，如果我飞到高空，一定能看见被磨得光光的树皮了。

到了秋天，柚子树结果子了，我和强强会花上一整个晚上的时间，拿着竹竿打柚子，然后并肩坐在秋千架下，直到吃得牙齿发酸，可心里却甜蜜极了。

后来，我升入了初中，要随爸妈去外地，才依依不舍地离开了这个地方，离开了柚子树，离开了我最好的朋友。

多少年过去了，我失去了强强的消息。不知现在的他，是否幸福快乐，是否偶尔来过这方土地，是否忆起过那段天真烂漫的年华?

如今，树干上的秋千架不见踪影了，记忆中的少年也各奔东西，唯有这百年不变的柚子树，似乎在等待着什么……

把感恩刻在石头上

有这样一个故事:

二战期间，一支部队在森林中与敌军相遇并发生激战，其中的两名战士与部队失去了联系。他们是来自同一个小镇的战友。两人在森林中艰难跋涉，互相鼓励、安慰。十多天过去了，他们仍未与部队联系上，不过幸运的是，他们打死了一只鹿，依靠鹿肉又可以艰难度过几日了。可能是因战争的缘故，动物四散奔逃或被杀光，这以后他们再也没碰到任何动物。仅剩下的一些鹿肉，背在年轻战士的身上。

这一天，他们在森林中遇到了敌人，经过再一次激战，两人巧妙地避开了敌人。就在他们自以为已安全时，只听到一声枪响，走在前面的年轻战士中了一枪，幸运的是子弹打到了肩膀上。后面的战友惶恐地跑了过来，他害怕得语无伦次，抱起战友的身体泪流不止，赶忙把自己的衬衣撕下来包扎战友的伤口。

晚上，未受伤的战士一直叨念着母亲，两眼直勾勾的。他们都以为他们的生命即将结束，都想把生还的机会留给对方，身边的鹿肉谁也没动。天知道他们怎么过的那一夜。

第二天，部队救出了他们。时隔三十年，那位受伤的战士安德森说："我知道谁开的那一枪，他就是我的战友。他去年去世了。在他抱住我时，我碰到了他发热的枪管，但当晚我就宽恕了他。我知道他想独吞我身上带的鹿肉活下来，但我也知道他活下来是为了他的母亲。此后三十年，我装着根本不知道此事，也从不提及。战争太残酷了，他母亲还是没有等到他回来。回来后，我和他一起祭奠了老人家。他跪下来，请求我原谅他，我没让他说下去。我们又做了二十几年的朋友，我没有理由不宽恕他。"

我想能做到这么宽容的人，必定是有一种非凡的气度和宽广的胸怀。因为一个人能容忍别人的固执己见、自以为是、傲慢无礼、狂妄无知，却很难容忍别人对自己的恶意诽谤和致命的伤害。但故事中的主人公却能以德报怨，把伤害留给自己，让自己的战友获得良心上的安宁，这大概已经到了宽容的至高境界。

宽容是一种美，就像天空容忍了雷电风暴一时的肆虐，才有了风和日丽；大海容纳了惊涛骇浪一时的猖獗，才有了浩渺无垠；森林忍耐了弱肉强食一时的规律，才有了郁郁葱葱。"泰山不辞抔土，方能成其高；江河不择细流，方能成其大。"宽容是壁立千仞的泰山，是容纳百川的江河湖海，感谢朋友对自己的宽容吧，那是朋友对自己的一种无言关怀，是对两个人友情的一种珍惜。

有一个阿拉伯传说，有两个朋友在沙漠中旅行，在旅途中他们吵架了，其中一人还给了另外一人一记耳光。被打的人觉得受辱，一言不发，在沙子上写下："今天我的好朋友打了我一巴掌。"他们继续往前走。直到到了肥沃的田野，他们决定停下。可是，被打巴掌的那位不小心掉进水里差点淹死，幸好被朋友救了起来。被救起后，他拿了一把小剑在石头上刻了：“今天我的好朋友救了我一命。”一旁的朋友好奇地问道：“为什么我打了你以后你要写在沙子上，而现在却要刻在石头上呢？”

另一个人笑了笑回答说：“当被一个朋友伤害时要写在易忘的地方，风会负责抹去它；相反，如果被帮助了，我们要把它刻在内心的深处，那里任何风都不能抹灭它。”在日常生活中，就算最要好的朋友也难免会有摩擦，我们也许会因这些摩擦而分开。但每当夜深人静时，我们仰望星空，总会想到过去的美好回忆。与朋友相处时的那些伤害往往是无心的，帮助却是真心的，我们应该学会忘记那些无心的伤害，铭记朋友对我们真心的帮助，在学会宽容的同时，我们会发现这世上有很多真心的朋友。

千里共明月

16岁那年，我背着一包简简单单的行囊，带着家人的殷殷嘱咐，生平第一次离开家乡到数千里之遥的另一个省份去读书。

那时家里的情况很糟。母亲患病长时间住在医院里，父亲是一个普通工人，又要上班，又要照看着家，实在抽不出身，便把我托给同县一个和我考入同一所学校的考生的家长。请他把我也一并送到学校。

因为家里境况的原因，我的情绪很低落，再加上离开了家，我便常常觉得孤独，以至于在本属花季的年龄里我的脸上很少有过笑容。

开学后大约一个月就到了中秋节，为了让学生能够回家过节，学校决定中秋节放七天假。假日开始时，远的近的学生都踏上了回家的路，而我则决定留在学校。我已经在信中告诉父亲中秋节不回家了，一来是因为往返需要数百元的车费，家里条件不宽裕，数百元钱不是一个小数目；二来回家也并不能因节日的气氛而使心灵有所欢愉，面对神智失常的母亲我只会感觉到心灵的负荷更加沉重。在同学们都回家之后，往日无比喧闹的校园立刻就安静下来，空荡荡的难得见到一个人影。这个时候我的情绪更加低落，于是每天看一看书，或者就是一个人到学校外的街上游荡。

随着节日的临近，我心里的愁绪也愈加地深积起来。在中秋节的前一天，我从街上游荡归来时，看到传达室门口的小黑板上写着有我的信，于是我顺便把信取出，看了一眼地址，我便知道信是谁写来的了。就在我准备拆阅的时候，忽然发现信封背面写着一行字——请一定留到中秋节之夜月亮出来时再拆。写信的人是我在家乡亲密得无话不说的好伙伴。他家与我家相邻，他和我又是多年的同学，只不过这一次他在省内的一所学校上学，不像我这么遥远。不过我们一直互通书信，就在两个星期前，他还在信中告诉我中秋节他要回家，而我也告诉他我不回去。这封信一定是他在学校时就写好的，我留意过，信从寄出到对方收到，一共需要六天时间，六天前他肯定还在学校里。只是不知他这次在弄什么玄虚，竟要我在中秋月亮出来时再看信。不过我还是照着做了，不就是等上一天么？

第二天，中秋节到了，我感觉到处处都洋溢着一种欢乐的节目气氛。这是一个万家团圆的日子，我却在这样的日子里心里越发地难受起来。我感觉到嗓子里憋着一股想哭的冲动，自己似乎被紧紧地包裹在一片令人窒息的阴影里。终于，天黑下来了，月亮从天边升起来，又圆又大，像一片莹白的薄玉在天空里轻盈地飘移。

我在月光下的校园里找了一个角落坐下来，拆开那封信。信里说：“我知道这是你第一次不在家里过中秋节，而且你的心情也一定很坏，尤其是在月亮最圆的时候。不过，此时此刻，在千里之外，有我在家乡的月光下陪伴着你，把所有的烦恼都抛开，看一看天空的月亮吧。要知道，如此皎洁的月色，每年只有一次……”

那一刻，我热泪盈眶，虽然相隔千里，但这位知心的朋友借一轮明月温暖了我的心灵。他以一种别出心裁的方式，使我觉得自己并不孤独，也使我在温情中度过了一个原本不快乐的时刻。

高山流水

在武汉市汉阳区内，有一处万众瞩目的名胜古迹，名叫古琴台。琴台前有一条宽阔的马路，直通武汉长江大桥和江汉大桥。这是一座历尽沧桑、屡废屡兴而又富有神秘色彩的建筑物。这里也是一处旅游处所。每逢节假日，游人纷至沓来，十分热闹。这座还不能确切考证出具体建台时间的古琴台，为什么有如此大的魅力，吸引如此多的游人呢？因为这里曾有一段感人至深的友谊故事，并留下了一曲永放异彩的《高山流水》古琴曲。故事的主人公就是生活于春秋战国时期的俞伯牙和钟子期。

伯牙和钟子期都是当时的楚国人，大约生活于与屈原差不多的年代。那时，楚国政治腐败，奸臣当道，一批贤能之士或隐遁林泉，或跑到其他诸侯国去寻找施展才能的机会。于是，俞伯牙便来到了晋国，当了一名“楚材晋用”的大夫；而钟子期不愿与统治者同流合污，便避世遁隐，寄情于山水之间。

伯牙琴艺超群，他的琴声能令驾车的马听了，也会仰起头来静心聆听，可见高妙到了何等程度。

有一天，伯牙路过汉阳，架一叶扁舟，在月下鼓琴，正好钟子期从这里经过。琴声婉转悠扬，粗犷而柔美，简放而易行，似驰原的骏马在奔腾，似雄鹰在俯视大地，似猿猴在攀登高崖，似山风在摇动树枝，似探险者临高长啸。钟子期的思绪随着忽高忽低、忽急忽缓的琴音在驰骋，他感觉自己像攀缘在悬崖峭壁之间，有时又像跨越千山万壑，凌高望远，意境高昂。他连声称赞道：“美哉乎鼓琴，巍巍若太山！”

正在专心弹琴的伯牙不动声色，微闭双眼继续弹着，就像一尊凝重的根雕聚集全身心的智慧与精力于指尖。这时哗哗的琴声又转向了流水，时而涓涓滴滴，潺潺轻唱，如滚珠落盘；时而又如河水滚滚流淌，一浪盖过一浪，推挤而至；时而又如恶浪滔天，波涛汹涌，铺天盖地，虎啸狼嚎，汹涌而来。钟子期的思绪再一次随着缓慢的溪流而逐步转入急切昂扬的琴声中，他像涉过小溪，来到大河。他陶醉了，神往了，不由发出一声惊呼。

这惊呼声划破寂静的夜空，钻进俞伯牙的耳中，他心里一怔，琴声戛然而止了。因为听琴的人猜透了自己的心意，听出了自己所弹的内涵，总算遇到了“知音”，不禁喜上眉梢，便邀请钟子期彻夜长谈。在宁静夜晚，这对初识的朋友，探索了许多问题。自然，谈得最多的是音乐，是琴。他俩一致认为音乐是有声的诗，无形的画。它可以折射出大自然的无限风光和优美景色，可以用山的壮美来鼓舞雄心壮志，也可用江的澎湃来洗刷污浊。音乐是心灵的窗口，不仅可以抒发喜怒哀乐，还可把人引入广阔的精神空间。那诗化般的流动效果和无以名状的色彩，会形成一种扑朔迷离、肃穆、清静的仙佛意境，使浸淫于其间的人们，不由自主地归真向善，走向至美与自然，也会使长途跋涉的人，不再感到寂寞和劳累了。为此，他们相约于明年的此时此夜，再在这里相见，共邀明月，共赏佳音。钟子期也高兴地应允了，一曲《高山流水》把两个朋友的手牵了起来。

第二年的这一天，俞伯牙怀着无限企盼的心情，又来到了汉水之畔，等候知音的到来。然而，他左等右等，也不见钟子期的身影。他像礁石一样守候在汉水之滨，心潮起伏。心想：自己怀着美好的愿望来到这里，是为了这片宁静的蓝天，为了这相识的知音，为了能握手叙说心路历程，坦言生活的甘辛苦辣，抒发人生的感悟，激发对音乐的共鸣，引发对社会的关注和精神的升华……然而，为什么钟子期会负约呢？他百思不解。

经过再三打听，俞伯牙才知道钟子期已经离开人世了。他是何等的伤心啊，觉得自己的琴弹得再好，也没有人能听懂了。在万分难受的情况下，他便把相伴自己多年的琴摔破了，并发誓不再弹琴。于是，去年的“听琴”处，便成了今年的“摔琴”处。然而，这段“知音难觅”的故事与这段《高山流水》古曲，却永远流传了下来。后人为纪念这对心心相印的琴友，在当年听琴、摔琴的地方建起了古琴台。

古琴台屡废屡建充分证明我们的祖先是十分珍惜友谊的，也是热爱音乐喜听琴声的。像伯牙与子期这样的知音，是千古典范，是激励后人的榜样，又怎么会被时间磨灭呢？

第三节　温暖的冬夜

朋友的信任

有人说过，所谓幸福，就是要有一颗感恩的心，一个健康的身体，一分称心的工作，一味深爱你的爱人，和一群可以信赖的朋友。

朋友间需要的就是信任，因为信任是做朋友的基础，没有彼此之间的信任，就失去了做朋友的前提。信任也是打开我们心扉的一把钥匙，是一种弥足珍贵的东西，没有人能够用金钱买到，也没有人可以利用利诱和武力争取得到；它来自于一个人的灵魂深处，是活在灵魂里的清泉，可以挽救心灵，让心灵充满纯洁和自信。

公元前4世纪，在意大利，有一个名叫皮斯阿斯的年轻人触犯了国王，被判死刑。

皮斯阿斯是一个孝子，在临死之前，他希望能够与在远在百里之外的母亲见最后一面，以表达他对母亲的歉意，因为他不能为母亲养老送终了。他的这一要求被告知了国王，国王深感其诚孝，决定让皮斯阿斯回家与母亲见面，但条件是皮斯阿斯必须找到一个人来替他坐牢。只是一个看似简单其实近乎不可能实现的条件，有谁肯冒着被杀头的危险代替别人坐牢？这岂不是自寻死路？但茫茫人海，就是有人不怕死，他就是皮斯阿斯的朋友达蒙。

达蒙住进牢房以后，皮斯阿斯回家与母亲诀别。人们静静地看着事态的发展。日子如水，皮斯阿斯一去不回头。眼看刑期在即，皮斯阿斯也没有回来的迹象。人们一时间议论纷纷，都说达蒙上了皮斯阿斯的当。

行刑日是个雨天，当达蒙被押赴刑场之时，围观的人都在笑他的愚蠢，幸灾乐祸的大有人在。但刑车上的达蒙，不但面无惧色，反而有一种慷慨赴死的豪情。

追魂炮被点越了，绞索也已经挂在达蒙的脖子上。有胆小的人吓得紧闭了双眼，他们在内心深处为达蒙深深惋惜，并痛恨那个出卖朋友的小人皮斯阿斯。

但是，就在这千钧一发之际，在淋漓的风雨中，皮斯阿斯飞奔而来，他高喊着："我回来了！我回来了！"

这真是人世间最感人的一幕！大多数的人都以为自己在梦中，但事实不容怀疑。这个消息宛如长了翅膀，很快便传到了国王的耳中。国王听闻此言，也以为这是痴人说梦。

国王亲自赶到刑场，他要亲眼看一看自己优秀的子民。最终，国王万分喜悦地为皮斯阿斯松了绑，并免了他的死罪。

在日常生活中，一个人能被别人信任，那份心情的确会跟平时不一样。男人、女人，相识的、不相识的，当对方真诚地说出一句"我信任你"时，被信任者会有一种崇高的感觉在心中升腾，觉得自己受到他人的信任很光荣，内心很欣慰、很自豪，这是一种对人格的慰藉。于是，被信任者会像珍惜一份至高无上的荣誉一样珍惜他人对自己的信任。

达蒙即使被送上绞刑架，他也信任朋友皮斯阿斯；而皮斯阿斯惦记着朋友对自己的信任，所以才会在最后关头日夜兼程地赶回来。他们最终感动国王，使皮斯阿斯获得赦免。

我们可以把信任看作是一棵长在心里的常青树，站在这棵大树下，人的心灵被生命的绿意滋润着，感到心与心之间并没有遥远的距离，感觉彼此之间走得很近，这样可以使朋友间的友谊更为亲密和坚固！

杰克的圣诞柚子

杰克长着一头乱七八糟的褐色的头发和一双天使般明亮的蓝眼睛。杰克从记事开始就一直住在一所孤儿院里。那里只有10个孩子，杰克是其中之一。孤儿院的资源非常匮乏，唯一的经济来源就是艰难地、持续不断地向这个城市里的居民们发起的募捐活动。

孤儿院里的食物很少，不过，虽然孩子们平时总是饥一顿饱一顿的，但是每当圣诞节来临的时候，那里总是有比平时多一点的食物可以吃，孤儿们也比平常要居住得暖和些。这时候，孤儿院里总是笼罩着一种喜气洋洋的节日气氛。当然，最重要的是，这时候，那里有圣诞节的柚子！

圣诞节是一年中唯一一个提供精美食品的时候，每一个孩子都把圣诞节的柚子当作珍宝一样看待，好像在这个世界上，再也没有什么食物比它更好吃了。他们用手抚摸着它，感觉着它那又凉爽又光滑的表面，一边赞美它，一边慢慢地享受着它那酸甜的汁水。毫不夸张地说，这个柚子在孤儿们的眼中是圣诞之光。因此，可以想象得出，当杰克收到他的礼物时，他将会感到多么喜悦啊！

可是，在圣诞节的前一天，杰克不知在哪里不慎踩了一靴子的湿泥，而他自己一点也不知道。他从孤儿院的前门走进去，在新铺的地毯上留下了一长串带着湿泥痕迹的脚印。更糟糕的是，他甚至没有注意到这一点。等到他发现的时候，一切都太晚了。惩罚是不可避免的，而惩罚的方式却是出人意料而无情的：杰克将得不到他的圣诞柚子！这个圣诞柚子是他从他所居住的这个冷酷的世界里能够得到的唯一的一份礼物。但是，在盼望了整整一年后，他却将得不到它。

杰克含着眼泪恳求原谅，并且许诺以后再也不会把泥土带进孤儿院里来，但是没有用。他有一种无助的、被抛弃的感觉。那天夜里，杰克趴在他的枕头上哭了整整一夜。在圣诞节那天，他感觉内心空虚而孤独。他觉得别的孩子不希望和一个被处以这样一种残酷的惩罚的孩子在一起。也许，他们担心他会毁掉他们唯一一个快乐的日子；也许，他在心里猜想，之所以有一道鸿沟横在他和他的朋友之间，是因为他们害怕他会请求把他们的柚子分给他一点儿。那一整天，杰克一直待在楼上那冰凉的卧室里。他像一只受冻的小狗一样蜷缩在他唯一的一条毯子底下，可怜兮兮地读着一本关于一个家庭被放逐到荒岛上的故事书。只要杰克拥有一个真正关心他的家庭，他并不介意他的余生将在一个与世隔绝的荒岛上度过。

最糟的是，睡觉的时间到了，杰克却怎么也睡不着。他怎么说他的祈祷词呢？他在又凉又硬的地板上跪下来，轻轻地呜咽着，祈求上帝为他和像他一样的人们结束世间的一切苦难。当杰克从地板上站起来，爬回到他的床上时，一只柔软的手摸了摸他的肩膀。他吃了一惊。接着，一个东西被轻轻地放在了他的手上。然后，给他东西的那个人什么也没说，就悄无声息地离开了房间，把不知所措的杰克留在了黑暗里。杰克把手里的东西举到眼前，就着昏暗的灯光，他看到它好像是只柚子！不过，它不是一只光滑的、形状规则的普通柚子，而是一只非常特殊的柚子。在一个用柚皮碎片拼接在一起的柚壳里，有9片大小不一的柚子瓣儿。那是为杰克做成的一只完整的柚子！是孤儿院里的其他9个孩子从他们自己珍贵的几瓣柚子中每人捐出了一瓣，组成的一只完整的、送给杰克做圣诞礼物的柚子！那一刻，杰克泪如雨下。那是他收到的最美丽、最美味的一只圣诞柚子。

善意的阴谋

21世纪初，大都市，每月伙食费200元，也许这让你难以相信。

那时我还在念大学，由于家境贫寒，每月父母东拼西凑，好不容易从牙缝里省出200元，而且，这200元不会如期而至，每月我必须省出一些钱，以便月初不至于饿肚子。

同寝室的兄弟大多家庭殷实。平日里我很要强，无论是功课、社团，还是人际关系，我都很出色，这让我在兄弟之间树立了大哥的威信。可我这大哥，怎能放下尊严，在兄弟面前，暴露出我那可怜巴巴的伙食。于是，每次他们约我吃饭，我都会借故推辞，等他们吃完了，我才慢悠悠地出门，急匆匆地奔向食堂。

一份米饭加一份素菜，连女孩子吃都不饱，哪能填满我这一米八的汉子的肚子。每次吃完饭，我刚走出食堂，肚子就不争气地咕咕叫起来，我只能安慰自己“生于忧患，死于安乐”，然后深吸一口食堂飘来的香味儿，“大义凛然”地走向宿舍。

有一天，我正端着饭盆默默地走向属于我的一个角落，不知哪个冒失鬼从侧面猛地撞过来，饭盆和饭菜砰的一声，洒落一地。我正要发火，抬头一看，却是同寝室的宁子和小马在食堂里追赶着。我愣在原地，怒气渐渐散尽，只剩下尴尬。看着被打翻的饭盒，小马拍了拍宁子的肩，说：“还不去给人家买饭？”我急忙摆手拒绝，嘴里连说：“不用了，不用了。”宁子却已经拿起饭盒奔向打饭的窗口了。被室友打翻了饭，还要人家赔，这传出去，我的脸往哪儿搁。我急忙去追宁子，小马却拉住我，义正词严地说：“亲兄弟，明算账，该赔的还是得赔。”就在我和小马争执时，宁子已把饭端到我手里，笑了笑，便拉起小马跑了。

我无奈地看向饭盆，惊呆了，宁子给我装了满满的一盒饭，上面盖着宫保鸡丁、剁椒鱼头和鱼香肉丝。我兴奋得拿着筷子的手都在发抖，这是我这几个月来吃得最好的一顿。回到寝室后，我有些不好意思地看了一眼宁子，说："谢谢你请我吃饭。"宁子扮了个鬼脸回应我："下次端稳饭盆啊。"

但是三天后，这种事再次发生了，只不过，这次撞到我的人是小马。看着洒了一地的饭菜，宁子笑着说："不是让你端稳饭盆？"我气愤地喊道："你们还有理，追赶也该换个地吧。"小马开玩笑地说："看来，老天爷就是让你吃饭也不得安生。"然后，他便拿起我的饭盒跑了。我问宁子："饭后在食堂跑来跑去，你们觉得好玩吗？"宁子一本正经地说："饭后动一动，一生都安乐。"小马端回来的饭菜依然很丰盛。吃饱饭的感觉真的很好，老天还真是眷顾了我。

但在这样的事情三天一周期地发生四次之后，我开始怀疑了，小马和宁子简直把打翻饭盆的巧合变成了一种规律。由于忙着课题申报，我一直没有揭穿他们，课题申报成功那天，我得到了200元的奖金，便约着小马和宁子出来吃饭。

"轮到我请客。"我说。

宁子做出一副不置可否的模样，"AA制，我们打翻了你的饭，才被迫请客。"

"三天一次，轮着打翻我的饭，轮着请我吃好的，你们当我是笨蛋？"

他俩这才承认，这是一场阴谋。原来开学才一个月，他们就发现我有点不对劲。平时无论做什么，总是在一起的三兄弟，怎么就不能在一起吃饭？于是，宁子偷偷跟着我，发现了实情。他俩怕伤到我的自尊，才导演了这出戏。

"我们是真心想帮你。"他俩异口同声地说。此时此刻，除了感动的泪水，我还能说什么呢？

可贵的友谊

我们身边有很多种朋友，一种朋友就是在我们繁盛时蜂拥而至，分享荣誉、快乐、华服、美食；另一种朋友不会时常和我们在一起，在我们最灿烂的时候身边没有他，但落寞时不离不弃的脚步一定属于他。就像一首歌曲中唱到的那样：朋友，如果你正享受幸福，请你忘记我；如果你正承受不幸，请你告诉我……

有一个人，他手机里存了一条直到现在都舍不得删掉的短信，那是一句如果不明前因后果甚至会让人觉得更名其妙的话："需要资金吗，今天？我去给你送钱，三千够吗？"

发送短信的日期离现在已是三年了。三年前，他得了一场重病，停掉手里的一切工作，做手术，住院。那时他才换了工作不久，又刚交了半年的房租，住院押金加治疗所花费用，几乎立刻使他捉襟见肘。而他平时骄傲惯了，从不在朋友们面前诉苦，自以为没人看得出来。

就在用钱最紧张的时候，一个平时交往很好的朋友问他，"缺钱不？"他只当朋友是普通的客气，所以很随意地答："还好啦。"朋友又叮嘱说："如果真缺钱就告诉我啊！"

他笑着点头，却并没有认真地去记着朋友的话。

过了几天，他忽然收到朋友发来的短信："需要资金吗，今天？我去给你送钱，三千够吗？"他心里一亮，眼泪都快出来了。"朋友是认真的啊！认认真真的，实实在在的，想要帮助我。"朋友知道他不会主动开口，所以特别再发短信来问他。这应该就是所谓的患难之交吧！

友谊的最可贵之处不在锦上添花，而在雪中送炭。我们的生活中有很多这样的朋友。他们像一支拐杖，总是在我们走入泥泞道路的时候第一时间出现在我们手里，当我们失意时、痛苦时、受挫时、无助时，他们总是坚定地站在我们的身后，用同样柔弱的肩膀与我们一起承担，哪怕他们已经是穷困潦倒，但他们依然能安慰、体贴、关怀、抚慰我们，让我们心生感动，让我们备感温暖。

纪伯伦说：“你的朋友是你的有回应的需求，他是你用爱播种，用感谢收获的田地，他是你的饮食，也是你的火炉，当他静默的时候，你的心仍要倾听他的心。”当然，朋友的真正含义并不是物质的索取，而是精神上的皈依，但朋友一定是在困难的时候肝胆相照。

越战期间，越南一个村庄的学校被炸，有一个小女孩受了重伤，必须及时输血。负责抢救的一个越南护士和两个美军医生到处寻找血型相同的人，但都没能找到。这时候，小女孩由于失血过多，已经奄奄一息。

与小女孩一起的还有几个没有受伤的孩子，他们惊恐地看着担架上即将死去的小伙伴和束手无策的医生。突然，有一个男孩举起了手，小声说：“我愿意为她输血。”美军医生抱着试一试的想法，迅速给小男孩验了血型，正好与小女孩的血型相符。

于是，小男孩的血缓缓流进了小女孩的身体。他躺着，很紧张，眼睛恐惧地看着身旁渐渐恢复生机的小女孩，一声不吭。后来，他实在忍不住了，终于发出一声细低的呻吟。

美军医生安慰他，但他还是非常害怕，非常痛苦。越南护士给美军医生翻译了小男孩的话，原来，他害怕自己的血会被抽干，自己会死掉，这时候，美军医生不解地问：“那你为什么还愿意给她输血呢？”

小男孩依然小声地说：“因为她是我最好的朋友！”

这个关于友情的美丽故事让人很感动。小男孩认为自己一旦被抽血就会死亡，可他最终还是举起了手，因为小女孩是他最好的朋友，他甚至愿意用整个生命去帮助她。生死与共，需要勇气。当我们需要为了朋友付出巨大代价时，我们是否还能紧握朋友的手，一如既往？

真正的友情虽然不一定要用生死与共来证明，但它是一颗埋在内心的小小种子，既需要友情的浇灌而长大，也需要给予别人绿荫而成长。

有人送我一枝芦苇尖

因为友情，我们才能感受到人与人之间的温馨；因为友情，我们才能感受到做人的尊严和光荣。我们的内心仿佛是一本很厚很厚的书，只有那些和我们的心灵撞出了友情之火的人，才会愿意打开这本厚书仔细地阅读和细细地品味。也许，打开这本书的并不一定要是亲密的伙伴，一位陌路相逢的友人也可以在不经意间在我们的回忆里待上一辈子。

深夜的湿地公园，真是其乐融融。带着孩子玩耍的家长，陪着彼此散步的情侣，妆容精致的白领，三三两两，从我身边经过。

我算什么？一个毕业多年却一事无成的庸人。坐在池塘边的木栏杆上，我的心里一片怅惘，眼底写满了迷茫。叫我失意吧，没什么字眼能更贴切地道清我了。看着满池塘的芦苇，听着热闹的蛙鸣，心里却写满落寞和孤单。

曾经我也是那么意气风发，怀着满腔的热血，带着美丽的憧憬，准备编织绚烂的未来。但残酷的现实和流逝的岁月，却活生生地把春风满面的我，变得失意而惆怅。我轻叹一口气，垂下头。在外边，每天兢兢业业地工作，甚至无暇交朋友，每晚拖着疲惫的身体回家，连个说话的人都没有，我不知道自己的汗水是为什么而洒，也不知道梦想究竟丢在了哪里。

在我暗自神伤时，一个男孩坐在我旁边，在身前这片茂密的芦苇荡里，搜寻片刻，摘下一个芦苇尖，在我胳膊上轻轻刺了一下，说："送给你。"我惊讶地看着这陌生的男孩，心里一阵暗喜。在这陌生的城市，我第一次，被搭讪了，我接过那小小的芦苇尖，心情好了很多，嘴角也扬起一个微笑。

他看着远方的万家灯火，说："每次都看见你在这里发呆，很忧郁的样子。其实人生没有什么值得忧虑的，芦苇尖不显眼，不一样点缀了这整个池塘吗？任何东西都有它的价值。"他说出了这番很懂我的话，我只是垂下头，说："你哪能体味我的感受？"他拿起我的手，轻轻放在他的裤腿上，我的心猛地一震，诧异地看向他。他的裤腿里，没有丝毫肢体的温度与柔软，他竟然装着义肢！他像是一点也不在乎，轻描淡写地说："接受一切，想想自己还有的，什么都会明朗起来的。"我们没有再说一句话，只是肩并肩，静静地看着这片静谧的夜景。我不禁从心底里开始佩服他了，我也似乎看见了一个新的自己，青春正好，父母健在，能自力更生，心里还有小小的梦想，虽然梦很远，但只要努力，总有实现的可能……

我闻了闻手中的芦苇尖，轻轻说了句："真香啊！"

这枚小小的芦苇尖，一直夹在书桌的玻璃下，它时时让我想起那个夜晚，一个好心的男孩，用自己的释然，默默地鼓励了一个失意的女孩。

温暖的冬夜

16岁的大好年华，本是恣意享受青春的好时光，我却由于家贫，怀揣着老乡给的招工单位地址，只身一人来到了这陌生的城市。

刚下车，这个冰冷的城市就给了我一份"厚礼"：飞车贼抢走了我唯一的行李包，我的衣服、钱包甚至招工地址，都在包里。看着摩托车远去的背影，我无可奈何，伤心极了。眼看着天色已晚，我却连落脚的地儿也没有，只是迎着针刺般的寒风，在冰天雪地里游荡着。白天下过的一场雨逐渐在地面上结冰，铺满水泥的街道变得滑溜溜的，尽管我走得很小心，却还是一个踉跄摔倒在地。绝望充满了我的心，眼泪恣肆地流淌下来。风，在我耳边嘶鸣着，趁着最后一点力气，我支起身子，朝前边的一处暖黄色灯光走了过去。

我看见一家馄饨店，一个中年男人正用火钳挑着煤渣，想把煤火熄灭，看样子是准备打烊了。我的脚步声惊响了门口的风铃，中年男人转过头来，正好看见呆立在门口、衣衫单薄的我。他先是一怔，随即问我："吃馄饨？"屋里一阵热气扑面而来，我却摇了摇头，说外边太冷，只是想取一会儿暖，马上就走。就在我等着被拒绝时，他竟微笑了一下，搬了一把椅子放在炉边，说："我们店子不打烊的，你坐吧。"说完用火钳夹了两块新煤，放进了炉子里。我慢慢踱步过去，坐了下来，炉火像是棉被一样包裹着我，许久许久，身体才温暖起来。中年男人又从架子上的热水瓶里，倒了一杯热水，放在我面前，我忙说我不渴，他只是看看我，说了句："热水不要钱。"

这句话真刺耳，原来，无论我怎么掩饰，现在的我，确确实实就是个可怜虫，任何人都能一眼看出我的窘迫。想着想着，鼻子一酸，泪珠吧嗒吧嗒地掉下来。我真想马上离开这屋子，但寒冷竟逼迫得我不得不窝在这里。我埋下头，生怕让他看见我掉眼泪，但泪珠还是一颗一颗地掉进热气腾腾的杯子里，掉到我试图遮挡眼睛的手臂上，我努力地不去擦眼泪，装着镇定的样子，他装着什么也没看见，走到了里屋。

等他再出来时，我已擦干了眼泪。他端来一小锅馄饨，帮我盛了一碗，又端来两碟凉菜，说："陪我吃点吧。"我瞟了他一眼，心里开始怀疑起他的用意来。无事献殷勤，非奸即盗，他对我的好，有些莫名其妙。一个男人对一个深夜里流落街头的姑娘，莫名其妙地示好，肯定另有所图。反正我已是个一无所有的人，有什么好怕的。这样想着，反倒让我安下心来，拿起筷子，开始吃香喷喷的馄饨，边吃边想着若他和我搭讪，我该怎么回应。而他却一言不发，静静地喝着馄饨汤，偶尔夹几根凉菜放到嘴里。待我吃完，他收拾好碗筷，便走进了里屋。

一会儿，他抱出来一床毯子，放在我身边，说："我先进去了，你自己烤一会儿火吧。"说罢，他又走进了里屋。听着里屋传来的洗碗声，我的敌意和戒备渐渐地消失了。可能是太疲惫的缘故吧，我竟伏在桌子上睡着了。在梦里，迷迷糊糊地，我感觉到轻轻的脚步声从身后传来，有人把身边的毯子轻轻地披在了我身上……

天才蒙蒙亮，我醒了，抬起胳膊，却发现身上盖了一床毯子，我前面还放着两个面包和一个茶叶蛋。我揉揉眼睛，以为还是梦境，直到我用手触碰到它们，我才真正相信，这一切都是真的。周围静悄悄的，看来中年男人还在睡觉，我看着眼前的食物，心里挣扎极了，一边是自尊心，一边是难挨的饥饿，我该怎么办呢？最终，咕咕叫的肚子战胜了那点可怜的自尊心，我叠好毯子，留下了一张"谢谢"的字条，带着茶叶蛋和面包，离开了这家小店。

这天，我找到了一份工作。几年之后，我去找过那个小店，但它早已变成了一座高楼。

我时常想起那个小店，想起小店里那个善良的中年男人，他用一种不露痕迹的友善，维护了一个流浪街头的女孩的自尊。那是这南方小城多年来最寒冷的一个冬天，却也是我心底最温暖的一个冬天。

1. 总结出10条感恩朋友的名人名言。

2. 你最好的朋友是谁？你们之间有什么难忘的故事么？

3. 朋友如此珍贵，我们应该如何珍惜友谊？

第六篇

挫折，最可贵的财富

“天将降大任于斯人也，必先苦其心志，劳其筋骨，饿其体肤，空乏其身，行拂乱其所为，所以动心忍性，增益其所不能。”成长的道路，是一首充满色彩的曲子，有时平坦顺脚；有时却荆棘丛生；有时激荡高昂；有时悠适缓慢。挫折让胆怯的人，永远停留在无风的港湾，让他又不能感受心灵上的极大震撼；挫折让在风暴中搏击的人，迎来黎明的曙光，照耀那含苞欲放的成功之花；挫折让你我学会逆境重生，挫折过后留给我们的是成功的喜悦，挫折给予你我丰富的经验，深刻的教训和坚定的信心。感恩挫折，感恩人生路上最珍贵的财富。

第一节　给你一双袜子

有关挫折

挫折是我们的朋友

塞翁失马，焉知非福？碰到挫折，不要畏惧、厌恶，从某方面说，挫折对我们来说是一件历练意志的好事。唯有挫折与困境，才能使一个人变得坚强，变得无敌。

挫折不是我们的仇敌，它实际上却是我们的朋友。

挫折可以锻炼我们"克服困难"的种种能力。森林中的大树，不同暴风骤雨搏击过千百回，树干就不会长得十分结实。人不遭遇种种挫折，其人格、本领就不会走向成熟。一切的磨难、忧苦与悲哀，都足以帮助我们成长、锻炼我们。

哲学家斯巴昆说："有许多人一生之伟大，来自他们所经历的大困难。"精良的斧头、锋利的斧刃是从炉火的锤炼与磨削中得来的。很多人虽然具备"大有作为"之才质，但由于一生中没有同"挫折"搏斗的机会，没有充分的"困难"磨炼，没有足以刺激起其内在的潜伏能力，而终生埋没无闻。

初出茅庐的作家，把书稿送入出版社，往往要遭受"退稿"的痛苦经历，但却因此造就了许多著名的作家。

挫折足以燃起一个人的热情，唤醒一个人的潜力，而使他达到成功。有本领、有骨气的人，能将"失望"变为"动力"，像蚌壳那样，将烦恼的沙砾化成珍珠。

鹫鸟一旦毛羽生成，母鸟就会将它们逐出巢外，让它们做空中飞翔的练习。那种经验，使它们能于日后成为禽鸟中的君主和觅食的能手。

凡是环境不顺利，到处被摒弃、被排斥的人，往往日后会有出息，而那些从小就环境顺利的人，却常常“苗而不秀，秀而不宝！”上帝往往在给予人一份困难时，同时也增添给人一份智力！

塞万提斯写《堂·吉诃德》是在他困处马瑞德狱中的时候。那时他贫困不堪，甚至无钱买纸，在将完稿时，他把皮革当作纸张。有人劝一位西班牙成功人士去接济他，那位成功人士回答说：“上天不允许我去接济他的生活，因为唯有他的贫困，才能使得世界丰富！”

监狱往往能唤起不屈的人心中已经熄灭的火焰。《鲁滨孙漂流记》是作者丹尼尔·笛福在狱中写成的，《天路历程》也是作者约翰·班扬在狱中写成的。拉莱在他13年的幽囚生活中，写成了他的《世界历史》。大诗人但丁被判死刑，而过着流亡的生活达20年，他的作品就是在这段时期中完成的。

有史以来，被“压迫”，被驱赶，简直是犹太人注定的命运。然而犹太人却创作过许多最可贵的诗歌、最巧妙的谚语、最华美的音乐。犹太人很富有，许多国家的经济命脉几乎都是掌握在犹太人手中。对于他们，“困苦如春日的早晨，虽带霜寒，但已有暖意；天气寒冷，足以杀掉土中的害虫，但仍能容许植物的生长！”

席勒为病魔缠扰15年，而他最有价值的书，也就是在这个时期写成的。弥尔顿在双目失明、贫病交迫的时候，写下了他著名的作品《失乐园》《复乐园》和《力士参孙》。

大无畏的人，愈为环境所迫，愈加奋进，不战栗，不逡巡，胸膛直挺，意志坚定，敢于对付任何困难，轻视任何厄运，嘲笑任何挫折；因为忧患、困苦不损他毫厘，反而加强他的意志与力量，使他成为不起的人物。这真是世间最可敬佩的一种人物了。

被人誉为“乐圣”的德国作曲家贝多芬一生遭遇数不清的磨难，贫困，失恋，甚至耳聋，几乎毁掉了他的事业。但是，贝多芬并未一蹶不振，而是向“命运”挑战！贝多芬在两耳失聪、生活最悲惨的时候，写出了他最伟大的乐曲。

正如贝多芬给一位公爵的信中所说：“公爵，你之所以成为公爵，只是由于偶然的出身，而我成为贝多芬，则是靠我自己。”

挫折和失败是成功的先导

大千世界，芸芸众生。每一个人都要度过自己的一生。人生必有坎坷和挫折！挫折是成功的先导，不怕挫折比渴望成功更可贵。

成功与失败是事物发展的两个轮子，失败是成功之母。但我们更有理由说失败和挫折是成功的先导。

在实际生活中，只有自信、主动、心态积极、坚持开发自己潜能的人才能真正领会挫折和失败的含义。你做一件事情失败了，这意味着什么呢？无非有三种可能：一是此路不通，你需要另外开辟一条路；二是某种故障作怪，应该想办法解决；三是还差一两步，需要你做更多的探索。

这三种可能都会引导你走向成功。挫折有什么可怕呢？成功与失败，相隔只有一线。即使你认为失败了，只要有“置之死地而后生”的心理态度、自信意识，还是可以反败为胜的。

有人说，过分自信也会导致失败，但他们否定的只是“过分”，而不是自信本身。如果你不是怕丢面子，怕别人说三道四，那么挫折传递给你的信息只是需要再探索，再努力，而不是你不行。

爱迪生做了一万多次试验，在每次失败后，他都能不断寻求更多的东西。当他把原来的未知变成已知的时候，无数的灯泡就被制造出来了。所以他认为那么多的失败实质上都不能算是失败，“我只是发现了9999种无法适用的方法而已。”

这位伟大的科学家从自己“屡败屡战”的经历中总结出一条宝贵的经验，他说：“挫折也是我所需要的，它和成功一样对我有价值。只有在我知道一切做不好的方法以后，我才知道做好一件工作的方法是什么。”

这不正是深知从各种损失中也能获益的意识吗？从这个意义上，我们认识到：只有不怕挫折，深知挫折意味着什么的人才配享受，也才可能享受到成功的欢乐。

英国物理学家威廉·汤姆逊领导建造了世界第一条大西洋海底电缆，只用了一个半月就损坏了。经过7年准备，又铺设了第二条电缆，但航船载放到中途，电缆突然折断。电缆公司已耗资数十万英镑，付出了9年时间的代价！把钱扔进大西洋，只有傻瓜才会再干！但汤姆逊终于说服总经理再当一次“傻瓜”，结果成功了。汤姆逊晚年时说过：“有两个字最能代表我50年内在科学进步上的奋斗，这就是‘挫折’。”

在莱特兄弟之前，许多发明家已经非常接近发明飞机了。莱特兄弟应用了和别人同样的原理，只是给翼边加了可动襟翼，使得飞行员能控制机翼，保持飞机平衡。在别人遇到挫折的地方，他们多走了一步就成功了。

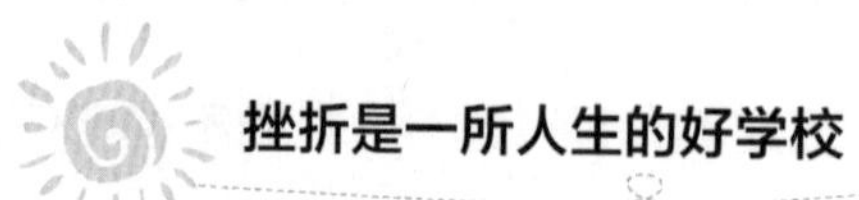

挫折是一所人生的好学校

要做一个成功的人，就要在挫折这所学校里接受必要的训练，并且要从心里树立这样一个概念：挫折乃人生的良师。

挫折是一所每个人都必须经历的学校，在这所学校里，你将学会怎样做人，你将学会独立思考，你将学会怎样选择，这一切，都决定了你将来一生的命运。因此，我们每个人都应在这所学校里认真学习，积极实践，争取早日毕业。

在每经历一次挫折之后，我们都能学到一些宝贵的经验教训。这正是我们成长和成熟的一个重要标志。

我们的成熟是通过一点一滴的磨炼积累，培养起对挫折和失败的承受力，逐渐坚强和成熟起来的。这样当逆境真的出现时，我们就不会像暴风雨中的茅草房一样，轻而易举地被摧毁，我们将能在灾难的飓风面前顽强挺立。

心理学家认为：对挫折的体验，能培养人从容应付风险的能力。一旦发现自己能在风险中挺过来，对失败的恐惧就更少了。无论成功还是失败，下次再遇到问题时，都会比较从容自若地应付。

没有达到自己的目的是很令人失望的，但这也能使我们得到经验。问题是你如何对待不成功的尝试。不要辱骂它，而要利用它。

挫折可以当路标，成为下次“不”要去那儿的路标。

从挫折中学习新事物非常重要。若能如此，就不会再犯同样的错误，更不会失去走向成功之道的信心。日本学者板井野村曾说：“没有比挫折更有价值的教育。”

如果把失败弃之不顾，不加反省就意志消沉，那么即使开始下一项工作，也不会收到好的效果。遇到挫折，若只是简单地以“跟不上人家”为借口，就不会有任何进步，没有在挫折中的学习精神，便永远得不到成长。

在挫折这所学校里，如果你认真学习，就能够很快学到很多东西，提前从学校毕业，成为一个合格的毕业生。但如果你在这所学校里敷衍了事，你可能就学不到东西，那你就永远无法毕业，在失败中待一辈子。

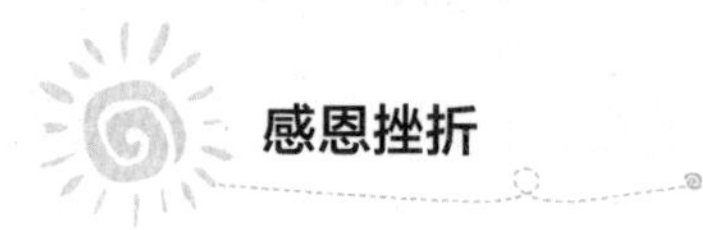

感恩挫折

如果，你感激你的父母，是他们给了你宝贵的生命；你感激你的师长，是他们给了你丰饴的知识；你感激你的朋友，是他们给了你充实的快乐。那么，也请你记得，感激那个如父母般严厉，如师长般细腻，如朋友般忠实的真实的存在的挫折。是它给了你第二次生命；是它给了你深邃的哲思；是它给了你成熟的微笑……

感恩挫折——它给予人类第二次生命。每个人的一生都会在时光光与影的交错里斑驳出自己的人生意义。不论那是否伟大，又或是渺小，要知道，它都沉淀着太多太多的苦涩，渲染开来，压抑得人只觉得呼吸困难，如果你没有勇气去面对，所有挫折所承载的艰辛，你的灵魂或许又已经被拟名现实的东西残忍高傲地踩碎。成长，有的时候只需要一瞬间，当你超越了自己的懦弱之后，你的生命更加充实了，你才会蓦然地发现，原来自己可以这么的坚强。可是，如果没有挫折的牵绊，你会有继续走下去的勇气吗?

感恩挫折——它给予人类深邃的哲思。谁又能否定伟大的先知不曾受到过挫折之神的光顾。至少，在那一片沙与沫的海岸上，我是看到他晶莹的泪珠里所隐忍着的痛苦。看呐，他没有抱怨，没有沮丧，只是微凉地沉默，难言的悲绪却在他的笔下盛开出了会说话的花朵，正如同病痛在蚌壳体中孕育的是珍珠的美丽，一瞬间，当它挣扎了命运的束缚，探出头来了的光彩，照亮了整个世界。

感恩挫折——它给予人类成熟的微笑。我知道，你的笑不是一种心情，而是一种态度，或许你压抑不住情感的泪珠放肆地流着，可是，我看见你很傻很天真地努力对着自己微笑。一瞬间，时光突然静谧住了，像你那纯真无瑕的稚子之心。或许，你并不明白什么是长大，但或许一个人在挫折痛伤之后仍然会哭却又有勇气微笑，他是否已经在向世界宣誓“我不快乐，但我仍上进。”泪带不走对执着地追求，笑带不走对真实地向往，成功与不成功，又由谁评说?

感恩挫折，在时光这一条只能向前走着的静寂路上，谁又小心翼翼地拾起，昨日挫折洒下的满地忧伤。只是，我的双脚已在昨日挫折地绊倒下更加强化，我的明天一定能到达更远的地方，就让我们带着一颗感恩的心一同上路吧……

感恩磨难，感恩挫折

生活当中，自己所做的事情不一定都是别人认可的，也许这在当时会成为心中的纠结。

但是，在经历过后，仔细想想，岁月的洗礼才能让自己逐渐走上成熟。

这个时候，要感谢那些曾经让自己成长的人，是他们让我们走向成熟睿智。

学会感恩，收获别样的人生。

生活需要一颗感恩的心来创造，一颗感恩的心需要生活来滋养。常怀感恩心，一生无憾事。翻开日历，一页页崭新的生活会因为我们的感恩而变得更加的璀璨。

感恩斥责你的人，因为他们让你学会了思考。

人与人之间的相处过程中，有欣赏就有斥责。遭遇斥责请不要恼羞成怒，要学会自我反思，试着换位思考。这样在以后的人际交往中，你就会以此为戒，有则改之无则加勉。所以请感恩斥责你的人，是他们让你学会了思考。

感恩绊倒你的人，因为他们强化了你的意志。

竞争的社会就免不了尔虞我诈，有些人为了达到自己的目的，会不择手段的在你前进的道路上放置各种障碍。当我们遭遇这些阻挠时，请不要轻言放弃，要勇敢地面对。请相信，只要你坚持，阳光就在风雨后。压力就是最好的动力，这种越挫越勇的精神无形中便强化了自己的意志力。所以，请感恩绊倒你的人。

感恩遗弃你的人，因为他们教会了你要独立。

一个人在成长和成熟的过程中，难免要经历自我独立。因为亲人不可能一生陪伴在你身边。正所谓，花无百日在深山，人无百年在世间。当我们的亲人因为某种原因放弃了自己，我们不能心生埋怨和悔恨，要懂得感恩，感恩他们一生不求回报无限地付出，感恩他们的及早放手。有一种爱叫放手，因为他们的放手我们才学会了独立。

感恩欺骗你的人，因为他增长了你的阅历。

生活中欺骗无处不在。当你被骗，请不要仇视对方，也不能自责。所谓吃一堑长一智，害人之心不可有，防人之心不可无。所以，请感恩欺骗你的人，因为有了他们的欺骗，才让我们无形中增长了社会阅历。

感恩伤害你的人，因为他磨砺了你的心志。

一个人在成长和成熟的过程中，难免会受到不同程度的伤害。因为人生不可能一帆风顺，当你的真诚换不回来等同的回报，请不要怨天尤人。请坚信，每一次伤害都是对你人生的洗礼，每一次伤害都是一种崭新生活的开始。舔舐伤口，把痛楚化作前进的动力，相信终有一天你会化茧成蝶。所以，请感恩伤害你的人，是他们磨砺了你的心志。

感恩在困境中帮助过你的人，是他们让你坚定了信念。感恩在顺境中忠言提醒你的人，是他们帮你校正了航向。感恩污蔑你的人，是他们让你知道正人先正己。

小草心存对阳光雨露的感恩，一岁一枯荣之后又萌发新绿；雄鹰心存对蓝天白云的感恩，在清寒玉宇中展翅高飞；溪水心系对巍峨高山的感恩，从山涧低吟下泻；泥土心存对广袤大地的感恩，在田野里散发沁人的芬芳。我们生活在感恩的世界里，感恩生命的伟大，感恩生活的美好。感恩父母的言传身教，感恩老师的谆谆教诲。我们感恩大自然赋予生命的一切恩泽。

感恩是力量之源，爱心之根，勇气之本。感恩父母，你将不再辜负父母的期望；感恩社会，你会轻轻扶起跌倒在地的老人；感恩人生，你将笑对狂风暴雨，笑迎天边那一抹彩虹。让我们一起学会感恩，收获别样的人生！

面对意外

1814年，安东尼出生于比利时的迪南小镇，父亲是当地有名的木匠，平时也兼做些乐器。11个兄弟姐妹中安东尼最热衷于做木工活，天分也最高，很小就开始在父亲的作坊里帮忙。

安东尼一生中意外不断，能活下来确实是个奇迹，他小时候被砖块砸破过头，曾吞过缝衣针，从楼上跌落过，曾摔在点燃的炉火上，还误食过硫酸。但这些都没能阻止他在1835年，他21岁时发明一件奇特的乐器。这乐器有类似木箫的吹气口，同时又有号角般的圆锥形筒，而且金属圆筒上竟带有风琴那样的按键。

开始安东尼想通过作曲家柏辽兹把这件新乐器介绍给巴黎音乐界。尽管安东尼煞费苦心，但法国乐器商根本没把一个比利时来的无名小辈放在眼里。上层音乐家们也对新发明不屑一顾，他们更喜欢用自己熟悉的乐器。一晃九年过去了，安东尼的愿望始终没能实现，他还是一个默默无闻的小木匠。

1844年，柏辽兹为安东尼争取到了一个在巴黎音乐会上演出的机会，并特意为他的节目写了曲子，希望能由此为新乐器求得生机。但就在去演出的路上，意外又一次降临，安东尼的乐器从马车上掉下来，摔成两半儿。你可以想象他当时懊恼的心情。

不过安东尼并没有打道回府，他最终还是抱着破损的乐器登上了舞台，吹奏时他的双手一刻也不能离开乐器，否则铜管就有可能掉下来。因此安东尼没法儿翻乐谱，只能凭记忆演奏。有几次，由于过度紧张忘记了谱子，他就干脆持续吹一个长音，直到想起谱来再继续演奏。法国观众从来没听过这样的声音，顿时喜欢上了那些荡气回肠、委婉曼妙的长音。演出结束后，安东尼一连谢了五次幕，台下仍然掌声不绝。

不用说，能奏出这种特殊效果的乐器一下子成了巴黎音乐界的宠儿。不久，一支乐队在参加音乐大赛时采用了安东尼的乐器，轻而易举地赢得桂冠。接着，法国政府将他的发明列为军乐队必备的乐器之一。1846年，安东尼申请专利时，根据自己的名字，安东尼·约瑟夫·萨克斯，将这件乐器命名为——萨克斯管。

生活中充满了变故。面对意外，他们可以沮丧退缩，也可以放手一搏。当年，如果安东尼选择退缩，他们就可能永远也听不到萨克斯那优美动听的长音了！

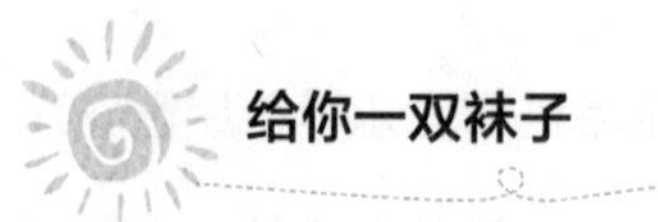

给你一双袜子

圣诞节前夕，已经晚上11点多了，街上熙熙攘攘的人群稀疏了许多，偶尔还有匆匆忙忙往家赶的人，穿行在霓虹灯俯视下浓浓的节日氛围里。新的一年又要来了。

“感谢上帝，今天的生意真不错！”忙碌了一天的史密斯夫妇送走了最后一位来鞋店里购物的顾客后由衷地感叹道。透过通明的灯火，可以清晰地看到夫妻二人眉宇间那锁不住的激动与喜悦。

是该打烊的时间了，史密斯夫人开始熟练地做着店内的清扫工作，史密斯先生则走向门口，准备去搬早晨卸下的门板。他突然在一个盛放着各式鞋子的玻璃橱前停了下来——透过玻璃，他发现了一双孩子的眼睛。

史密斯先生急忙走过去看个仔细：这是一个捡煤屑的穷小子，约莫八九岁光景，衣衫褴褛且很单薄，冻得通红的脚上穿着一双极不合适的大鞋子，满是煤灰的鞋子上早已千疮百孔。他看到史密斯先生走近了自己，目光便从橱子里做工精美的鞋子上移开，盯着这位鞋店老板，眼睛里饱含着一种莫名的希冀。

史密斯先生俯下身来和蔼地搭讪道："圣诞快乐，我亲爱的孩子，请问我能帮你什么忙吗？"

男孩并不作声，眼睛又开始转向橱子里擦拭得锃亮的鞋子，好半天才应道："我在乞求上帝赐给我一双合适的鞋子，先生，您能帮我把这个愿望转告给他吗？我会感谢您的！"

正在收拾东西的史密斯夫人这时也走了过来，她先是把这个孩子上下打量了一番，然后把丈夫拉到一边说："这孩子蛮可怜的，还是答应他的要求吧？"史密斯先生却摇了摇头，不以为然地说："不，他需要的不是一双鞋子。亲爱的，请你把橱子里最好的棉袜拿来一双，然后再端来一盆温水，好吗？"史密斯夫人满脸疑惑地走开了。

史密斯先生很快回到孩子身边，告诉男孩说："恭喜你，孩子，我已经把你的想法告诉了上帝，马上就会有答案了。"孩子的脸上这时开始漾起兴奋的笑容。

水端来了，史密斯先生搬了张小凳子示意孩子坐下，然后脱去男孩脚上那双布满尘垢的鞋子。他把男孩冻得发紫的双脚放进温水里，揉搓着，并语重心长地说：“孩子呀，真对不起，你要一双鞋子的要求，上帝没有答应你，他说不能给你一双鞋子，而应当给你一双袜子。”男孩脸上的笑容突然僵住了，失望的眼神里充满了不解。

史密斯先生补充说：“别急，孩子，你听我把话说明白，我们每个人都会对心中的上帝有所乞求，但是，他不可能给予我们现成的好事，就像在我们生命的果园里，每个人都追求果实累累，但是上帝只能给我们一粒种子，只有把这粒种子播进土壤里，精心去呵护，它才能开出美丽的花朵，到了秋天才能收获丰硕的果实；也就像每个人都追求宝藏，但是上帝只能给我们一把铁锹或一张藏宝图，要想获得真正的宝藏还需要我们亲自去挖掘。关键是自己要坚信自己能办到，自信了，前途才会一片光明啊！就拿我来说吧，我在小时候也曾祈求上帝赐予我一家鞋店，可上帝只给了我一套做鞋的工具，但我始终相信拿着这套工具并好好利用它，就能获得一切。20多年过去了，我做过擦鞋童、学徒、修鞋匠、皮鞋设计师……现在，我不仅拥有了这条大街上最豪华的鞋店，而且拥有了一个美丽的妻子和幸福的家庭。孩子，你也是一样，只要你拿着这双袜子去寻找你梦想的鞋子，义无反顾，永不放弃，那么，肯定有一天，你也会成功的。另外，上帝还让我特别叮嘱你：他给你的东西比任何人都丰厚，只要你不怕失败，不怕付出！”

脚洗好了，男孩若有所悟地从史密斯夫妇手中接过“上帝”赐予他的袜子，像是接住了一份使命，迈出了店门。他向前走了几步，又回头望了望这家鞋店，史密斯夫妇正向他挥手：“记住上帝的话，孩子！你会成功的，我们等着你的好消息！”男孩一边点着头，一边迈着轻快的步子消失在夜的深处。

一晃30多年过去了，又是一个圣诞节，年逾古稀的史密斯夫妇早晨一开门，就收到了一封陌生人的来信，信中写道：

尊敬的先生和夫人：

您还记得30多年前的圣诞节前夜，那个捡煤屑的小伙子吗？他当时乞求上帝赐予他一双鞋子，但是上帝没有给他鞋子，而是别有用心地送了他一番比黄金还贵重的话和一双袜子。正是这样一双袜子激活了他生命的自信与不屈！这样的帮助比任何同情的施舍都重要。给人一双袜子，让他自己去寻找梦想的鞋子，这是你们的伟大智慧。衷心地感谢你们，善良而智慧的先生和夫人，他拿着你们给的袜子已经找到了对他而言最宝贵的鞋子，他当上了美国的第一位共和党总统。

我就是那个穷小子。

信末的署名是：亚伯拉罕·林肯。

巴尔扎克的故事

巴尔扎克出生于一个法国大革命后致富的资产阶级家庭，法科学校毕业后，他拒绝家庭为他选择的受人尊敬的法律职业，立志当文学家。

1829年，经过几年努力的巴尔扎克，完成了自己的第一部长篇小说《朱安党人》。小说从邮局邮寄给出版社以后，巴尔扎克每天就在家里望眼欲穿，他希望能够有一家出版社赏识自己的作品。

这是一个雨后的早晨，按照往常的规律，是邮递员送邮件的时间了，巴尔扎克就如往常一样急切地等待着邮递员的敲门声。突然，敲门声响了。巴尔扎克忐忑不安地站起来，他希望这一次送来的不是退稿。他已经收到了17次退稿了，17家出版社都如出一辙地回信告诉他：“巴尔扎克先生，尊稿经过我们审读以后，不拟出版，特此奉还。”

邮递员把一个鼓鼓囊囊的包裹递给了他。巴尔扎克立刻就伤心到了极点。他知道这毫无疑问又是退稿，那鼓鼓囊囊的包裹，正是他邮寄走的小说。邮递员出了门，他立刻愤怒地跳了起来，他决定把包裹投向火炉付之一炬，决定放弃这没有什么希望的文学梦想！他能够想象得出那些出版社的编辑老爷们，是如何瞧不起他这样的无名作者，如何轻蔑地读他的小说，然后不屑一顾地签发退稿信的。他的妻子立刻冲向火炉，把正要燃烧的稿子抢了出来。她把稿子紧紧地抱在怀里，恳求地望着巴尔扎克说："亲爱的，我敢肯定这是一部好小说，一定会被赏识的，再找一家试一次，最后一次！"

"这样的话我已经听了十几次了！我再也不能忍受这些老爷的傲慢，我不写了！"巴尔扎克情绪激动地怒吼。在妻子的鼓励下，巴尔扎克并不抱什么希望地把稿子再次邮寄出去，他想，如果再遭遇退稿，他无论如何也不会再听妻子的劝告，再也不从事文学写作了。

一周以后，就在巴尔扎克已经心灰意冷，已经不抱什么奢望的时候，他的家里来了两位尊敬的客人，一位是出版社的编辑，一位是出版社的社长。他们不仅看好《朱安党人》这部小说，还看好巴尔扎克不凡的写作才能。他们不仅仅要立即出版《朱安党人》，还要与巴尔扎克签订终身出版合同，要出版巴尔扎克以后的全部著作！

巴尔扎克完成的长篇小说《朱安党人》，这部取材于现实生活的作品，一经出版，就为他带来了巨大声誉，也为法国批判现实主义文学放下了第一块基石。巴尔扎克将《朱安党人》和计划要写的一百四五十部小说总命名为《人间喜剧》，并为之写了《前言》，阐述了他的现实主义创作方法和基本原则，从理论上为法国批判现实主义文学奠定了基础。

巴尔扎克以自己的创作在世界文学史上树立起了不朽的丰碑。而谁能够想到，如果没有放弃之前的最后一试，一个世界文学史上最伟大的作家，就会与世界擦肩而过！

第二节　梅花香自苦寒来

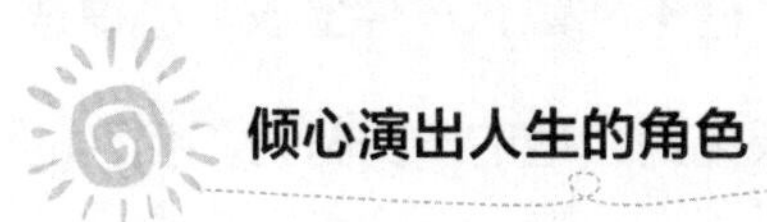

倾心演出人生的角色

没有哪种教育能及得上逆境。逆境给人宝贵的磨炼机会。只有经得起环境考验的人，才算是真正的强者。自古以来的伟人，大都有着不屈不挠的精神，从逆境中挣扎奋斗出来。

卓别林是美国最成功的艺术大师之一，他的滑稽艺术形象给全世界人民留下了深刻的印象。卓别林1889年4月16日出生于伦敦。他的父亲是一位音乐厅的男中音歌手，母亲是位歌唱家兼舞蹈家。

卓别林一家常常陷于经济拮据之中。父亲酗酒，母亲忧虑过度，以致身体虚弱。卓别林是在剧院后台长大的。他在会讲话之前，就学会了唱歌；在能走路之前，便学会了跳舞。5岁时，他第一次登台亮相，演出就引起一场小轰动。

大约一年后，父母分居。不久之后，父亲酒精中毒而死。全家陷于绝境之中，卓别林不得不暂时被安置在救济院。后来情况好转，母亲才把卓别林领回来，靠针织女红来养活家人。卓别林长大到7岁的时候，便在一个儿童音乐厅的节目中演出以帮助家计。

卓别林孤苦伶仃一个人流浪街头，替人跑腿或做点别的临时工作以赚取几个便士。后来遇到了贵人，卓别林才告别流浪的生活。这位贵人便是卓别林的同母异父兄弟席德尼。那一年席德尼航海归来，身边有点小资本，他花钱让弟弟在伦敦杂耍戏场演出，几年之内，卓别林便成为英国最受欢迎的童星之一。

在担任童星演出时，卓别林发现自己有演滑稽哑剧的天赋。

褴褛的衣服成为卓别林的标志，纯粹是一件偶然的事。一天，杂耍团叫卓别林穿得滑稽一点，到外面去拍外景。匆忙之间卓别林顺手就捡起了几件：一件是一位以肥胖出名的丑角所穿的宽松裤子；一件是特大号的鞋子，这是另一位滑稽明星的东西；一件是一顶破旧的圆顶礼帽，小到了他不能戴；一件上衣，小得连他那种瘦长的骨架穿起来还觉得太紧；一根整洁漂亮到和他的一身打扮不相称的竹拐杖，和一小撮“牙刷式”的胡子。他这一身戏服成了落魄雅士的化身。他喜剧方面的效果使人开怀，所以他从杂耍表演跳入电影圈后仅用了13个星期，便被获准自编自导。在席德尼的努力下，卓别林的周薪由150元提高到400元，然后是1250元。后来有家互助公司破天荒地给了他周薪1万美金，再加上15万的分红。卓别林一下子就成了好莱坞著名的滑稽明星。

这个世界上哪里有什么幸运儿，那不过是人们杜撰的可供自己想象的形象而已。但凡有所作为的人，不是经历过这样的苦痛，就是面临过那样的逆境。但所幸的是，他们是一群意志坚定的人，终于跨越了人生的泥淖。

失败是成功的沃土

我们最重要的原则：不要叫人打倒你，也不要让事情打倒你。

罗森沃德是美国最大的百货公司西尔斯-娄巴克公司的最大股东，他也是20世纪美国商界的风云人物。然而，这个做服装生意起家的富翁却也经历了许多创业时的失败与艰辛。

罗森沃德于1862年出生在德国的一个犹太人家庭，少年时随家人移居美国，定居在伊利诺伊州斯普林菲尔德市。

罗森沃德的家境不大好，为了维持生活，中学毕业后，他就到纽约的服装店当跑腿，做杂工。罗森沃德从年幼时就受犹太人的教育影响，骨子里有一种艰苦奋斗的精神。他确信凡人都有出头之日，一个人只要选定了目标，然后坚持不懈地往目标迈进，百折不挠，一定会胜利。罗森沃德本着这种信念，十分卖力地赚钱。

“我要当一个服装老板。”这是罗森沃德的奋斗目标。为了实现这个目标，他除了在工作中留心学习和注意动态外，把全部的业余时间用于学习商业知识，找有关的书刊阅读。到1884年，他自认为有些经验和小本金了，就决定自己开设服装店。可是，他的商店门可罗雀，生意极其不佳，经营一年多，把多年辛苦积蓄的血汗钱全部赔光了，商店只好关门，罗森沃德垂头丧气地离开纽约，回伊利诺伊州去了。

痛定思痛，罗森沃德反复思考自己失败的原因。最后，他找出了缘由：服装是人们的生活必需品，但又是一种装饰品，它既要实用，又要新颖，只有这样才能满足各种用户的需求。而自己经营的服装店，没有什么特色，也没有任何新意，再加上未建立起商誉，没有销售渠道，是注定要失败的。

针对自己出师不利的原因，罗森沃德决心改进，他毫不气馁继续学习和研究服装的经营办法。他一边到服装设计学校去学习，一边对服装市场进行考察，特别是对世界各国时装进行专门研究。一年后，他对服装设计很有心得，对市场行情也看得较为清楚。于是，决定重整旗鼓，他向朋友借来几百美元，先在芝加哥开设一间只有10多平方米的服装加工店，店里除了展出他亲自设计的新款服饰图样外，还可以根据顾客的需求对已定型的服饰改进，甚至按顾客的口述要求重新设计。因为他的服装设计款式多，新颖精美，再加上经营灵活，很快博得了客户的欣赏，生意十分兴旺。两年后，罗杰沃德把自己的服装加工店扩大了数十倍，改为服装公司，大批量生产各种服装。

从此以后，罗杰沃德财源广进，声名鹊起。人非圣贤，孰能无过？犯错也会让我们成长，只是我们要懂得从中吸取能为我所用的养分。所以说犯错并不可怕，可怕的是重蹈覆辙，再犯同一个错误，就该叫愚蠢了，那样人生要对我们给予教训也就理所应当了。

梅花香自苦寒来

有句话说得好："宝剑锋从磨砺出，梅花香自苦寒来"，意思是：宝剑之所以锋利，是因为经过无数次的磨砺；梅花之所以凝香沁人，是因为经过了严冬的考验。做人也要像梅花那样，有坚强的毅力，有坚韧不拔的战胜艰难险阻的品德，才能最终获得绚丽的人生财富。

困难和挫折可以把人吓倒，使人唉声叹气，退缩不前；也可使人精神振奋，经受磨炼，增长才干，增强意志。就看你如何对待它。只有能面对困难和挫折而毫无惧色的人，才能到达成功的顶峰。我们每个人要想有所成就，一定要有这种不怕失败，不怕挫折，百折不挠的顽强的战斗精神。

当我们身处顺境的时候，看不到自己的不足和弱点；当我们遇到挫折的时候，才会反省自身，搞清自己的弱点和不足，并认真加以总结，改进。所以说，挫折就是人生的催化剂，我们都应该感谢挫折，而不是躲避挫折。

因此，我们面对挫折只要认真分析原因，正确面对，采取措施改变挫折，同样可以变逆镜为顺境，变失败为成功。

受挫折的过程往往就是我们获得真知的过程。走过崎岖小路，才能真正体味生活的欢乐；穿过茫茫迷雾，才能深切感受阳光的明媚。不经风雨，怎见彩虹；不吃一堑，难长一智！人生得意，可歌可泣；人生失意，亦需善待。人生难免不如意，每个人的一生当中，随时都会碰上湍流和险境，如果只是低下头来，看到的只能是险恶与绝望，在迷茫之中失去了生命的斗志，就会使自己坠入低迷与消沉的泥潭。然而，如果我们能抬起头，看到的则是一片辽远的天空，那是一个充满了希望的并让我们飞翔的蓝天。

其实，挫折和磨难虽不是每个人所必需，但是每个人所必经的。因为不经风雨怎能见彩虹，俗话说“大树底下长不出好草”。任何一个人想成就一番事业，就须迎击生活风浪，笑傲风云，因为有挫折才会奋起，有失意才会去抗争。不要因一次挫折而折断我们人生的奋进脊梁，也不要为一次的失意而放弃人生的追求，而应“吃一堑长一智”，在痛苦的磨难和调整中向新目标冲刺。

面对失意，不能失志。燕子去了，有再来的时候；杨柳枯了，有再绿的时候，桃花谢了，有再开的时候，调整好自己的心态和情绪，扬起前进的风帆，校正人生的坐标和航线，重新寻找和把握机会，找到自己的位置，自己的光源，自己的声音，创伤就是前进的动力，挫折就是生命的财富。

有人把挫折当作障碍，在挫折面前气馁了、退缩了，那他终究将是一个失败的人。也有人把挫折当成自己前进的动力，克服困难、汲取教训，朝着自己原定的目标不懈的努力，那等待着他的便是成功。

有的时候，我们的确需要从挫折中鼓起勇气，让拼搏重新燃烧一次，那样的燃烧可以重新选择人生方向和目标。人的一生只是沧海一粟，但承载了难以避免的挫折。不甘心也好，不情愿也罢，生活中难免会有一些失意和挫折，懦弱的人也许从此消沉、失落，无力去改变现状，然而，勇敢的人却以此为契机，改变了自己的人生航线。

我们要学会正确面对挫折和失落，与其怨天尤人，不如反省自己遭遇挫折的事，让自己在挫折中重新鼓足勇气，重新去确立目标，并不断激励自己一定能够成功，只要我们认准了方向和目标，成功就会属于我们。

当一个挫折摆到你面前了，最好的办法就是超越它、放弃它，这样你才会腾出精力去做更有价值的事情，自己的人生才会活得更有效率，更精彩。

梅花香自苦寒来，挫折无处不在，勇气尤为重要。少一些叹息，多一点昂首；少一点眼泪，多一份坚毅；少一股懊恼，多一份百折不挠；用自信和勇敢的心，去弥补所遭遇的“挫折”。在经历过挫折，穿越过岁月的风雨之后，当成功属于我们时，才会明白应当感谢挫折。

磨难中的美丽

如果不是因为站上了《朗读者》的舞台，与如今的“央视一姐”董卿实现了少有的“世纪同台”，也许很多人根本没有见过这样的倪萍。身形发胖臃肿，面容布满皱纹，而棉麻质地的宽大衣服，外加一双平底鞋，如此穿着打扮透着一股“放飞自我”的意味。

这就是如今的倪萍。她自2014年开始在央视一档寻人栏目《等着我》中重拾话筒，除此以外鲜少在公众场合露面，也很久没有拍摄新的影视作品。今年已经58岁的她确实老了，尤其是和观众印象中那个伶俐端庄的主持人形象相比。但这样的她，似乎更加可感可触。“真实”，是她这些年来得到的最多评价，她很喜欢。

周六晚播出的《朗读者》，让倪萍多年前突然离开央视、告别荧屏的往事重新被提起。光环，曾经因为“央视一姐”的名号笼罩在她前半段的人生，而一旦离开央视，人们对她的近况并不完全知晓。节目录制前，倪萍并没有和董卿沟通台本，而是凭着彼此的信任，从1999年那年的春晚说起，平淡地讲述自己因儿子身患先天性白内障而改变的人生轨迹。

那一年春晚，赵本山和宋丹丹表演的经典小品《昨天，今天，明天》里还调侃“倪萍是唯一的女神”，倪萍也是一如往常般笑靥如花。没有人知道，在这一年刚刚成为母亲的她，在两个月前突然发现儿子得了先天性白内障。她是在原《综艺大观》导演刘铁民的极力邀请下，抱着“不能让观众失望”的心情，抹干了眼泪勉强登台的。

3年后，虎子做了手术，之后需要每年到美国复查，这和她当时在央视的主持工作显然难以两全。2004年，连续主持了12届春晚的倪萍，正式宣布离开央视，只想好好照顾孩子。为了给孩子治病，她一度倾家荡产，甚至准备卖掉自己的房子。当时，一个山东卖肉的朋友来她家，一句话不说就扔下一大包钞票，打开一看都是“毛票”，但足有七万多元，那是她当时的救命钱。“这十年我几乎没有把心思放在工作上，全是儿子，就是偶尔从美国回国内演出挣钱，然后去交医药费。”直到虎子10岁时，美国医生检查完后，建议她下次可以等“孩子结婚了”再来复查，这意味着治疗的阶段性胜利。她当即跟儿子说：“你60岁再结婚吧，妈妈不想再来复查了。”

“这些经历使我变得坚强，我很感谢这些苦难”

突然中断如日中天的主持事业，有过后悔的瞬间吗？对于不可能的假设，倪萍显得十分淡然，“这些经历使我变得坚强，我很感谢这些苦难。”

时代不会因为个人的停留而止步，2014年重回央视主持《等着我》，倪萍发现很多熟悉的东西在发生改变，“第一次走进新台演播厅的时候，我是摇摇晃晃的，那里像个迷宫一样让我不停地感叹今非昔比。想起当年我刚离开主持人岗位的时候，几家地方台的领导找我，希望我能去他们那儿做节目。不算年轻的我口吐狂言，‘你见哪个运动员打完国家队再打省队？’现如今，省队的都在打国家队！这种变化是我那时无论如何想不到的。”

一度被冠以“煽情”和“主旋律”主持风格的倪萍，再回舞台时已是另一番模样。她吐槽自己当年主持春晚时是“踩了鸡脖子一样”，到了《等着我》时就想像平常人一样说话。

节目中常常出现悲苦的人生故事，当观众和编导都忍不住痛哭流泪时，倪萍却显得异常冷静，她会让父亲去扇不孝子耳光，也会一言不合就将嘉宾赶下场。于是，人们看到了一个说家常话的倪萍，她会像邻家大妈一样和嘉宾唠嗑，从不刻意引导情绪，“一个主持人，当你内心对这个社会、对社会中的人、对人性中最本质的东西，有着基本的尊重和强烈的好奇时，你就不会一直说空话，你也就不会专拣那些华丽的词去涂抹自己，言不由衷是最可怕的。观众最聪明，你没有权利小看他们。”节目组说，“不煽情”“不要钱”是她做这档节目的两大准则，有时候情难自己在台上落泪了，她会专门叮嘱编导将镜头剪掉。

“什么都尝过了，才知什么是可以在生命里再生的。”

倪萍说，刚开始接《等着我》时，节目组想过要对她进行“全方位包装”，直接被她怼了回去，“我们踏踏实实地把节目做好，好馆子会有回头客的。你们努力打造我，能打造成谁？能收拾到18岁？这很不靠谱。于是我卸下了所有的耳环、项链、手镯，放弃了华丽耀眼的衣服，简简单单、干干净净地出场了。”

用主持人敬一丹的话说，倪萍“很山东”。她能因为心疼《等着我》中的白化病女孩，挥毫泼墨为其画一幅巨大的喜鹊图，只希望能“多卖点钱，帮帮她”。而苦难并没有让她成为苦情的人，翻看她的微博，几乎全都是和助理小倩之间的生活琐事。她吐槽自己发胖，调侃小倩的烤面包手艺，偶尔提及大家熟知的赵忠祥等名人，也都是朋友间插科打诨的语气。她曾经难得地出现在综艺节目《天天向上》中为赵忠祥站台，却频频以毒舌姿态揭老搭档的老底，“赵老师去饭店吃饭，别的都不点，一桌饭就点一只23块钱的烧鸡，吃完了就走。后来饭店老板一看赵老师来，跟伙计说要停业。”

这样一个活得通透的倪萍，在多年淡出公众视野后早已找到了自己的人生哲学，“大众意义上的名和利都远远不能满足我们的内心渴求，这个渴求说大无限大，说小也无限小，大小都遵从自己内心真正的需求和愿望。什么都尝过了，什么都拥有了，你才知道什么是你想要的，什么是你能吞咽下的，什么是可以在你生命里再生的。”

她深知，个人的选择永远关乎内心，未来的她还将接演影视剧，不排斥综艺节目，而写作也想继续下去，主题是“写一个清冷的母亲”。对她来说，像妈妈和姥姥那样遵从自己的内心而活，正是人生追求的最优状态，“衣服越穿越肥，鞋越穿越软，不照镜子、不上秤，进门和出门可以是一个人，越活越简单，好像这个世界只剩下你自己了，别人怎么看你，你都不在乎。不为他人活着，只为自己活着。”

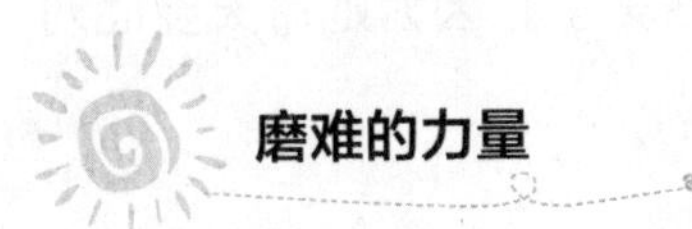

磨难的力量

这是一个真实的故事。

小女孩出生在伊朗东北部一个贫困家庭。父亲做苦力，母亲给人家帮佣，勉强维持着一家人的生存，所以刚刚出生，她就掉进了苦难里。

迫于生计，她6岁时随父母移居到非洲的津巴布韦，她在那里入学，和黑皮肤的孩子成为同学和玩伴。她本应该无忧无虑地享受童年时光，但灾难却不期而至。12岁那年，她小学还没有毕业，却突然得了眼疾，她眼里的世界一下子都模糊起来，就连书本上最大的字也看不清楚了。那天，母亲带着她离开校园时，她几次回头，也看不清曾经熟悉的老师和同学，她绝望地痛哭流涕。黑暗的世界里，她每天在地狱般的孤寂与痛苦中苦苦挣扎。为了安慰她的情绪，母亲每天晚上回来，都要给她讲一些外面的见闻。白天，父母都出去做工了，没有人来陪她，为了打发时光，她就把听到的那些见闻编成许多感人的故事。没想到，父母听了她的故事后，竟被感动得泪流满面。

16岁时，她的视力渐渐恢复了正常。看着家里的窘境，她主动向父母要求出去做工，赚钱养家。她找到的第一份工作是电话接线员，每天从早到晚地工作，能赚到买一块黑面包的钱。一块黑面包，她也很满足了，因为这就解决了全家的晚餐问题。但是好景不长，不久，她就因为接错了一个重要电话而被解雇了。于是，她又开始四处寻找工作，最后，她给一个有钱人家的小孩做保姆，这是个不听话的孩子，没办法，为了哄他高兴，她就编各种各样的故事讲给他听，直到有一天，孩子的父亲偶然听到了她的故事，这位博览群书的男主人对她说："你讲的故事很精彩，出自哪本书呢？"她害羞地说是自己编出来的。男主人吃惊地对她说："一定要把你的故事都记录下来，有一天，你也许会成为作家呢。"这番话，对于16岁的她来说，不过是一句笑话罢了，因为她每天要面对的，还是贫穷的现实生活。

20岁时，她结婚生子了。她憧憬着，自己的人生之路，从此会铺满灿烂的阳光。但她没想到，婚姻却成了她生命中的一个劫。婚后第三年，那个她认为可以依靠的男人，突然销声匿迹了，他拿走了家里所有的财物，扔下了三个幼子和支离破碎的家。想着茫茫的人生之路，她恐惧，心痛，她不知道自己的未来在哪里。为了排遣苦闷，她又开始提起笔来写被自己称为故事的小说。写小说，成了可以让她逃避现实、排遣痛苦的方式。

31岁时，她发现自己实在无法养活三个年幼的儿子了。望着骨瘦如柴的孩子，她做出了一个大胆的决定：离开贫困的津巴布韦，到外面的世界寻找生机。她带着孩子离开津巴布韦，经南非开普敦搭乘客轮前往英国。万里飘摇的轮船上，她两手空空，囊空如洗。此时，她的全部家当只是背包中的一部反映非洲生活的小说草稿。

刚刚下船，问题就来了。没有食物，没有住处，孩子们嗷嗷待哺，她那颗母亲的心如同刀割。她拿着自己唯一的筹码——那部长篇小说的草稿到一些出版社去碰运气，结果，她处处碰壁，受尽白眼和奚落。没有人会相信，一个非洲来的流浪女人会写出可以一读的小说来。但她没有别的路可走，她不敢放弃，因为这是自己和孩子们的唯一机会。在半个月的时间里，她几乎敲遍了伦敦所有出版社的大门，直到有一家出版社同意以《野草在歌唱》为题出版她的小说。

包括她自己，任何人也没有想到，这部非洲题材的小说出版后竟吸引了无数读者，整个伦敦出版界在一夜之间都认识了这位带着三个孩子的年轻母亲。

一部小说的成功，让她看到了人生的希望和生活的方向——继续写故事，写小说。童年以来的苦难与坎坷经历，都成了她创作故事的素材。贫苦的出身，使她对弱者有着天然的亲近与同情；对人性的深切关注，又使她以强烈的社会责任感勤奋写作。结果，她在写作的道路上一发而不可收，结出了累累硕果。

从1952年开始，她用17年的时间，创作发表了《暴力的孩子们》《金色笔记》等多部长篇小说。她的作品越来越受到人们的关注，但与此同时，一些诋毁和攻击也如风暴般袭来，有些人说她的小说是狭隘思维与偏激思想的混合物，有些人干脆说那是垃圾。她宠辱不惊，唾面自干，埋着头继续写自己的小说。她相信，只要坚持着笔耕不辍，总有一天，人们会理解自己的那些故事，并喜欢这些故事。

时光荏苒，在文字中耕耘的她由少妇变成了老妇，又由老妇熬成了耄耋的白发老婆婆。有一天，当她去超市购买生活用品回来时，看到自家门口挤满了带着摄像机的人。她好奇地问那些人：“你们是要在这里拍外景剧吗？”这些人就告诉她：“你获得了诺贝尔文学奖！”这位白发老婆婆听了后，却面无表情，而人们则呼喊着她的名字：多丽丝·莱辛。

瑞典文学院的颁奖公告中这样写道：“她用怀疑、热情、构想的力量来审视一个分裂的文明，以及她那史诗性的女性经历。”

这一天，距离莱辛88岁生日还有11天，她是目前获得诺贝尔文学奖的最高龄者。

感谢苦难的日子

时间总是在不经意之间悄悄溜走，转眼已过而立之年的我，组建了幸福的小家庭，工作与生活也相对稳定。每每徜徉在城市的街道，我就会想那些逝去的日子，那些磨炼却又成就我的岁月。

小时候，因为家里穷，加之父母都在南方打工，我很少能穿上像样的衣服和鞋子。对我而言，穿着带补丁的衣服和露着脚趾头的布鞋，就是家常便饭。记得有一次上学路上，途经邻村的稻场（堆放谷物的地方）上时，突然冒出来一只恶狗，凶狠地朝我狂吠，吓得我撒腿就跑，恨不得肋生双翼。在逃跑的过程中，我那双原本就破烂的鞋子全部散架，只剩下光脚丫子。正所谓“福无双至，祸不单行”，等恶狗不撵我了，我的脚又被路上的碎瓶子割破了，鲜血四溅，疼得我“哇哇”大哭。到了教室之后，老师见我光着脚，还流着血，就狠狠地批评我一顿，说我太调皮，“不穿鞋子，还到处瞎跑。”

从初中开始，我就开始住校了，一周也就回去一次。那时候，家里没钱，只能靠大米换粮票。看到别的同学能吃上半斤粮票的饭菜，而我只能吃二两的饭、就着家里带来的腌菜，那心里就像压了块石头，沉闷又憋屈。上初三时，因为一次意外，我的右手手腕处骨折，绑上石膏近一个月，只能用左手写字。当年的中招考试，我的成绩没发挥好，只得转校复读。于是，在大舅的引荐下，我到了另外一个初中就读。因自幼体弱多病，生性胆怯怕事，我刚带到学校的竹薄（用竹子编在一起，睡觉时用）就被几个外班的学生抢走，连睡的地方都没有。一位好心的同学得知情况后，和我一起挤在一张床上几日。之后，我想到一个办法：等晚自习结束后，就把教室里的课桌拼在一起，铺上被子，和衣而睡。班主任得知这一情况后，找我到办公室训导。我解释说，在教室里拼桌子睡，是为了晚上能多看会儿书，比较方便。后来，班主任竟然当着全班人表扬我。再后来，晚上和我一起睡在课桌上的同学有近十人。

尽管环境恶劣，我从未有过退缩的想法。第二次中招考试时，我以优异的成绩考上了省级重点高中。在高中时，为了省两毛钱一暖壶的开水，我坚持用冷水洗脸、洗澡。直到有一天，一位同学看到我的洗澡水里竟然有冰渣子、尖叫一声后，大家才知道，原来，毛泽东的“雪水洗澡”故事并不是虚夸的。我，就是活生生的例子啊！高中时，从外地回来的父母，在家种植大棚蔬菜，卖时令水果，家里的条件稍微好一些。高三那年，父亲每隔一段时间就会到学校看我，一是给我“打打气”、鼓鼓劲，二是给我带点零花钱和母亲做的菜肴。每次父亲来学校，我都给他买一份两元的菜，自己吃一元的。当时，我并未告诉父亲两份菜的价格不一样。直到有一天，奶奶到学校，看着我给她买了一份贵的饭菜，自己吃便宜的，她老泪纵横，用颤抖的声音说：“从小到大，你的心肠就好。长大一定会有出息的。”奶奶直到临死前夕，还在念叨着我的好，说我给她买贵菜，自己吃便宜的……

在我上大一的下学期，父母又去了南方打工，以供我上学。谁也没想到，我上大学时每学期的生活费还不到一千元，包括伙食和日常所需的费用。记得大一的寒假，我用节省下来的钱，给父亲买了一个具备录放功能的卡带式播放机。接到这份礼物，他的眼圈当时就湿润了。在此之前的国庆节，我给家里写了一封信，让他们放心，并说了自己勤劳节俭的情况。这封信被村邻们传阅，很多孩子在外打工的父母看完之后号啕大哭，一个劲儿地夸我。

酷爱书法的我，从高中开始，从未间断过练习。上大学时，经常去公园和商户区，捡拾地上的废纸，以供书写所用。直到现在，我家里看完之后的报纸，也

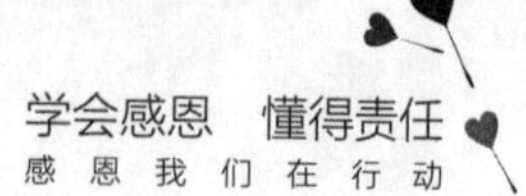

都被我涂画一遍。刚参加工作时，家里只有一张桌子和一个小凳子，上面堆满了杂物，根本没有创作的空间。于是，我就在地上铺着凉席，或蹲在或趴在凉席上书写……

在我的努力和奋斗下，那些苦难的日子已经越来越远，现在的生活也越来越好。有时候静下心来，再去回想那些心酸的点滴，自己都难以置信。和朋友们浅酌几杯之后，我最乐于干的事情，就是回忆一下那些日子。我也打从心底里感谢那些苦难的日子，它让我学会了自立自强、勇敢不屈！

第三节　挫折是最好的大学

平凡的世界

越来越有一种强烈的体会：“对待苦难，要抱持一种感恩的态度。”抛开福祸相倚、能量守恒的天命论，人生就像一个乐章，总要有起有伏，才能弹奏出动听的乐章。

梁启超说过：“艰难困苦是磨炼人格的最高学府。”最早走进这座学府，初识真正的苦与难，还是在《平凡的世界》这部书里。路遥耗尽心血的“绝唱”，带给我的是强烈的冲击和震撼，在一遍又一遍通读小说后又慢慢沁入心扉，影响着我对事物的认知态度。

孙少平，这个山乡圪崂里老农民孙玉厚的二小子，这个上高中时捉襟见肘，每顿只能吃得起丙菜的穷学生，这个背井离乡到处找活干的揽工汉，这个勇于追求爱情的好小伙，这个用劳动证明自己，舍己救人得采煤班班长，是我最喜欢的人物，是他带领我一步步认识苦难、接受苦难并感谢苦难。

青年时期的少平对苦难的认识和接受有一个过程。当他每顿只能吃最下等的高粱面馍，雨天如偷窃般刮走盆底混合着雨水的剩菜汤，一身单衣从冬穿到夏，劳动时迈着打颤的双腿最终还是因为饥饿晕倒……他是怀着一种“羞耻心”的。可是有什么办法呢？现实在眼前摆着，他必须硬着头皮经受生活暴风雨般地捶打。好在他渐渐找到了一位精神导师——书籍，教会他与其抱怨环境，不如改变自己。他开始给同学们讲书中的故事，在课堂上积极发言，在篮球场上崭露头角，后来被选中参加文艺宣传队，姐夫满银出事后还能有条不紊安排家里的事……他的心脏渐渐强有力起来，他慢慢地懂得了“人活着，就得随时准备经受磨难。”

有了这种认识，少平毕业之后做出的一次又一次“出人意料”的人生选择，又都在意料之中了。他拒绝了做县城百货门市经理的女婿，宁愿回家当一个面朝黄土背朝天的农民；他拒绝了哥哥少安让他入伙砖厂的好意和黄原城边曹书记招他入赘的好心，宁愿做一个背石头的揽工汉；他拒绝晓霞父亲给他安排工作，拒绝金秀热烈而诚挚的爱，宁愿在大亚湾煤矿掏一辈子炭。这些人生的机会，对于农民的儿子孙少平来说，不论抓住哪一个，他的道路就会好走许多。但不论他走了哪一条，他的道路也就此平庸下去了。我想少平宁愿死，也不愿依附于别人，不愿当精神的奴隶，不愿与苦难妥协。

书中有一个场景时常萦绕在我的脑海里，那是少平初到黄原揽工，以低于市场的价格干最重的活——背石头，一百多斤的大石头背着从沟上跑到沟下，压弯了他的腰，磨烂了他的脊背。在这样的条件下，他依然不忘读书，一下工就趴在麦秸垛的破烂被褥里，露出“青紫黑癜、伤痕累累”的背，点燃一支蜡烛，在豆大的烛光下如饥似渴地读书。那一刻，他蓬头垢面、破衣烂裳，但他拾掇出的这个小小的读书环境却是最温馨、最纯净的。那一刻，他的身体经过一天血与汗的洗礼，但他的精神世界却得到了更大的满足和解放。

《平凡的世界》一书中描写的不是多么有成就的人物，宣扬的也不是“付出就有收获，努力就会得到”的成功学。书的结尾，少平为救工友毁容，亲爱的晓霞已离开人世，金秀的爱无法接受，他做出决定，收拾起行囊，又回到了那个令他“受过许多苦又万般留恋”的黑色世界。我想这是作者路遥的精心安排，他要传递一种“平凡非平庸”的理念，即使低头滚粪，也要抬头看天，即使一辈子做一个普通人，也不做一个庸俗的人，无意义、无价值的人。那么苦难带给少平的是什么？他在写给妹妹兰香的信中这样说道：“不要害怕苦难，如果能深刻理解苦难，苦难就会给人带来崇高感。”

我们每个人都需要一点“不怕吃苦”的劲头和“自找苦吃”的精神，就像精美的器皿需要经过千锤百炼，人也需要千锤百炼方能展现高尚的品质，才会有触底反弹的决心和坚忍顽强的意志，才会有笃定淡然的内心和更加知足的人生态度，才会得到人生的大自在。

每一次挫折，都是一个成长的机会

在感恩活动之中我见到过有这么一个小学，在那里，学生们的成绩是根据孩子们的努力来决定的，在那里，每一个孩子都会得到奖励。我远没有资格评论这种政策是否对儿童有益，但我很确定这政策对青少年的成长无益。它之所以无益，是因为高中教育的目的是为青少年的人生作准备，而人生绝对不是这个样子的。如果我们现在就对孩子扭曲事实，哄骗他们，让他们误以为努力必有结果，那孩子们将来就会对人生没有任何防御的能力，因为人生不是这样运转的。在圣经中，耶稣也曾说过：“在世上你们有苦难。”如果我们现在就学会深刻挖掘自我以适应学校生活中的种种失望，来日你们就可以学会怎样应对未来生活中形形色色的挫折。

人生中每一个失望，每一次挫折都是一个成长的机会。在纳粹集中营幸存下来的维也纳伟大的心理学家维克多·弗兰克曾经不止一次地说过：“正是那些不能消灭我的，使我愈加坚强。”做好在人生中受到磨难的准备，因为你们一定会受到磨难的。如果你一辈子最倒霉的事就是没被选进校队，努力半天的课程报告得了低分，没能进你心仪的大学，那你真是太幸运了！把每一次这样的挫折都当成深刻自省的机会，当作真正了解你到底是什么样的人的机会，当作挖掘你内心深处你自己都以为不存在的优势的机会，当作你成长的机会。

最近我与一个六年前没被省重点中学录取的学生有一次谈话。我一直很关心他这些年的成长。他打电话告诉我他被北京大学录取了。他说："没有被省重点中学录取是对我最好的一件事。当我刚知道我没被省重点录取的时候，我的父母都为我哭泣，就像我的人生结束了一样。那时我就下决心一定要努力向你证明你当时没有录取我是一个错误。"如果我们当初录取了这个学生，我很怀疑他会做怎样的深刻反省；我也怀疑他会像现在这样依靠坚强的意志度过高中的时光。每一个挫折都是一个深刻反省自己，反省人生目的的绝好机会，所以，孩子们，当磨难来临时——磨难一定会来的——下决心利用它。"正是那些不能消灭我的，使我愈加坚强。"

下面请听一听亚伯拉罕·林肯的个人生活和从政生涯的简历：他的童年贫寒又充满苦难，他22岁时创业失败，他第一次竞选州议员失败，再一次创业又遭失败，他第二次竞选州议员，终于获选。他26岁时未婚妻去世，三年以后他竞选州议院院长，又遭失败。他31岁结婚，育有4个儿子，只有一个儿子活过18岁。他32岁时竞选美国众议员失败，35岁再次竞选美国众议员时成功。他46岁时竞选美国国会议员失败，一年后又竞选美国副总统失败。三年以后他再一次竞选国会议员，又遭到失败。

林肯对挫折的经历，对损失的体会，对失败的体验，在承受磨难中他所经受的深刻反省，无疑造就了他的性格，使他能够带领美国度过美国历史上最悲惨、最危急的时刻。如果没有这些失败与挫折的经历，如果没有他在个人生活和从政生涯中承受的磨难，也就无法造就他伟大的性格，他也不会成为美国历史上伟大的政治家。

所以，孩子们，当你们遇到坎坷和失败时，想一想林肯，想一想如何利用你经受的磨难更深刻地挖掘自己的内心，促使自己成长，使自己变得更坚强。

当你回首过去时不要充满怨恨。让你的挫折和失败成为过去。不要用那样的想法折磨自己。比如，“假如我是，如果我能……要是这样……要是那样……如果我没转学，那我的学习压力就不会像现在这么大，我就还可以和我的老朋友一起玩……要是……”

当我像你们这么大的时候，我把很多宝贵的时间花在后悔上。“如果我当时留在公立学校，如果我当时被选进了校运动队，如果我能有某某的长相和某某的脑子……”一直到我20多岁当了老师，我还有那种吃后悔药的倾向。我满怀妒忌的心情看着我的同龄人，他们经商或是开律师事务所积累了丰厚的财富，他们幸福地结婚成家（你们有没有注意到，我们从来都是往上比，而不是往下比。我们很少拿自己与那些不如我们幸运的人比较）。

即使在那个时候，当我暗暗把自己与我同时代的人比较时，当我那些朋友们都成了家立了业的时候，他们也会经常来找我谈心，谈他们的后悔和遗憾。“你真幸运，我多么希望我能像你一样知道人生的目的，做着有意义的事。”我真希望这么多年来每一个貌似成功的人来对我说这种话时我都能得到一块钱。

在人生中，你做的每一次选择，都让你排除了做其他种选择的可能。每一次你做出一种选择都意味着你要放弃其他的选择。每一次选择都伴随着痛苦。这就是人生。

最后我要说的是，人都有只把目光聚焦在自己的困难上的倾向。这里最后引用一句名言（一句我奶奶不厌其烦地重复的话）：“常常数算你的福分。”我们通常花太多的时间将精力集中在我们面临的问题上，却很少花时间数算我们的福分。在这世界上没有多少像你们这么大的孩子有你们这么多的福分：健康的身体，和睦的家庭，慈爱的老师，远大的前程。当你睡觉前做祷告时，尽管向上帝倾吐你破碎的心灵和失望的人生，但是同时，也不要忘记为你人生的福分向上帝献上感谢。

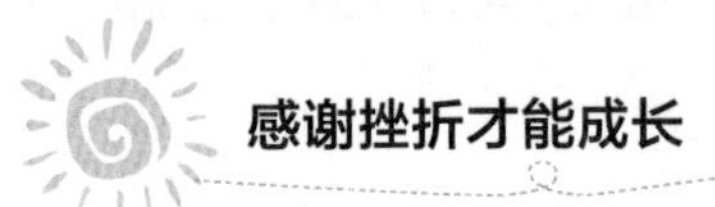

感谢挫折才能成长

挫折从来都不招人待见，但却是成长者的阶梯。挫折带给庸人的是苦难，却是杰出者最宝贵的财富。上帝是公平的，他在给你一分天才的同时，也必然搭配几倍于天才的苦难。

挫折和苦难就像一条狗，总在不经意时向我们扑过来。如果我们选择畏惧和躲避，这条“势利”的狗就会凶残地咬住我们不放。但如果我们直面它并直起身子，朝它挥舞拳头大声吆喝，它就会灰溜溜地夹着尾巴逃走。

格连·康宁罕是美国体育运动史上一名伟大的长跑运动员。他的光辉成就被载入史册，保存于美国人的记忆中，而这位伟大的运动员却是在挫折当中成长起来的。

一场爆炸事故为年仅8岁的康宁罕带来了巨大的痛苦，他的双腿严重受伤，两条腿上连一块完整的肌肉都没有。医生甚至断言，他今生再也无法行走了，这对还是个孩子的康宁罕来说简直是太残忍了。但小小年纪的他面对如此重大的挫折没有掉一滴眼泪，而是大声对自己的父母发誓：“我一定会重新站起来的！”

在这种信念的支撑下，康宁罕在手术之后两个月便开始自己尝试下床走动。为了不让父母看到自己的样子难过，他总是背着父母练习走路。虽然钻心的疼痛一次次将他击倒，但是在他的意识里从来都没有过放弃的念头。即使摔得遍体鳞伤他也毫不在意，因为他一直坚信自己还可以站起来，可以走路，可以奔跑。

坚持了两个月之后，康宁罕的腿可以慢慢屈伸自如了，这个成就让他无比兴奋。他想起距自己家大约300米的一个小湖泊，那是他和小伙伴们经常玩耍的地方，他向往再一次跟伙伴们一起在碧蓝的湖水里游泳嬉戏。为了这个目标，康宁罕站起来奔跑的决心更加强烈了。

两年后，他终于完成了这个目标，他可以自己走到那个小湖边了。但这还不算完，这个被医生断定会残废的孩子开始练习跑步。他每天追着农场上的牛马跑，数年如一日的坚持，让他的双腿奇迹般地强壮起来。他不仅能跑能跳，还成为美国历史上非常著名的长跑运动员。童年的挫折不仅没有成为毁掉他一生的磨难，反而成为成就他辉煌的契机，可见，上帝还是公平的。

挫折就是这样一种东西，它能让强者更强大，让弱者更懦弱。唯有那些在挫折中成长的人才懂得挫折的可贵，才懂得是挫折让自己成长，才懂得感谢挫折。越是这样的人，才越容易取得辉煌的成就。有时候成功的法则就是这样简单，虽然你为此付出了很多艰辛，但你毕竟是成功了，不是吗？

挫折有时候并没有那么可怕，其实我们害怕的不是挫折本身，而是挫折带给我们的变化。我们不适应那种无所适从的感觉，所以我们排斥，我们痛哭，我们难过，这当然不会给事情带来任何帮助。改变能改变的，接受不能改变的——这才是面对挫折该有的态度！

挫折，是人生的必修课

上帝看到麦子丰收在望，非常开心。一位农夫看到上帝说：“仁慈的上帝，您可不可以允诺我的请求，只要一年的时间，不要有大风雨、烈日干旱和虫害？”

上帝说：“好吧，明年不管别人如何，一定如你所愿。”第二年，这位农夫的田地果然结出许多麦穗。因为没有任何狂风暴雨、烈日与虫害，麦穗比往年多了一倍，农夫兴奋不已。

可等到收获的时候，奇怪的事情发生了。农夫的麦穗里竟是瘪瘪的，没有什么籽粒。农夫含着眼泪跪下来向上帝问道："这是怎么回事，您是不是搞错了什么？"

上帝说："我没有搞错，因为你的麦子避开了所有的磨砺，所以变得十分无能。对于一粒麦子来说，努力奋斗是不可避免的。

一些风雨是必要的（风能传播花粉使小麦受精结果，雨能滋润营养它）；烈日更是必要的（小麦要经阳光的光合作用才能长大，通过烈日的暴晒才能耐严寒）；甚至蝗虫也是必要的（小麦经过与蝗虫的搏斗才能增强抗病害能力）。

这所有的一切，能让小麦汲取生长成熟不可缺少的因子，唤醒麦子内在的灵魂。"

其实，人的灵魂又何尝不是这样呢！人如果一辈子没经受过必要的挫折和磨难，没经历过任何考验，只会是一个没有思想的空壳而已。一位哲人说得好："空白的人生，总是缺少磨砺。"

真正的人生离不开磨难，一个人征服的磨难越多，其生命的分量就愈重。

在磨难面前，意志坚定的人，能够紧紧地扼住命运的喉咙，从磨难中汲取成长的智慧；胆怯懦弱的人，常常被磨难所吓倒，不肯接受现实的考验和挑战，就像不经风雨、不历酷热的麦子。

试想，一个总是逃避磨难的人，常常错过了锤炼自己的机会，又怎能构筑人生的丰碑呢？

换一个角度看，磨难其实是一种激励，也是一种机遇。如果希望自己的人生是一首欢快舒畅的乐曲，就应该去珍惜人生道路上的种种磨难，充分利用磨难锤炼自己的身心，把磨难当作人生成功的必修课。通过勇敢经受磨难的考验，让自己的人生更充实，生命更坚强。

挫折是最好的大学

人生在世，挫折难免。恐惧、消沉、悲哀都没有用，雨打梨花，飘零满地，但落花不会因为你的怜惜就重上枝头。滔滔江水，一往无前，它也不会因为你的痛苦就停止流动。人不可能永远不失败，而想失败后再站起来，就必须学会承受，承受那些你该承受的挫折。最优秀的人也有一时的失利和遭受挫折的时候。挫折是成功的驿站，而承受就是走向下一站的脚步和力量。只要你肯努力走下去，一定会阳光灿烂。

乐观面对，勇往直前，踏平“挫折”成大路。挫折不可怕，可怕的是内心的恐惧和悲观。不要放大挫折，白白增加恐惧和痛苦。如有位农妇不小心打破了一个鸡蛋，竟把失去一个鸡蛋的痛苦放大到失去一个养鸡场的痛苦……我们总觉得活得很累，我们总有排解不完的痛苦，原因之一是常犯一种错误——放大痛苦。我们难免失误，不免遇挫，但如果我们只针对眼前的错误和挫折，就事论事，不泛话、不扩大，就平添了许多战胜挫折的勇气。

“不幸是最好的大学。”挫折也是一笔财富，它能锻炼出坚忍不拔的意志。直面挫折，战胜自我。这是对毅力的磨炼，是对勇气的考验。只要我们拥有锲而不舍的毅力，便没有不可征服的高峰。只要我们拥有一往无前的勇气，就没有不可逾越的障碍。莫邪之剑只要经过心血与烈火的铸炼才会锋利无比，绚丽的彩虹只有在风雨洗礼之后才会出现。笑对挫折，笑对磨难，用挫折和磨难来砥砺自己、提高自己、为自己的人生写出壮丽的篇章。温室里的花朵，尽管艳丽，但是娇嫩柔弱，一旦失去了良好的环境，便会凋零、枯萎；野外的青松，虽受日晒雨淋，却能长成参天大树。

坎坷的人生是美丽的。一生孤苦不幸的贝多芬在双耳失聪之后，仍不忘告诫自己，要扼住命运的喉咙；海涅生前最后8年，手足瘫痪，视力微弱，躺在被褥的“坟墓”里但生命之火不灭，吟出了大量誉满人间的优秀诗篇；“老当益壮，拧移白首之心；穷且益坚，不坠青云之志。”初唐四杰的王勃，可谓“时运不济，命途多劫”，然而直面挫折，他却能达人知命，笑看人生。试想，如果没有王勃开朗阔达的胸怀，哪能有他吟放出“海内存知己，天涯若比邻”的千古绝唱？原来，生命并不是脆弱的。原来，生命可以直面挫折。他们是真战士，是坎坷人生路上的强者。

挫折与失败是人生最好的礼物。一个人承受打击的能力越强，自然学到的经验越多，积累的成功本钱也越多；承受打击的能力越弱，自然会想办法躲避挫折，同时丧失自我锻炼的机会。人只有在遭受挫折，被他人百般刁难、歧视、嘲讽时，才能“打醒自己”，让自己被“当头棒喝”而惊醒过来。这岂不是一生中最珍贵的礼物？挫折纵然无情，却给人无尽的砥砺，失败固然残忍，却使我趋于坚强。

所以，遭遇挫折，就当它是一阵清风，让它从你耳边轻轻吹过；遭遇挫折，就当它是一阵微不足道的小浪，不要让它在你的心中激起惊涛骇浪；遭遇挫折，就当痛苦是你眼中的一颗尘粒，眨一眨眼，流一滴泪，就足以将它淹没。

1. 读完感恩挫折故事，你有什么深刻的感触么？

2. 你经历过挫折么？你从中收获了什么？

3. 分享令自己最为深刻的挫折经历。

第七篇

祖国，最坚强的后盾

有人说，祖国是千年历史的积淀，是文明源泉的汇合；有人说，祖国是黄河壶口的飞瀑，铺满天山的白雪；有人说，祖国凝重而深邃、宽广而博大，滔滔江河是她的鼻息，沸腾海洋是她的血液。那么祖国到底是什么呢？也许，祖国更是国旗、国徽、国歌，是每一个中华儿女心中最坚强的后盾。在这里，我们要为最伟大的祖国放声高歌，歌唱我们伟大的祖国。祖国啊，您是天安门城楼的一声呐喊，社会主义熊熊燃烧的火焰；您坚强而自信、进步而前卫，社会主义的宏伟蓝图活跃着您的智慧，东方蒸腾旭日喷薄着您的活力；祖国啊，您是南海之滨的一缕春风，罗湖小村的一抹朝阳，您是青藏高原的一道铁轨，塔里木油田的一组井架；您远见卓识、艺高胆大，小渔村的翻天巨变证明了您的胆识，人民满脸的微笑写的是您的伟大。祖国啊，您是世界和平飘扬的旗帜，人类文明进步的使者。是啊，当我们看见国旗，听到国歌的时候，心里洋溢的是深深的爱国之情。让我们为祖国的大好山河放歌，心怀祖国，感恩祖国，用最美的文字书写我们伟大的壮丽山河，祖国，永远是我们最坚强的后盾。

第一节　为祖国的大好山河放歌

祖国颂

上下五千，重山万水，若海文韵，繁星人杰，更有半个世纪来龙吟东方，升腾寰宇，翱于世界变幻风云之中，何其壮哉的中国啊！

远忆商周，渺茫微光，亦是一番盘古开天地后的豁然，想到这里，总不免为自己是中国人而自豪一阵。彼有希腊群英，此有春秋百家，若说远隔万里，古中国的军队无法在几千年前威震世界，那以孔孟老庄为代表的中国先哲，也足以让东方人的智慧照亮半个世界了。天下大势，分久必合，秦皇东南征，始成东方巨龙之形。弹指一挥间，直到近代屈辱百年，中国人在自己的历史中沉淀了一层层血与泪。骤风急雨，纵是我中华披星戴月走过的几十个世纪的阅历，也只能冠个雨果称为“睡狮”的名号沉眠百年，百年……

六十八年前的那个十月一日，那个六十八年来为亿万华夏子孙共庆的日子，五千年的中华古国睁开年轻的眼睛，猛醒于太平洋西岸，呼吸着久违的青春。崭新的中国诞生在世界波澜之中……

纵横古今，俯览万里，看我中华大好河山之壮丽，五千文化之异彩。说雄奇，吾有西岳的重峦叠峻；说秀美，吾有黄山的云松石峰；说肃威，君不见紫禁城里柱廊门檐；说别致，君不见苏州园林中描山画水。浓彩黄河，淡色西湖，北有黑土森林，南有青山绿水，东有汪洋无垠，西有大漠孤烟。和我中华论人杰：文有李太白，武有孙武子，自夏建朝，多少出类拔萃之人物在中华大地一展才华；和我中华论地灵：嘉峪山海，长城内外，千秋各有。更兼青藏屋脊接天露，东南平川拾海珍。我中华有如此山岳河流，我中华是如此人杰地灵，哪还有理由让我不去爱她？哪还有理由让吾辈不去为她奋发图强？中国，傲立世界的泱泱大国，有千万理由，更有千万力量昌盛繁荣。

“龙能大能小，能升能隐；大则兴云吐雾，小则隐介藏形；升则飞腾于宇宙之间，隐则潜伏于波涛之内。”曹操煮酒品英雄时的豪气直透云霄，动及龙魂……

中国不应再伏于层浪之中了，中国不能再听世纪潮声而不闻了！唯有腾然而起，怒上九天，看日月共升，观群星齐舞，才对得起我们无比优秀的列祖列宗，才对得起我们每个活着的人脚下的壮美河山，才对得起养你我长大的一草一木，才对得起一生下来就刻在我们胸前的三个字——中国人。

十月一日，又是祖国的生日，十月一日，又是外族瞩目，国人倾情的一天。你若见奥运健儿之飒爽，你若闻中华国歌之雄壮，若你我是梁启超《少年中国说》中的中国之少年，除了一篇祝辞外，是否更该想想：我的祖国今在何处，我的祖国应往何处……

中国，愿你长青，愿你长盛。

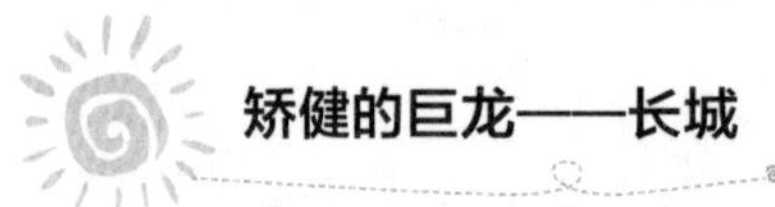

矫健的巨龙——长城

长城——中华的象征，民族的脊梁，是世界上修建时间最长，工程量最大的国家军事性防御工程。著名的万里长城，像一条矫健的巨龙，蜿蜒曲折，蟠伏在中华大地上。它东起河北省的山海关，西到甘肃省嘉峪关。它纵横河北、北京、山西、内蒙古、宁夏、陕西、甘肃七个省市自治区，全长6700公里，因此被称为“万里长城”，它凝聚着我们祖先的血汗和智慧，是中国人民的骄傲，也是整个世界的骄傲。今天，看着长城，不禁惊叹于它的艺术建筑，更惊叹于它忠心不悔地守卫了中华国土数千年的坚强毅力。万里长城，相信它不止能在中华国土上绵延万里，可以在那条历史长河上绵延万里，还可以在每一位华夏儿女的心中绵延万里！

在北京时，我们登上了八达岭长城，那里非常壮观，有许许多多的中外朋友都从遥远的家乡特地赶来登长城，有句话说得好“不到长城非好汉”。想想，如今，我也算是一条好汉了。万里长城是我国非常著名的名胜古迹之一，非常壮观，长城就像一条巨龙横卧在山中，真像是一条绵延万里的长龙，摇摇欲坠。像一条飞龙在山间、峡谷之间穿梭，一眼望去，都看不到尽头。清朝著名诗人沈用济写了一首关于八达岭的诗：策马出居庸，盘回上碧峰。坐窥京邑尽，行绕塞环重。夕照沉千帐，寒声折万松。回瞻陵寝地，云气总成龙。是啊，万里长城是在我国北方的辽阔土地上，东西横亘着一道绵绵起伏、气势雄伟，长达一万多里的长墙，这真是人间的美景啊！

向四周眺望，长城像一条巨龙横卧在连绵起伏的群山上，真是雄伟啊！据介绍城墙的基部全部用花岗岩条石筑成，城墙高8.5米(平均高度为7.8米)，下宽为6.5米，上宽是5.7米，可以五马并行。城上两旁有矮墙，名叫宇墙，外侧的墙又叫堞墙，高1.7米，上面有垛口，是巡逻放哨瞭望用的。垛口下面为射击孔，是射箭用的。内侧宇墙，高1米。在城墙内则，每隔一段距离有券门，门内有石阶可以登城。城上每隔300~500米，就有一处城台。听导游介绍，烽火台上如发现敌情，白天燃烟，夜间举火，远处的墩台发现烟火，也立即点燃烟火，逐个相传，能较快地传到指挥机关。这是古代通讯联络方式之一。有人曾经对长城作过粗略计算，如果把长城的砖石用来修筑一条1米宽，5米高的墙，那么可环绕地球一周。中国的万里长城不愧是当今世界上最长的防御城墙。我们无不为先民的伟大气魄和坚毅精神所感动。我们走得很慢，东看看西瞧瞧，看着沧桑的长城青砖，经历了上千年的风雨洗礼，依旧坚固而筑，依稀看到当年建筑师们堆砌的身影，在那个没有机械只靠人工的年代，他们是怎么一砖一砖堆砌上去，又使这些建筑屹立千年而不倒的呢！想着想着，心中不由的感叹，感叹祖先的智慧和伟大，这砖与砖的缝隙里凝结着他们多少辛勤的汗水和智慧。我抚摸长城，看看长城的雄伟壮大，也感受到了秦代的“悲剧”，明白长城的思想价值、经济价值、政治价值和军事价值。那是我一辈子学不完，用不尽的，我还没到过长城，可长城的真正意义、价值，那高大的形象，永远树立在我心中。

长城是中华文明的瑰宝，也是世界文化遗产，可与埃及金字塔齐名，是人间的奇迹。在遥远的两千多年以前，劳动人民以血肉之躯修筑了万里长城，谈何容易。长城是中国古代人民智慧的结晶，是中华民族的象征。 有这样一个传说：长城上的一对龙凤石雕，承受风吹雨打与守城将士血汗渗透，最终幻化为一男一女：龙和凤。凤告诉龙，因为不在一界，他们难续情缘，须经过数次生死轮回，直到龙在长城上找到象征金、木、水、火、土的五种颜色的玉佩，他们才能真正相聚。悠悠岁月，漫漫征程。长城崛起于烽火狼烟、地方割据的春秋时代，伴随着整个中国封建社会的发展而兴衰演变，龙化身为兼并六国、统一华夏的秦始皇。为北御匈奴，永保大秦帝国的万世基业，秦始皇下令修建万里长城，运用了全国大部分的青壮男丁。大量的劳工冻饿累死。秦始皇与凤化身而成的孟姜女在长城相遇，孟姜女诘问秦始皇：“你修了长城，可失了民心，谁来保护你的王朝千秋万代？”秦始皇察觉她就是凤，但孟姜女已跳海殉夫；秦始皇痛悔莫及，只从海水中找到了凤留下的象征水的玉佩。

黄河——山川

万里风云随你走，滔滔吼声响中州。流金岁月五千年，古朴本色华夏留。造福人民送爱心，天上黄河豫中流。这就是中华民族的母亲河——黄河,也是中华民族的象征。自从我第一眼看到你那秀丽的河山，便使我感慨万千、久久不能忘怀。那秀丽的山水在我的脑海里留下了深刻的印象，永远不能磨灭。你多美啊，我亲爱的祖国！在我心中，任何的事物都不能与你相提并论，你是独一无二的。

黄河，是一条流经数省、穿过崇山峻岭，高原盆地，戈壁沙漠，百折不挠誓死入海的河。她自西向东横贯我的家乡，唱着哗、哗、哗美妙的音律流向东。黄河，恩泽着华夏民族，养育着各种生命。黄河之水高原来，波涛奔流入大海。她那奔腾不息勇往直前的气势代表着伟大的中华民族精神，她那容纳百川的豁达气质代表着中华民族的胸怀坦荡，她那万马奔腾咆哮的吼声代表着中华民族战无不胜斗志昂扬的英雄气概，她那舍己为人奉献自己的无私高尚代表着中华民族的美好传统。

我的家乡在美丽的黄河之畔，望着滚滚波涛东去的水流，心里感慨万千，几个伙伴还不断地比赛大声呼喊，看看声音是否能传到河南岸。还有那松软肥沃一眼望不到边的河滩，各种杂草半人高，花呀菜呀名称繁多，野兔乱跑，飞鸟成群，蝴蝶蜻蜓围着飞舞，一派原野清新、风光优美的感觉。每年一到冬季，村村户户齐动员，男女劳力齐参战，黄河铁桥摆战场，清淤挖河引水来。红旗招展，人声沸腾，车拉筐抬，千军万马战河滩。那改天换地的劳动场面实在壮观。与天斗其乐无穷，与地斗其乐无穷。人民才是战天斗地的真正英雄。金秋美色去，寒冬冷风来，大地白一片，好似冻雪霜，半亩不成苗，农田盐碱地。这就是当时的农村耕地画面。大片大片的耕地不长苗，亩产300到400斤收。经过10年的黄河水浇灌，原来的盐碱地慢慢变成了高产田，一些野生杂草不知不觉都消失绝迹，成片成片的红荆、芦苇也与大自然悄然告别，寒冬白茫茫的大地景观一去不复返。九曲黄河带沙泥,浪淘风簸游水里。河水浇地地增产，五谷丰登贫穷去。黄河水彻底治理了我们家乡的盐碱地，改变了一穷二白的面貌，过去种啥都不长，如今亩产过千斤，路边杨柳翠青绿，喜看稻麦千重浪，柏油大道交叉通，楼房排排成亮景，耕地收割机械化，电器网络进万家。历史的发展，社会的实践充分证明，黄河是中华民族生存和发展的伟大摇篮，是民族自强不息、蓬勃向上精神的生动写照。

黄河精神激励着中华儿女从不退缩，敢于胜利。黄河，是中华民族的护盾，黄河是战胜敌人的长矛。漫漫岁月，似水流年，塑造了她今日的形象，磨炼了她固有的性格，赋予了她独有的气质，使她超越了时空，获得了生命。不管是春夏秋冬，还是阴晴风雨，她依然地穿山越岭，向着前方，向着大海，呼啸奔腾。她始终流淌在每一个炎黄子孙的梦里，渗透在每一个华夏儿女的心底。

黄河我赞美您，是您给两岸带来了水草丰茂，土地肥沃，树木茂盛，五谷增产，使人民生活其乐融融，在时光中创造出辉煌的文明。黄河的伟大，养育出伟大的民族，哺育出勤劳的炎黄子孙。您是中华民族的自豪，您气贯长虹一泻千里，您斗志昂扬百折不挠，您勇往直前坚强不屈，您奉献民族始终如一。您是中华民族的骄傲，您定能载着中华儿女力挽狂澜，乘胜前进，迎来中华民族的繁荣富强、伟大振兴。

滔滔江水，滚滚黄河，连绵不断的山峰，都属于我们伟大的祖国。祖国的山川雄奇，祖国的河水秀逸，祖国的胸怀无比广阔。祖国的大江河山是多么的美丽啊！特别是祖国的五岳：东岳泰山，西岳华山，南岳衡山，北岳恒山，中岳嵩山。现在就让我来谈一下我对五岳的感想吧！先来谈谈五岳中的“大哥大”——东岳泰山吧！泰山古称“岱山”，又名“岱宗”，春秋时史称泰山。到泰山，既可以饱览历史文化的精品，又可以领略大自然的神奇之美，真可谓是一举两得啊！泰山的山势突兀挺拔，气势磅礴，颇有“擎天捧日”之势。气魄雄伟的泰山，真不愧它有“五岳独尊”的地位呀！谈完了东岳泰山，该来谈一下西岳华山了。华山之险据五岳之首，自古可是有“华山自古一条路”的说法呢！华山山路奇险，景色秀丽，跟泰山的比起来，虽然没有那么雄伟，却有一种是泰山无法相比的秀丽之美啊！好了，现在就让我们开始谈一下南岳衡山。南岳衡山自然风光秀丽多姿，春看花，夏观云，秋望日，冬赏雪。飞瀑流泉，茂林修竹，奇峰异石，古树名木。南岳山高林密，环境宜人，气候独特。难怪历代帝王、名人都仰慕南岳衡山呢！欣赏完南岳衡山的美好风光，是时候该欣赏欣赏北岳恒山的景色了。北岳恒山，又名玄岳，集“雄、奇、幽、奥”特色为一体，素以“奇”而著称呢！北岳恒山，苍松翠怕、庙观楼阁、奇花异草、怪石幽洞等优美的景色可都是北岳恒山的特有美景。怎么样？北岳恒山的景色，好看吧？接着，就是五岳中的最后一岳，中岳嵩山了啦！中岳嵩山景，以峰奇、路险、石怪、景秀而著称天下。山中群峰争艳，千奇百异，有的拔地而起，有的逶迤连绵，有的像猛虎蹲坐，有的似雄狮起舞，有的若巨龙睡眠，有的如乌龟爬行，峰峦参差，峡谷纵横，山道弯弯，宛若丝带逶迤在崇山峻岭中。从山南北望，一组山峰，互相叠压，状如千叶舒莲。真美丽啊！祖国的五岳是多么的美啊！黄河——山川，我赞美您。

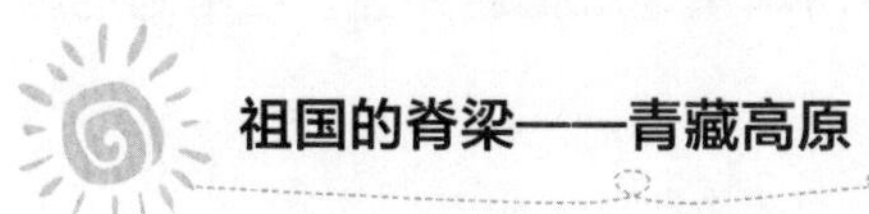

祖国的脊梁——青藏高原

“是谁带来远古的呼唤,是谁留下千年的期盼？难道说还有无言的歌，还是那久久不能忘怀的眷恋？……我看见一座座山川相连，那就是青藏高原！”闲来无事的时候哼唱这首歌，只感觉它曲调的豪放优美，坐在开往拉萨的青藏铁路列车上，再唱这首歌，心中确有别样的滋味。

经过十几小时的行程，一觉醒来，列车进入了世界著名的山川戈壁冻土地带——可可西里。远处一座座紧密相连的山峰和近处的戈壁滩上，覆盖着皑皑白雪。很明显，密封的车厢内温暖如春，车外冰天雪地中定是寒气逼人。时值5月中旬，车窗外，不但没有内地百花盛开、蜂飞蝶舞的盛春景象，即使一只鸟也见不到，更别说有候鸟飞来，候鸟是追逐春天的呀！从远处到近前，都见不到些许绿色，有的只是稀稀落落的灰黄颜色。藏羚羊，藏羚羊！突然，同行的一位驴友指着远方惊叫。同伴们纷纷向远处看去，是的，是藏羚羊，一只、两只、三只……零零散散的，随着列车的奔驰，数不清了。与藏羚羊在一起的，还有野驴。它们大多低着头，安闲地啃食着地面，嗷，就是那灰黄色的，那灰黄色的草根！这里没有嫩嫩的绿草，可那灰黄色的草也是有生命的！

列车继续前进，仍然没有人的踪迹，却又有了牦牛。车内播放的都是藏族风格的歌曲。不知是巧合还是配合，正播放藏族歌手容中尔甲演唱的雄鹰歌曲时，天空中就真的翱翔着一只雄鹰！这是我进入青藏高原见到的第一只鸟，只见它慢慢地飞着、飞着，在雪山顶上，在戈壁滩上，慢慢地飞着。藏羚羊、野驴、牦牛、苍鹰，却没有人迹。就在这没有人迹的“生命禁区”里，这一群生灵顽强地抗争着，生存着，还有那灰黄的草根，以及更不起眼的蕨类植物。生命的顽强、坚韧性在这里得到了有力的展示和诠释。我初步认识了青藏高原。

在去往位于藏南地区的日喀则的路上，导游早早地就预告我们，日喀则地区有一座英雄的高原古城——江孜。

江孜是日喀则地区的一个县。江孜城与拉萨、日喀则一样，是藏族人民心中的一座圣城。当我们来到古城面前时，一座依山而建的古堡就矗立在眼前，这是江孜人民为纪念那次战争，怀念在那次抗战中牺牲的先烈而建，取名中山古堡。中山古堡的顶端耸入云霄，需仰视方完全瞻仰到它的容颜，令我们更加肃然起敬。人民英雄总会为人民所怀念。在日喀则扎什伦布寺，信众和藏族人民为第九世班禅大师塑了金身，世世代代顶礼朝拜。在广大藏族人民心中，九世班禅大师与民族和解英雄松赞干布，以及现代的十世班禅大师、民族和解的革命老人阿沛阿旺晋美一样，都是他们敬仰的圣人。在扎什伦布寺，站在九世班禅大师的灵塔前，进一步了解了那段江孜抗英的历史后，旅游者格外多了几分崇敬。

两千公里的青藏铁路于数年前通车了。回顾其修建的艰难，不要说建设者，就是今天坐在这列车上的旅行者，也能够体会几分。在回程的路上，大部分路段正好是白天，于是青藏高原又赐给了我们另一番风景。有驴友眼尖，突然指着铁路近旁的一处给我看。啊！那是一片墓园，又一片！随着列车的前进，一片片墓园映入眼帘。它那么引人注目，是它与内地墓园有着不同之处，一座座墓碑上，都覆盖着包裹着鲜红的旗子。红旗的出现，立即在旅游者心里产生了庄严感，同伴们纷纷站起来向墓园张望，个个表情严肃，默默地向长眠在这里的英雄致敬。

是的，我们是享受者，我们应该向长眠在这里的建设者致敬！看，那一段一段的“无人区”、冻土层，那一座连一座的隧道，那盘旋而上，直达海拔5200米以上的铁路，不都是在包括长眠在这里的英雄建设者打通、建成的吗？据一位知情者介绍，铁路即将完工时，工人们一点点地捡拾、清理生活垃圾，不让圣洁的高原有一点点污染痕迹。为了防止风沙对铁路的破坏，他们又一厘米一厘米地在铁路两边铺设网绳，再压上石块，为了保证质量，工人们经常跪在地上、趴在地上工作。如此，青藏铁路两边才有了那么精致的防风沙带。在那曲盆地，在拉萨河谷，在青青的牧场上，在高高的山岗下，藏族儿女，全国人民，都在挂念着这条世界上海拔最高的铁路，这条藏族同胞心中的天路。

在青藏高原，无论是在拉萨、林芝、纳木错、日喀则，还是在尼洋河、拉萨河畔，抑或是走进藏族同胞家，出现在人们口中最多的一个字眼儿就是：神圣。人们介绍着那神圣的藏传佛教，人们相赠着那圣洁的哈达，人们唱着那神圣的雪山、雄鹰、天路，人们捧起那神圣的雅鲁藏布江、尼洋河水。青藏高原让人仰望，不仅仅是因为她的海拔高度，更是因为她是祖国的脊梁，是人们心中神圣的向往！

大漠孤烟

一缕狼烟，那是大漠的呼唤；一条黄河，那是大漠的眷恋；长河落日，又岂是大漠最美的容颜。一片片黄沙一张张熟悉的脸，那千年的胡天，至今还流浪着几声呐喊。一把剑，几千里的边关，从此，长城脚下，血和泪挥不尽硝烟，几千将士来，几千将士还，横断祁连，冰雪连天，一支横笛吹来了多少鸿雁，几千万的思念，涌进了玉门关，头枕着黄河，眼望着长安，黄沙漫漫，断壁残垣，是什么时候历史抛弃了楼兰。空留下千年一叹，在大漠的边缘，我试图回忆昭君走过的那一天，却似乎看到了她留下了一丝咒怨，在几千年动荡的历史里飘散，昨夜的梦里我看见，鸣沙山在寂寞里哀叹，哀叹这几千年的悲惨，哀叹这飘了几千年的狼烟。从古至今，无数文人墨客用手中的笔墨书写大漠，大漠孤烟也成了中华儿女心中的眷恋。

给我一片沙漠，却没有留下骆驼就为了试我炼我，能否用信心穿过你给我一场风暴，却没有港湾落脚就为了试我炼我，能否用信心依靠。穿越那沙漠，以信心为我骆驼，绿洲就在前方,路就在脚下开拓，风暴在交错，我依然屹立自若，港湾就在心中，一生信心交托。沙漠，每当人们想到这个词时，接着就会想到荒凉与无生命。是的，沙漠犹如一切生命的终结点，这之中没有水源，没有泥土，甚至没有生命。想要在这种荒凉和炎热的地区生存，就必须拥有庞大的根系。可是一株小花，只有一条根的它却在这荒无人烟的地区存活了下来。在这里，我要为这生命的奇迹唱一首赞歌。

依米花本可以生长在水草肥沃的地方，这样它便可以美丽一辈子。可是，偏偏，它长在了荒漠之中，这注定它只能美丽一次……但尽管如此，依米花并没有埋怨命运，而是选择更顽强的存活了下来，它仅仅只有四瓣花瓣，但是这四瓣花瓣却又由红、黄、蓝、白这四种颜色构成，煞是娇艳绚丽。它整整花了五年时间来扎根，用了六年时间来吐蕊，但是它耗了近六年的时间，但它的花期却只有短短的两天，花费五年的心血却只换来两天的灿烂，但它照样无怨无悔，尽情释放，在它生命的最后一刻绽放。它的美丽让我们每一个人都无法想象这是需要怎样的顽强与耐性，谁又能想到这么一株绚烂的花，在未开放前，只不过是一株丝毫不显眼的“小草”。在这茫茫沙漠之中，在这毫无生机的荒漠之中，却挺立着一株灿烂的花。泰戈尔说过“生如夏花之绚烂，死如秋叶之静美”。六年的酷暑，六年的干旱，六年的炎阳，只为了两天，只为了这两天的尽情绽放。这是一个生命的极端，也是一个生命的奇迹……设想在茫茫沙漠中，风沙肆虐，极度严寒，地处干旱，依米花虽然在这样的环境下是脆弱的，但是它仍然熬过来了，它并没有对自然屈服，它选择了战胜自然！在它那脆弱的茎脉中一定有一种意志，促使它前进；一定有一种信念，促使它萌芽；一定有一种意念，促使它开花。在它绽放的那一刻，那薄薄的花瓣一定闪烁着生命中最绚丽的光芒。

这个世界上万物都有灿烂一回的时候，这是上苍赐给万物的权利。美在于宽度，而不在于长度，纵使只有一刹那也要活得出彩！这就是依米花的生命意义。大漠中顽强的生命，给予了一代代中华儿女不屈的灵魂，中华儿女正像依米花一样，经受困苦与磨难后，在这个世界上开出那属于自己的花，属于自己的大漠奇迹。

置身于沙漠中，即使再哀怨的心灵也会贮满光辉，即使再凄惘的身躯也会洒满活力！纵情于沙漠中，人有意，山水必有情。当你穿越荆棘、跋山涉水、翻山越岭之时，也正是阳光追寻你足迹的时候。为大漠孤烟放歌，放飞祖国中华儿女的心灵之美，赞美大漠孤烟，我们会从中吸取精神养料，内化为我们的精神支柱，为祖国的繁荣富强做一点贡献。

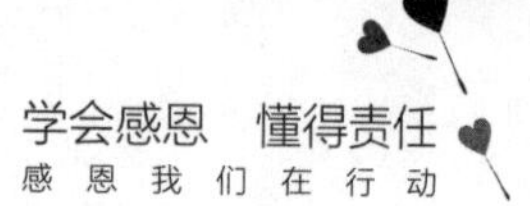

第二节　心怀祖国

心中的红旗

迎着朝阳，披着霞光，鲜艳的五星红旗在高亢的国歌声中冉冉升起，它飘扬着，飘在九百六十万平方公里广沃的土地上空，飘在所有的中国人心中。面对它，我们再抑制不住内心的崇敬，我们为它自豪。每个黄皮肤黑头发的中国人都有着炎黄的血脉；每个华夏子孙都把龙看作自己永恒的图腾；每个中华儿女，无论身在何方，心中永远牵挂着自己伟大的母亲——祖国！中华人民共和国国旗，旗面为红色，象征革命。国旗中的大五角星代表中国共产党，四颗小五角星分别代表工人、农民、小资产阶级和民族资产阶级四个阶级。四颗小星各有一尖正对着大星的中心点，其间的位置关系象征着中国共产党领导下的革命人民大团结。在国旗护卫队中，最神圣的是国旗，最值得珍视的还是国旗。五星红旗里，蕴含的不仅是波澜壮阔的革命斗争和艰苦卓绝的奋斗历程，更是每个中华儿女对祖国的那份最真纯、最朴素、本能的发自内心的热爱。

每当五星红旗在蓝天飘扬，国歌声在晴空回荡时，民族自尊的血液就会在千千万万炎黄子孙的血管中沸腾。回望历史的长河，无数先辈名垂青史，他们用自己的赤胆忠诚誓死捍卫自己不屈的民族，从威震敌胆的民族英雄岳飞，到“人生自古谁无死，留取丹心照汗青”的文天祥，为建设民主主义中国而抗争的孙中山，为开创社会主义新时代的一代伟人毛泽东，唤醒东方经济巨龙的邓小平，推进“三个代表”的江泽民，贯彻八荣八耻的胡锦涛……每个名字都闪烁着耀眼的光芒。是啊，正是这样一个向来不屈不挠的民族，哺育了一代又一代中华儿女，又是这不屈不挠的民族精神，唤醒沉睡于心底的自豪。

“五星红旗，你是我的骄傲，五星红旗，我为你自豪，为你欢呼，我为你祝福，你的名字比我生命更重要……”每当听到这首沁人心脾的《红旗飘飘》时，我的脑海中便会不由自主地浮现出一幕幕见证伟大的党和祖国繁荣昌盛的画面，一个个激动人心的故事，一段段伟大的光辉历程。我知道，因为有了这些画面和故事，才构筑出党的丰功伟绩和祖国的繁荣富强，才让生活在冉冉升起的五星红旗下的人民更加骄傲和自豪。幸运的我生在20世纪90年代，成长于红旗下的这片热土，虽经历了风霜岁月，却见证了祖国腾飞的足迹。记得从记事那时起，就看见在太阳升起的时候，学校里的五星红旗也随着响亮的国歌冉冉升起，感觉很神圣，有一种很强大的力量。因此对这面随风飘扬的红旗有一种想深入探寻的热切渴望，想知道五星红旗代表的含义和其中的故事。于是在后来的生活中，知道了党的历程，看到了党领导下的祖国的发展，让我感觉到活在红旗下的荣耀和尊严。

自1979年以来，我国成为世界上经济增长最快的国家，GDP现仅次于美国居世界第二，是全世界第三个拥有可以生产载人太空飞船技术的国家，世界第一条磁悬浮列车的开通，2010年世博会在上海成功举办，青藏铁路、南水北调、航空航天等重大工程捷报频传，机场、港口、高铁、高速公路等基础设施日益完善，航空母舰歼10战机、J－20战机的成功试飞和配军，都体现着神州大地正发生着日新月异的变化。特别是2008年，在党的领导下成功战胜四川汶川特大地震等自然灾害，成功平息达赖集团和西方敌对势力制造的分裂破坏活动，成功举办北京奥运会、残奥会，圆满完成神舟七号载人航天飞行任务，沉着应对国际金融危机冲击，显示了中国特色社会主义的强大实力和凝聚力。

每当抬头仰望大门外正中心高高的旗杆上飘扬的五星红旗，就让我想起《红旗飘飘》的旋律，让我感觉很安定很踏实，让我不会再害怕什么，因为我活在红旗下，活在党和祖国的保护下，伟大的党一次次抵抗外侵保家卫国，一次次成功打击内部骚乱稳定社会秩序，一次次消灭损害人民利益的违法乱纪行为保护人民生命财产安全，一次次精明的处理金融危机而富国强兵，为我们的成长保驾护航，给我们的工作和生活提供良好的空间和环境，给我们的社会带来安定与和谐，让我们感觉到生活的快乐和工作的愉悦，感受到活在红旗下的光荣与幸福。飘荡在祖国大地鲜红的五星红旗，永远飘扬在我心中，你是我的骄傲，我为你欢呼、为你自豪、为你祝福！

唱响国歌　心怀祖国

国歌是我最爱听的歌曲，也是我心中最美丽的歌曲，当这首歌在我耳边响起的时候，我都会充满斗志。在十三亿中国人的心中，《义勇军进行曲》比任何歌曲都熟悉，在我心中它也是最动听的歌曲。

国歌诞生在中华民族最危险的时刻，最初叫《义勇军进行曲》，唤起不愿做奴隶的人们，在党的领导下，拿下枪杆，万众一心，奔赴抗日前方，大家冒着故人的炮火前进，用自己的血肉筑成了一道保卫祖国的坚固长城。人们唱着《义勇军进行曲》团结一致，同仇敌忾。经过浴血奋战，终于战胜了日本侵略者、赢得中华民族的解放。中华人民共和国成立后，《义勇军进行曲》被定国歌，它虽然诞生在战火纷飞的年代，但对生活在建设时期和和平环境里的人们，同样具有很大的意义，它使人居安思危。许多老同志听到它，仿佛看到了弥漫的硝烟，闪光的战刀，听到隆隆的炮声，雄壮的号角，似乎听到了那杀声阵阵的战场，体验到同志间同生共死的友谊和民族感情，促使他们用百倍努力继续为党为国家工作，在有生之年，多为祖国贡献。广大青年听到国歌，能够受到深刻的爱国主义教育，在国歌的熏陶下，对那些在战场上冲杀，不怕牺牲的革命老前辈，更加崇敬，对用鲜血和生命换来的幸福生活和和平环境，更加珍惜。

二战结束后，中国处于十分落后的时期。邓稼先在美国已经取得了非凡的成就，这些都纳入了美国政府的视线，他们打算用更好的科研条件、生活条件把他留在美国，他的老师也希望他留在美国，同校好友也挽留他，但邓稼先婉言谢绝了。1950年10月，他放弃了优越的工作条件和生活环境，和二百多位专家学者一起回到国内。一到北京，他就同他的老师王淦昌教授以及彭桓武教授投入中国近代物理研究所的建设，开设了中国原子核物理理论研究工作的崭新局面。世人看到的只是辉煌夺目的成果，然而又有多少人能体会在那成功背后的艰辛。为了国家核事业的发展，他不得不告别妻子儿女，去核工业部第九研究院过他那长达二十余年的单身汉生活。辞别家人的那一刻，他的脸上写满了不舍与歉意。然而当妻子问及要去何处时，他毫不犹豫，“不知道，也不能说。”神秘的九院，多少回，周遭树林里旧叶换了新叶，他的青丝亦染成了白发。多年以后，当他再一次见到女儿时，一双粗糙有力的手紧紧抱着已经长大的女儿，他的眼里噙满了泪水。是的，岁月见证了邓稼先的成就，见证了中国核事业的进步。1964年10月16日，原子弹成功爆炸。1967年6月17日，氢弹爆炸试验成功。这中间的寂寞与艰辛，邓稼先和他的研究员们默默咀嚼着。后来当杨振宁问及中国两弹的研制是否有美国人帮助时，邓稼先多么想亲口告诉他，这完全是中国人自己的研究成果，但由于国家纪律，他始终没有说出口。后来经周总理指示，他才亲笔写信告诉杨振宁：“中国的原子弹和氢弹完全是由中国人自己研制的，没有任何外国人参加。”

邓稼先心怀祖国，为祖国的科学事业奉献了自己的毕生精力，鞠躬尽瘁，死而后已。从他的身上，我们可以看到炽热的爱国情感、坚忍不拔的奋斗精神、淡泊名利的高尚品质。作为老一辈科技工作者的典范和楷模，虽然他经历的时代已经过去，但他的精神永远不会过时。在物欲横流的今天，我们更需要向邓稼先学习，继承发扬“两弹一星”的精神财富，脚踏实地，勤奋刻苦，向着自己的梦想迈出坚实的步伐。相信终有一天，我们也可以实现自己的人生价值，为祖国的发展做出应有的贡献。

心怀祖国 提升自我

仰望长空，历史的星光依然闪烁！我们的中国壮丽而永生！历史的长卷上写着她的智慧，指南针上旋转着她的方向，战火纷飞中她一次次回归和平，精神劫难里她又一次次重获新生。为了祖国的成长，无数先人前仆后继、呕心沥血，为了祖国的富强，又有多少前辈燃尽了青春，甚至不惜牺牲生命！即使在封建主义的绞杀下，即使在帝国主义的炮火中，中国人毅然用自己的脊梁挺起了中华大地不朽的“长城”。

沿着黄河与长江的源头，漂流而下，从《诗经》中“坎坎代擅”的江边，到《史记》“金戈铁马”的楚河汉界；从郦道元的《水经注》，到苏东坡的《大江东去》；看青藏高原脉动的祖国；看黄土高坡起伏的祖国；看烟花苍茫、千帆竞发、百舸争流的祖国；看群峰腾跃、平原奔驰、长河扬鞭的祖国。

她曾成了帝国主义倾销鸦片的场所；成了军阀混战的战场；成了帝国主义瓜分世界的赌场。她曾遍体鳞伤，千疮百孔。每一寸土地都被烙上深深的血痕，每一张容颜都布满了惊恐的阴霾。此情此景，山河在呜咽，松涛在哀泣，乌云笼罩下的中国在艰难地行进。为挽救沉沦的中华民族，无数先烈们折戟沉沙、浴血奋战——林则徐虎门销烟的熊熊烈火；王二小血洒山头的悲歌；刘胡兰宁死不屈的回音；红军战士爬雪山、过草地，气吞山河的壮举，狼牙山五壮士气壮山河的豪气，让我们中华儿女呐喊、奋起。数十年的期盼，数十年的煎熬，数万万同胞的奋斗，终于换来了天安门城楼那一声“中国人民从此站起来啦！”我们的祖国振翅一飞，直冲九霄，向全世界发出了最为雄健豪壮的声音：“中国人民从此站起来了！”震荡环宇，久久不息！

回眸历史，我们忘不了那些为民族解放事业而英勇献身的革命先烈们，忘不了“砍头不要紧，只要主义真”的夏明翰，忘不了手托炸药包，高喊“为了新中国，前进”的董存瑞，更忘不了“生的伟大，死的光荣”的刘胡兰……循着历史的源头，走到今天，我们不难发现，一部中国史，其实就是一部爱国史！经历风雨，我们的祖国在世界民族林中巍然屹立。我们的民族精神就是以爱国主义为核心的，这是中华之魂，是光照千秋的高尚情操。

“外国人干不了的事，为什么我们中国人干成了？不是因为我们的技术更先进，而是因为我们对祖国的这片蓝色国土有着深沉的爱恋。”中国海洋石油总公司渤海油田勘探开发研究院辽东湾项目队项目经理徐长贵作为“中国青年五四奖章集体”获得者代表，自豪地介绍了自己的团队——平均年龄30岁，坚持自主创新，近5年来相继发现18个油气田，勘探商业成功率达75%,远高于成功率30%的世界平均水平。

是困难也是希望，是挑战也是机遇，是期待也是付出，是收获也是给予，把热血奉献社会，把汗水洒满大地，把温情带给人间。我们应该坚定理想信念是青年成长成才的核心灵魂；练就过硬本领是青年成长成才的牢固根基；勇于创新创造是青年成长成才的时代要求；矢志艰苦奋斗是青年成长成才的精神支柱；锤炼高尚品格是青年成长成才的立身之本。国家和政府帮助了我们，我们应该心怀感激，国家对我们的希望就是我们行动的方向，如今全国都在为实现“中国梦”而努力，我们青年是祖国的未来、民族的希望，中国梦就是我们的青年梦。我们每个人身上都肩负着振兴中华、富民强国的重任，中华民族伟大复兴终将在广大青年的接力奋斗中变为现实，让我们把科学、理性、民主、法治，进一步作为自己的伟大目标，用高尚的品德和优异的成绩回报那曾经养育了我们的祖国。让我们在庄严的五星红旗下宣誓：为了祖国的美丽永生，为了祖国的繁荣富强，我们将努力奋斗、提升自我！

心怀祖国　振兴中华

在这片辽阔宽广的土地上，在这个繁荣富强的国土上，我们有过千年的封建和愚昧，有过闭关和自守，有过高傲和自大；至高权力三呼万岁的顶礼膜拜声，对抗不了混战、灾祸、饥饿的凶残！在外国列强的洋枪洋炮入侵下，我们的长辫子没有能甩出中国人的尊严，割地赔钱，丧权辱国……从而有了百年的噩梦和百年的屈辱！中国人民永远也不会忘记，1937年7月7日日本帝国主义以士兵失踪为借口，发动了震惊中外的卢沟桥事变，从此，中国人民走上了艰难的抗战征程；中国人民永远也不会忘记一个又一个不平等的条约，使中国从一个泱泱大国变成了一只任人宰割的肥羊。中国人民不会忘记，八国联军火烧圆明园，让这座世界上最辉煌壮丽的建筑顷刻间变成一片焦土和瓦砾。中国人民永远不会忘记，有多少志士仁人，多少革命先辈抛头颅，洒热血，以钢铁般的意志和无所畏惧的气概，以顽强不屈的精神和众志成城的力量战胜了帝国主义。

积贫积弱的旧中国，山河破碎、生灵涂炭。风起云涌的革命浪潮中，孙中山先生第一个响亮喊出“振兴中华”的口号。1894年11月，孙中山先生约集二十多个进步华侨在檀香山设立兴中会，取“振兴中华”之意，第一个响亮地喊出了“振兴中华”的口号。一百多年过去了，忠实继承孙中山先生遗志的中国共产党人，团结带领全国各族人民英勇奋斗、继续前进，付出了巨大牺牲，完成了孙中山先生的未竟事业，实现了民族独立、人民解放、国家富强。今天，全面建成小康社会已进入决胜阶段，中国正前所未有地接近世界舞台中央，我们当可告慰孙中山先生。

沧海桑田，风雨坎坷，伟大的祖国历尽磨难。我们肩负着跨世纪的历史使命，我们不甘心落后于前人，我们要继承和发扬先行者留给我们不怕困难，开拓前进的大无畏精神。少年兴则国兴，少年强则国强。我们要适应时代发展的要求，正确认识祖国的历史与未来，热爱祖国的大好河山。祖国的领土不能丢，不能被分裂侵占。 历史的书面仍在不倦地翻动，复兴中华民族的历史呼吁在古老版图上回荡不息，那雄浑的声音使每颗灼热的心为之震撼。用我们的智慧和勇气扬起理想的风帆！用我们的青春和热血谱写出前不负于古人，后无愧于千秋万代的历史新篇章！鲁迅先生曾经说过：中华民族自古以来就有埋头苦干的人，就有拼命硬干的人，就有舍身求法的人，就有为民请命的人——他们是中国的脊梁。一切探索救国救民的先辈们是中国的脊梁，伟大的抗战英雄是中国的脊梁，而我们必将成为新世纪复兴中华民族的脊梁，就是因为有这么多的脊梁，中国才会有振兴的一日。

要振兴中华，光是说的漂亮毫无用处，必须落到实处。有人可能会轻视个人的力量，认为自己一个对于国家不可能有影响。但是积少成多的道理我们都懂，每个人的力量集中起来就会成为推动历史发展的不可抗拒的洪流。当然，有实际行动并不意味着每个人都要成为文化大师或者将全部财产捐赠国家，而是从身边的小事做起。有些人讥笑小事，不屑去做，认为小事成不了大气候。然而沈浩不是关注村民的每一件小事才获得群众的高度赞扬吗？两弹一星的元勋们不是不放过任何一个微小细节才取得巨大的成功吗？他们不伟大吗？细节决定成败。所以在生活中我们要注重自己的衣冠言行、展示自己的文明风貌，随手关灯、节约水电，尊重自然、尊重生命，热爱学习等等。当然，并不仅仅只有这些，只要我们心中有对祖国的热爱，我相信这种崇高的信念一定会指引着我们不断前行。曾听不少人慨叹自己没能生在金戈铁马的时代，可以实实在在地报效祖国，但如今我们面临的挑战也是非常困难的，需要我们每个人不断地学习，提高自己的科学素养与道德修养，才能为国家在当今世界占据一席之地做出贡献。这不是一朝一夕就可以彰显效果的，它考验着我们的毅力，是对我们的巨大挑战。如果只想着在适当的时机才去爱国，坦率地说，只是对自己责任的推诿、逃避。历史不会重演，每个时代都有自己独特的烙印，振兴中华必须从现在做起，从我做起。祖国的明天掌握在我们手里，历史翻开了新的一页，我们的祖国开始新的历程，今天我们为振兴中华而勤奋学习，明天，我们为创造祖国辉煌的未来贡献一份自己的力量。少年智则国治，少年富则国富，少年强则国强，少年独立则国独立！

心怀祖国　走向世界

自从我开始接触汉语时，就感到中国的汉字是多么的渊博，中国的语言是多么优美、多么的生动，是在我心中任何一个国家的语言都无法与我国的语言相提并论的。自从我学习历史开始，中国那古老而又悠久的名胜古迹在我心中激起万千感慨，那雄伟的长城，美丽的颐和园和超凡脱俗的敦煌壁画，都能体现出你的美丽、历史的悠久。在我心中，你永远都是那么的和蔼、美丽。即使经历了很多年，但是你那悠久的历史却永远留在人们的心中。你在你儿女的心中永远都是非常美丽的，他们因为生长在你的怀抱里而感到骄傲、自豪。你的子女们拥有高贵的品质，他们懂得以礼待人、友好待人、不鄙视他人，总能使濒临绝望的人能感到人世间的温暖、让他们懂得人世间的真情永恒。

经历5000年风霜雨雪，敞开了960万平方千米的宽阔胸膛，中国——这个东方巨人，睁开惺忪的双眼，昂起头颅，跨着稳健的步伐，走向世界。国际互联网通过无数根光缆、电缆和电话线，把世界几乎所有国家的数百万个网站、亿万台电脑连接在一起，组成一个信息的“大家庭”。景德镇是我国的陶瓷之乡，由于信息不灵通，商人为了卖陶瓷，四处寻游推销产品。但是尽管这样日夜奔波，舟车劳顿，陶瓷的销售之路还是没有打通。后来，有个叫李建民的陶商，在掌握了上网的技术以后，自己设立了一个网页，开始在因特网上卖陶瓷。陶瓷生意一下红火起来，不但在国内畅销，而且远销国外。一次他在网上同一名美国外商签订了一万个陶瓷的销售合同。李建民每年在因特网上销售陶瓷，生意越做越红火，财源滚滚，成了“陶瓷王”和“农民企业家”，还让世界了解中国，让世界知道中国是个聚宝盆。

2001年在卡塔尔举行了世界贸易组织第四届部长级会议。在会上，世界贸易组织成员国和地区代表按照组织规划，采取协商一致通过的方式，审议通过中国加入世贸组织。当确定没有人表示反对意见后，工作组主席杰拉德面露笑容，高举起小木槌，“当”！清脆的锤声回响在整个大厅。一锤定音，中国加入世界贸易组织的决定通过了。锤声刚落，大厅里响起了热烈的掌声。对中国加入世贸组织，不但国人高兴，世界各国也纷纷表示祝贺。因为中国加入世贸组织以后，不但中国受益，世界各国也将从中受益。在世界经济日益全球化的今天，可以说，中国的迅速发展离不开世界，世界的繁荣同样离不开中国，正像世界贸易组织总干事穆尔说的那样“中国加入世界贸易组织是对这个世纪甚至更长时间的一件大事”。

浦东崛起，港澳回归；北京申奥成功，“神舟”号遨游太空；上海举行APEC会议、世博会。这一切无不在昭示着：中国巨龙的飞速发展和不断强大。

展望未来，在中国共产党的领导下和全国人民的共同努力下，中国是有信心和能力抓住机遇，作为世界最大的发展中国家，中国必将对整个世界的稳定与发展做出贡献。一个走向世界的民族，必须胸怀宽广，博采众长，才能以昂然身姿挺立于世界民族之林。今天我们是祖国的希望，明天我们就是祖国的栋梁。祖国永驻我心，我心属于祖国。

列宁曾经说过：“忘记过去就意味着背叛！”那就让我们沿着时间的隧道逆向而行，重新感受那平凡而又伟大的历史吧。

第三节　感恩祖国

感恩祖国

祖国是我们的根，是我们的源。没有祖国，就没有我们的安身之所；没有祖国，就没有我们做人的尊严；没有祖国，就没有我们拥有的一切！所以，我们应热爱我们的祖国，感恩我们的祖国，报效我们的祖国！

曾几何时，我们的祖国饱经沧桑，历尽磨难，遍体鳞伤，千疮百孔，但是从未低头过！国难当头，英烈辈出。从杨靖宇、彭雪枫，到佟麟阁、张自忠……每一个名字背后，都是中华儿女的铁骨铮铮；每一场战争，都是中华民族誓死卫国的英雄气概！正因为您的坚韧，您的儿女的义无反顾、永不屈服的精神，打败了日本反法西斯，向世界宣布：我们中国，是不可战胜的！感谢您，我的祖国！

而今，伟大的祖国，载着改革开放的旗帜，载着中华民族的期待，正以惊人的速度向前飞奔。改革开放涌起的滚滚春潮焕发了中华大地勃勃生机，改革开放这一前无古人的实践使我们伟大的中国踏上了民族复兴的伟大历程。城市的距离缩短了，孩子能接受教育，人们能享受很好的医疗……生活质量越来越高，生活环境越来越好，这些都无不归功于我们伟大的祖国。

所谓有国才有家，如果没有我们的祖国，我们就不会如此的幸福生活。如果没有我们国家的强大,我们就不会有现在的幸福生活。感谢您，祖国！与此同时，随着我国经济、军事多方面不断加强，我国综合国力显著增强，国际影响力日益提高。北京奥运会、上海世博会向世界人民展示了中国五千多年来的璀璨文化，凝聚了中华儿女的智慧；歼15战机展开训练，航母编队初步成型，“蛟龙”下海创造新纪录，“神九”“神十”飞天实现对接等等展现了我国在科技方面的高超水平，中国还是联合国安理会常任理事国中派遣维和人数最多的国家。这些都说明我国正一步一步实现民族的复兴，正一步步的走向强大。因为有了您，才有了我们在世界前的骄傲！感谢您，祖国！

而我们，作为一名当代的学生，我们不仅肩负着自身理想的实现，更肩负着中华民族的伟大复兴！一名有所作为的学生，日后是要承担起建设中国特色社会主义的历史重担，成为振兴中国的国之栋梁。为了能够更好地履行这一历史使命，我们要从现在做起，从身边做起！拥护党的领导，践行党的方针，尊重党的决策。高举党的时代旗帜，投身于构建和谐社会的洪流中去！

我的祖国啊，我自豪您的坚强，在那样黑暗的岁月里，抵住内忧外患闯过岁月蹉跎；我自豪您的精神，在现在的新时代，改革开放勇于创新气势磅礴；我自豪您的光明，不断创新、勇于进取，将前进的方向牢牢把握。我的祖国啊，伟大的祖国，我对您怀有多少深情，多少感激！感谢您，我的祖国！

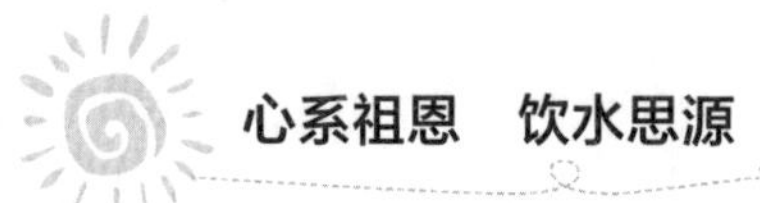

心系祖恩 饮水思源

清晨，当我走在清爽宁静的小路，感受着晨曦的轻柔光芒时，内心是一种轻松喜悦。想着，脚下所踏的这片土地，正是祖国的大地，在此宁静美好的清晨里，我可以无忧无虑地欣赏周边的美景，这份轻松自在，难道不正来自祖国所给予的恩赐吗？

每当听到那红军万里长征的故事，看到影视中前辈们浴血奋战的惊心动魄，在鲜血染成的旗帜下，摸着胸前的红领巾，深深感恩先辈为我们的幸福生活，付出了生命。这得之不易的安宁与幸福，需要用心来珍惜。每当在一些新闻报道中，看到战乱国家人民的逃难场景，眼见着一大群人携妻带子，背着行囊跋山涉水，为能生存下去背井离乡。在露天之下，他们仰天而卧，孩子依靠着母亲，无家可归，惨淡万分。生命，随时可能在突来的袭击中消逝。连续的战乱，人民生活惶惶不得终日。于是，内心很震动，也才感受到，能有一个安定祥和的生活环境，是多么幸福的一件事。

每天，安心在家里吃上三顿饭，夜晚能踏实安定地躺在床上，真的就是一种幸福。这样的安宁生活，对我们而言，那么平常，可对于战乱中的人民来说，却是多么宝贵的生活啊！

当第一次看到海地人民、非洲饥民在贫困中，以泥饼来充饥，甚至几天都没有吃东西，饿得皮包骨头时，极大地震撼了我的心灵。非洲的一些饥民，没有足够的食物可以吃，又因饥饿与贫困产生许多的疾病，在饥饿与疾病的折磨中，他们是多么需要一份健康与温饱啊！而这一切，国家已经为我们早就想到了，首先解决人民的温饱问题，接着奔小康，再是现代化。其中，也不断为人民解决医疗问题，社保、医保等保障系统也都不断加以健全。

经过了非典、雪灾、5·12大地震、水灾……也让我真切感受到，祖国对于人民的关怀爱护。每当灾难来临，国家总会以最快的速度进行救助。不论是国家领导人，或是官兵战士，又或是医务人员、志愿者，都急迫地赶到灾区，不分日夜给予需要的兄弟姐妹们最及时的救护与安慰。再艰难，再有险阻，也挡不住这一颗颗炽热的心，不忍同胞受苦受难！能生长在这有情有义的国度里，是多么地荣幸。

当翻开历史长页，见到原来自古以来，中华人民就有着一颗热爱祖国的诚挚之心，一颗互相关怀的仁爱之心。他们在自己的能力范围内，忠于国家，忠于人民，甚至牺牲生命也毫无畏惧。其中，有关龙逢不畏生死的真切忠谏；有“先天下之忧而忧，后天下之乐而乐”的范文正公；有精忠报国的忠士岳飞；有“苟利国家生死以，岂因祸福避趋之”的林则徐；还有那“粉身碎骨浑不怕，要留清白在人间”的于谦……感受着先辈们的豪情壮志，也更加体会到，这颗爱国的赤诚忠心，早已是中华儿女心中的一块坚固基石。

国与家，家与个人，是一体的。在祖国温暖的怀抱里，我们得以健康快乐地成长；而当我们有能力为国效力时，也要为国家的和平富强，贡献出自己的一份能力。身为华夏子孙，身为中国人，每一个兄弟姐妹都有这份责任与使命。

有幸生长在这和平的年代里，不需要我们也去抛头颅、洒热血。然而，一颗真挚的爱国之心，却不因时代变迁而改变。用心珍惜着我们当下的生活，认真努力学习，学习周总理那“为中华崛起而读书”的精神，将这用功学来的知识技能，报效祖国，回报家乡；孝养父母，友爱兄弟，让家庭更加和睦，家家和睦，整个国家便更加安定祥和；珍惜我们国土的每一寸资源，珍惜人民劳动成果，珍惜水，为国家节约更多的能源，也为后世子孙，留下美好的生活空间；爱护环境，当能弯下腰捡起地上的纸屑，能够礼貌地对人一个微笑，便在维护着祖国的美好形象……

祖国是我们心中的灯塔，照亮我们前进的步伐；祖国是我们自信的源头，赋予我们无穷的力量。沐浴在金秋的阳光里，任思想沿着岁月的河床，去追赶那五千年的时光。唱赞歌，颂祖国，越唱歌越多。心系祖恩，饮水思源，祝福我们伟大的祖国一天比一天更加美好灿烂。

国强，我们才会幸福

我一直牢记着屠格涅夫的一句名言：“没有祖国，就没有幸福。”确实，我一生的幸福都是祖国给予的。中国是一个文化的古国，也是一幅迷人的画卷。中国是一个芬芳扑鼻的花园，有娇嫩的花骨朵婴儿们，给新婚夫妇带来甜蜜；有可爱开朗的太阳花孩子们，带来快乐；有勤劳朴实的月季花妈妈们，带来充实……中国是一杯苦尽甘来的绿茶，把人们的生活写艺得淋漓尽致。中国是一面鲜红的国旗，他聚集了所有革命战士的鲜血，是历史的见证。

“我爱我的祖国，一刻也不能分割……”在这片非常富饶，非常繁荣的土地上，我度过了十三个春秋。我目睹了祖国母亲的强盛，伟大！过去的几百年，祖国母亲遭受了多少磨难和艰辛，我们从任人宰割走向独立自主，从悲愤彷徨走向意气风发，在反复选择中找到了社会主义救中国的客观真理，在艰辛探索中走向改革开放的康庄大道。可是，当今我们同龄人中的有些人，他们不大了解祖国母亲的过去，不大理解祖国母亲的今天。虽然帝国主义铁蹄的践踏和历经十年的浩劫，使我们的祖国母亲落后贫穷了，但是，她毕竟是我们的祖国母亲啊！她没有被打倒，而是以挺拔的姿态屹立于世界的东方。作为祖国母亲的儿女，为有这样的母亲而骄傲和自豪。我爱我的祖国母亲，她给了我一个幸福美满的家，让我茁壮成长。我的祖国，我的母亲，她生我，养我，用她那甘甜的乳汁哺育着我。我一刻也离不开我的母亲，我的祖国，就像台湾与大陆永远不能分割一样。

不得不承认，我们正赶上了一个好的时代，好的社会变革时期。我们没有经受过我们祖辈那一代的战火纷争，也没遭受过父辈那一代政治动乱与自然灾害。我们从一出生，就吃得饱，穿得暖，人人有书读有学上，毕业后人人有工作，从此知识改变命运，不再是一句空话。农村人走向城市便有了最简洁的途径：读书——考上大学——留在城市工作——买房安居乐业。

在改革开放之前，我们简直不敢想象现在会有这么多农村人涌向城市，可以通过务工、经商、读书、就业、考公务员、婚嫁等等各种途径留在城市工作和生活，并且很多世居农村的穷人，他们已经华丽的完成了转身，彻底变成了城里人，享受着城市的优质教育，优质的医疗和其他城市优质公共服务保障，年轻时有班上，年老了有退休金拿。要是放在40年前，什么都要靠推荐，什么都讲究家庭成分的时代，读书靠公社推荐，当兵靠公社推荐，读大学靠推荐，进厂当工人还是靠推荐，足可见，那个时代，农村人的命运道路多么狭窄。所以，我由衷的觉得祖国的伟大、开明、富强，是我们老百姓过上幸福生活最坚实的后盾。

五千年的灿烂文明史，作为中国人，我们无一不为之感到自豪。可试问，你知道我们应该怎么做吗？感恩祖国，是一种敬与爱的交织，更是一份责任！我们需要挑起这个担子，将中国文化推广到世界。

今天，我们伟大的祖国，经济发展，政治稳定，社会进步，民族团结，各项事业兴旺发达，蒸蒸日上。在九百六十万平方千米的大地上，一片姹紫嫣红，气象万千；全国人民朝气蓬勃，精神振奋，到处充满着青春活力，洋溢着胜利的豪情。全国人民正以昂扬的斗志和辛勤的劳动，阔步前进在建设有中国特色社会主义道路上。弹指瞬间、沧桑巨变，68年前，中华人民共和国宣告成立，开启了中国历史的新纪元。在中国共产党的领导下，亿万人民艰苦创业，努力探索中国特色社会主义的发展道路，在改革开放和现代化建设的历程中，创造了一个又一个奇迹，实现着强国富民、民族复兴的百年梦想。改革开放，使中国一步步走向繁荣昌盛，华夏儿女们安居乐业。青藏铁路，一条几乎不可能的铁路，中国人民做到了；火车多次提速，让人们的生活更加便捷；奥运场馆建设，奥运会的成功举办，让举国上下一片欢呼雀跃……中国正在用自己的智慧和汗水完成着一个又一个壮举！

“无论我走到哪里，都留下一首赞歌……”我深深地爱着这片生我、养我的土地，知道她是多么值得人们的尊敬，知道她是多么的让人爱戴。我在这片土地上，虽留下过无数的脚印，但无论我走到哪里，我都会留下一首优美而激情的赞歌。赞美我的祖国，我的母亲，赞美她那一头乌黑的像瀑布一样的秀发森林；赞美她那激情澎湃的热血河流；赞美她那白皙无瑕的皮肤土地。总之，我要高声赞美我的祖国，赞美她的富饶，她的美丽，她的善良，她的勇敢。她既是一个温柔的母亲，又是一个铁铮铮的汉子，立于天地之间，永恒长存！

没有祖国的强大，哪有我们老百姓的幸福和尊严。现在农村种地，再也不用交延续上千年的农业税。我们读小学、初中，国家实现全面义务教育，现在义务教育也已经全面免费。我们考大学，国家开始扩招，让更多的寒门学子有机会走进象牙塔接受高等教育深造，学有所成，时至今日，现在高考录取率已超过80%，是教育改变了我们这一代人的命运。

当我们工作后，国家开始实行住房制度的改革，它给70后、80后提供了更多的住房机会。要知道，在计划经济时代，福利分房制度，也许从你20岁参加工作，论资排辈直到你快退休时，才有可能分到一套职工住房。而我们现在身边无数70后、80后，多少人30岁不到便拥有自己的私人房产，宽敞明亮，父母老有所养，孩子学有所依，一家人生活在一起其乐融融，这一切不是祖国优厚的制度给我们的吗？

我们的祖国也许并不完美，现实中会有不公平的现象，权大于法，贪污腐败，政府效率低下，但是党的十八大后，这种现象遭到惩治，法制环境更加净化透明。这无疑让我们老百姓生活在一个更透明、纯洁的社会里，感恩祖国，不能由于社会一定程度上的不公正，就否定我们共同的努力；不能因为社会还存在众多问题，就对祖国的未来失去信心，就否定今天我们所到达的高度。在文化日益迷失的今天，在社会制度尚不完善的今天，我们除了要有社会危机感和民族文化意识的危机感，更要有铁肩道义的社会责任感！感恩祖国的赐予，只有国家强大，我们的生活才会更加幸福、快乐。

祖国接你回家

祖国，带给我们太多的感动，当我们身处异地之时，更感受到祖国是我们的亲人。祖国啊！祖国，您用博大的胸怀哺育我们，我们用宏伟的成就报答您——我们伟大的祖国！滔滔长江，滚滚黄河，您用五千年奔流教会我们百折不挠、勇往直前；珠穆朗玛，天山昆仑，您用剑指九霄的飒爽英姿，赋予我们傲岸不屈的人格。祖国啊！正是您不屈的执着筑就了中华的魂魄，正是那惨痛的历史预言了您今天的辉煌。

放眼当今世界，一些地区仍不太平，战争、冲突、恐怖主义袭击等频繁威胁着我国海外人员和机构安全。2015年11月，习近平主席就3名我国公民在马里人质劫持事件中遇害做出重要批示，要求有关部门加大投入和保障，加强境外安全保护工作，确保我国公民和机构安全。一张照片，一生回忆：一名海军女战士牵着一个小姑娘准备登上军舰，小姑娘手里拿着一瓶水，一脸幸福。网友给照片配了解说词："别害怕，姐姐带你回家。"2015年3月下旬，习近平主席下令护航编队执行撤侨任务，3艘中国军舰立即奔赴也门，从战火中撤出613名中国公民，这个小姑娘就是其中的一位。"他们会很自豪、很庆幸自己是中国人。祖国强大，是我们公民人身安全和利益的强大后盾。"海军司令部作战部副部长梁阳这样说。

危险四伏，中国军人临危不乱。4月2日15时许，军舰停靠的亚丁港老城陷入激战，坦克的轰鸣声就在耳畔，码头上的吊塔遭到机枪扫射，武装人员乘快艇频频驶过。一声令下，军舰进入一级战斗部署，备便舰载武器系统，布设重机枪手和狙击手……现场指挥员立即搜索警戒范围，对码头上还没来得及上舰的人员进行贴身护卫，其余人员迅速上舰，在确保侨民安全的前提下强行出航，迅速离开码头。在数十个小时的历险后，很多人“看到军舰驶来就哭了”；还有人抵达祖国后感慨，“有一种难以述说的感动”……时任外交部领事司司长黄屏借用媒体的一句话说：“中国护照含金量不仅在于免签多少个国家，还在于碰到麻烦与危险的时候，祖国带你回家！”

仰望长空，历史的星光依然闪烁！我们的中国古老而伟大，我们的中国壮丽而永生！从各国盛赞我国成功举办第二十九届奥运会和第二届南京青奥会的妙语华章里，我看到了一个日渐强大的中华民族正在东方崛起，看到了奥运健儿们的英姿；从捍卫奥运圣火传递的身影里，我看到了一颗颗蓬勃激跳、爱国爱家的中国心；我想起了祖国接连成功发射了神州号载人航天飞船，梦圆飞天。想起了中国已经成为世界航天领域举足轻重的一员；我想起了改革开放四十年里我国人均国内生产总值保持一定的增幅，想起中国国力；想起中国已经成为这个世界综合国力第二的国家；想起新中国的国际地位迅速不断地提升；想起新中国历史，想起了新中国成立六十八年来闪光的足迹！从四通八达的富民大道，我看到了中华民族经济腾飞的希望。

祖国在我心中！从高楼大厦林立的和谐平安小区，我看到了亿万家庭温馨甜蜜的笑脸；从汶川大地震的废墟里，我看到了中华民族震不垮的民族魂；从万里冰封的雪灾里，我看到了祖国战胜一切自然灾害和各种人为灾害的万众一心众志成城；祖国在我心中！从金灿灿的稻田里，我看到了农民丰收的喜悦；从华夏各族人们日渐鼓起来的腰包里，我看到了改革开放的春风已经吹绿了神州大地；从祖国改革开放四十年的日新月异，我看到了国泰民安、繁荣富强；从宇宙飞行员翟志刚太空漫步的曼妙身影里，我看到了东方巨龙龙腾九霄的宏伟蓝图；祖国在我心中！从香港、澳门的顺利回归到港人治港、澳人治澳的“一国两制”，我看到了一代又一代国家领导人的足智多谋、高瞻远瞩！祖国，中华儿女心中永远的家。

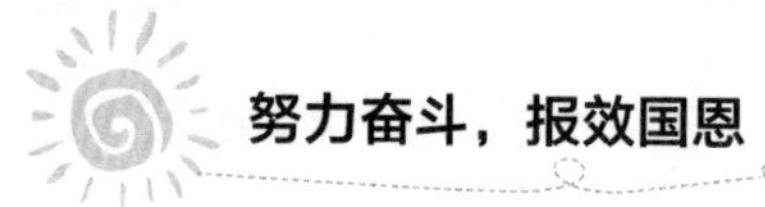

努力奋斗，报效国恩

盘古开天，女娲造人；三皇五帝禅让，夏商文化灿烂；春秋战国硝烟，诸子百家争鸣；南北六朝竟奢靡，隋唐演义有传奇；在唐诗宋词的绝唱里，在书法绘画及丝竹声中，宏大的历史画卷铺展开了，文化底蕴所带来的厚重感，造就了中华民族，也注定了华夏儿女将一代代传承下去。

但是，新时代有新要求，我们不再仅仅是摇头吟味四书五经的书生，时代赋予我们新的使命——创新。“中国制造”遍布全球，而“中国创造”少得可怜，这何尝不是一种叹息，这又何尝不是一种契机？有十三亿人口的中国缺少创意吗？勤劳朴实的国人缺少制造吗？四大发明的灿烂成就在历史的那头凝望。我们也看到了中国富商王传福把“中国创意”和“中国制造”有机结合，打造出中国品牌。我们不缺少成功的例子，但还远远不够，我们常常只要求社会为自己创造更好的条件和生活，而忽略和轻视了个人奋斗的重要性，忽视和忘记了个人对于社会的责任，这是多么可怕的一片沼泽啊！将刚踏入泥沼的脚抽出，踏上新的旅程，不断用学识丰富自己，督促内心理性与信仰大厦的落成，昂首挺胸，迈向新世界，这正是我们青少年要切实去做的！时代在召唤我们！祖国在召唤我们！

从我懂得要爱国的那一天起，“李大钊”这个名字就深深地印在我的脑海中:1926年3月，李大钊为了拯国家于危难，救人民于水火，领导并亲自参加了北京人民反对日、英帝国主义和反对军阀张作霖、吴佩孚的斗争。北洋军阀段祺瑞执政府制造了“三·一八”惨案，北京一片白色恐怖。李大钊在极端危险和困难的情况下，继续领导党的北方组织坚持革命斗争。1927年4月6日，军阀张作霖勾结帝国主义，逮捕了李大钊等80余人。李大钊备受酷刑，在监狱中，在法庭上，始终大义凛然，坚贞不屈。4月28日，反动军阀不顾广大人民群众和社会舆论的强烈反对和谴责，悍然将李大钊等20位革命者绞杀在西交民巷京师看守所内。李大钊第一个走上绞架，从容就义，时年38岁。五千多年的文明史，孕育了华夏儿女的钢筋铁骨养，成了中华民族的“浩然正气”。像李大钊这样“捐躯赴国难，视死忽如归”的英雄在我们祖国又何止他一个：精忠报国的岳飞、收复台湾的郑成功、两弹一星的邓稼先、中国革命的先驱者孙中山……无数仁人志士用碧血丹心谱写了一曲曲爱国之歌。他们就算死也要为祖国效忠。

今天，当我们再次高呼“我们是中国人”时，背后所涌动的不是封建王朝时期天朝上国的自大，不是鸦片战争时期捍卫尊严所需的勇气，而是自改革开放以来，自强不息的自信！无论历史的长河如何流淌，那句话饱含的深情始终未变，“祖国啊，我的母亲！”灾难面前，您的儿女们众志成城；困难当头，您的儿女们从不屈服。我们眼中不会是泪水，我们要将那深沉的爱化为守护您的一生的力量！

五千年前，华夏文明诞生。今天，作为炎黄子孙，我们要唱响那永恒的主题——感恩祖国！五千年后的今天，我们的祖国正在蓬勃发展；五千年后的今天，在我们祖祖辈辈的辛勤劳作、勇于开拓的无私奉献下，我们的生活蒸蒸日上；五千年后的今天，我们在一切爱我们的人的呵护下茁壮成长；然而，五千年后的今天，我们蜷缩在先辈们编织的温床中，许多人，全然没有意识到自己对于祖国的责任。今天，是时候唤醒大家日益麻木与淡漠的心，来守护“中国梦”的光芒！

真理永远是最朴素，爱同样也是。不管力量大小，不管能力多少，我们都有一颗中国红心，无论何时何地，当国歌响起，我们都会驻足停步，内心涌起感动与激荡。从点点滴滴做起，从现在做起，用行动表示：我爱你，我的祖国母亲！

祖国，最坚强的后盾

新中国成立以来的种种变化让我感慨多多，而自己经历的只是千千万万国人生活中的一个小小的缩影。祖国在我心中！从被人任意践踏的“东亚病夫”到屹立世界的“东方巨人”，中华民族走过了大国崛起的光辉岁月。我们用笔尖蘸着幸福的泪水，写下这悠悠思绪，谨以此表达我对无数英烈的缅怀、敬仰，以及对祖国的热爱和忠诚！赞歌唱给祖国，祖国在我心中！爱国从我做起，心动不如行动，在平凡的岗位上，意气风发，上下求索，勤勤恳恳，兢兢业业，提高技能，勤学苦练，无私忘我，无私奉献，继往开来，创先争优，怀有一颗炽热的心，不断地向五星红旗喷射出鲜红的灿烂！

战争的硝烟，死亡的边缘，祖国的召唤，喜悦的泪花……这样的场景，多么似曾相识。时钟拨回到2011年2月23日夜晚，北非的冷风卷着沙子，扫过埃及与利比亚交界萨卢姆口岸干枯的灌木丛，扫过蜷缩着身体躺在路上的各国难民，扫过一双双兴奋等待的中国外交官和记者的眼睛。这一晚，372名中国公民乘坐大巴撤出利比亚战区。大巴车上，有人哭了，回想着几个小时前还在死神的眼皮底下，他们百感交集；大巴车上，有人睡了，经过连续几天不知疲惫的逃亡，他们终于放下了吊在嗓子眼儿里的心；大巴车上，一位中国外交官终于舒心地露出微笑——为了帮助上百名丢失护照的中国公民入境埃及，他前后不知费了多少口舌，跑了多少腿……目送大巴车启程的埃及朋友啧啧赞叹：只有中国政府一个不剩地把在利人员全程接出战区，接回祖国。这些数字，足以勾勒出撤离行动的恢宏壮阔——只用了不到10天，中国派出91架次民航包机、12架次军机、5艘货轮、1艘军舰，租用35架次外国包机、11艘次外籍邮轮和100余班次客车，

35860名中国公民撤离利比亚……

这些数字背后，有多个铭记史册的“中国第一次”——第一次大规模有组织撤离海外人员，第一次海陆空联动，第一次派出军舰与军机参与撤离，第一次动员众多友好国家协助行动……美国外交关系委员会网站的文章说，中国用行动明确表示不会容忍任何中国工人遇到危险。卡塔尔半岛电视台评论说，如此规模和气派的撤离行动，也只有强大起来的中国才能做得到。英国《金融时报》评论称，利比亚撤离行动标志着一个意义深远的变迁，中国有能力保护其远离祖国的公民，表明中国有能力采取全球行动。从时局动荡的中非共和国，到深陷乱局的埃及，从战火纷飞的伊拉克，到遭受袭击的肯尼亚……哪里有危险，中国外交官就冲向哪里；哪里有需要，中国外交官就出现在哪里。

2006年以来，我国组织实施撤离我国海外公民行动十余次，涉及6万多名同胞。处理涉我国境外公民遭绑架、袭击案件数百起，涉及我国公民千余人。战争的焦土上，留下了许许多多中国领事保护人员的身影，他们践行着“以人为本、外交为民”的理念，为更多中国人行走世界保驾护航，注足底气。我为我的祖国母亲骄傲，我为成为中国母亲的儿子骄傲！祖国，祖国，我爱您。我愿把美好赞歌唱给您；我愿把我的一切献给您——伟大的祖国！祝愿新中国前程似锦，繁荣富强，灿烂辉煌。祝愿早日实现中国梦想！

960万平方公里的土地上，到处撒着黄种人不屈的斗志。我们伟大的祖国，在历史的长河中，我们要追忆的太多；但看我们今日的万众一心足以让我们战胜一切，伟大的祖国，你永远是我们最坚强的后盾！我们是五月的花海，用青春拥抱时代；我们是初升的朝阳，用生命点燃未来；我们是灵魂的工程师，用爱心放飞梦想。感谢给我肤色的祖国，感谢给我智慧与胆略的祖国。我愿化作一首诗、一幅画、一首歌，永远地歌颂着您！五千年前，华夏文明诞生。今天，作为炎黄子孙，我们要唱响那永恒的主题——感恩祖国！

1. 读完感恩祖国故事，你有什么深刻的感触吗？

2. 总结出十条感恩祖国的名人名言与大家一起分享。

3. 分享最令自己感动的感恩祖国的故事。

第八篇

生活，最珍贵的赐予

生活如琴，让轻松的梦幻曲在我们的指间划落。生活如歌，用蝴蝶、月光、鸟鸣语写成一首首让心灵燃烧的歌。生活是一个广阔的舞台，不断演绎着亲情的融融暖意；生活是一幅壮观的画卷，描绘着朋友之间的丝丝真情；生活是一座雄伟的大桥，构筑起人与人的浓浓诚挚。而正是在这种心灵之间的碰撞，思想之间的沟通，交流之间的融合中擦出了美的火花。生活中的美，并非生活所给予我们，而是我们的心和生活清澈的相映。不只我们的心在寻求生活的美，生活的美也澎湃地撞击我们的心。生活的真实，其实，就是真实的生活。一分一秒，一丝一缕，一草一木，一点一滴，无不蕴藏在目之可视、耳之可闻、鼻之可嗅、手之可触的细微之处，只要我们静下心来，细细观察，耐心品味，就会发现生活之美，享受美的生活。

第一节　原来生活很简单

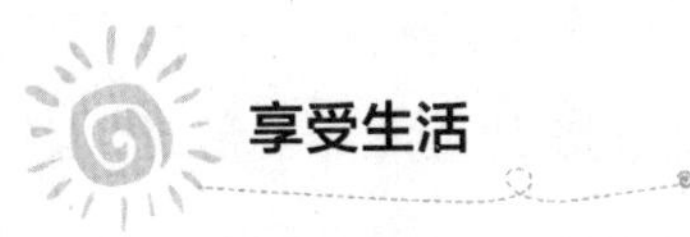

享受生活

“掬水月在手，弄花香满衣。”有了欢喜心的时候，手执一朵花，也能嗅到花香满衣；手掬一捧清水，都有一轮圆月。形式不是目的，好比一条清澈的小溪，它越过山石，带走落叶，急时如瀑布，缓时似湖泊，一路欢快地向前奔去，目的是前方的大海。既然如此，又何必在意路途有山石阻路，落叶障目呢？弱水三千，只取一瓢；百花盛开，只采一朵。删繁就简，剔除一切外在的包装后，你会发现，最本真的快乐，其实就那么简单。

晨起，一份早餐，补充热能；一个微笑，唤起信心，生活，又是一个新的开始。不管是读书，还是工作；不管是走在上坡的路上，还是正顺坡而下；不管是按照既定的节奏，还是开始新的尝试。请不要烦恼，不要急躁，坦然前行。毕竟烦也一天，乐也一天；急躁的结果，除了破坏心情，于事无助。顺利了，无须张扬，也别在掌声中陶醉。请环顾四周，感恩给你带来帮助的一切东西，包括人与环境，淡淡的，给心一片安宁。快乐了，不要喧嚣，也不必掩着摁着。请轻轻享受，静静分享，让快乐如水般传递出去，愉悦周遭，不惊他人，不扰他事，更不至于乐极生悲。受挫了，不必抱怨，更不能自暴自弃。请梳理心情，整理头绪，或者拐道，或者继续前行。塞翁失马焉知非福，关于未来，谁也无法预定。或许转身成功，或许大器晚成，只要顺心而作，顺势而为，过去只是经历，人生只是过程。被人打击了，无须以牙还牙，更别陷入苦痛。请优雅转身，把打击你的人连同所有的话语和举动，通通甩在身后。人生短暂，不要把宝贵的时光浪费在不利别人，也不利己的事上。就让自己站到高处，远离是非，笑谈人生。被委屈了，不必到处诉冤，更不能任其膨胀。请拿出强悍，把委屈从心里抽除，并抛向天宇。人的内心是一个容器，你把苦涩、阴暗装得多了，那些甘甜、阳光自然就进得少了。相信时光的过滤功能，相信自己的修复能力。

为什么现在生活条件好了，我们反倒越来越感觉不到快乐的滋味。曾经，家里添一台黑白电视，就兴奋地到处炫耀，现在，满屋子家电，冰箱、彩电、洗衣机，甚至扫地机器人一应俱全，反倒觉得生活本来如此，平淡至极，无甚高兴之处；曾经，吃块肉吃个鸡蛋，简直就是过年，吃过好久还觉得肉之鲜香在口中余存，现在，山珍海味也吃过不少，可是，舌头寡淡的什么滋味也留不下；曾经，过年时的烟火鞭炮是年的一项重要仪式，绚丽的烟花，暴烈的一丈红，在繁星满天的夜空中，划出最美丽的颜色，现在，看看被雾霾遮得严严实实的，连星星都看不到的天空，再绚丽的烟花也失去了色彩……

现在，好多人都患上了一种症状，“选择恐惧症”。因为可选的项目太多了，眼花缭乱的同时，忘记了自己最初为什么选择。我们拼命地工作，是为了摆脱贫困，拥有更好的生活；我们买华衣美服，是为了把自己打扮得更美丽；我们出去旅行，是为了开阔自己的眼界，领略美好河山；我们品尝各种美食，是让自己尝到更多的人生百味。可是，走得时间长了，我们常常忘记了自己最初为什么走上这条路。我们把工作看得太重，生活中除了工作，还是工作，为了工作，放弃与家人相聚的温暖，放弃享受生活的乐趣；我们买各种品牌各种高档服装，忽视了衣服最重要的功能是让你美丽，只记住了各种牌子；我们出去旅行，上车睡觉，下次拍照发朋友圈，只记住了炫耀，忘了领略美景。其实，赚再多的钱，走再多的路，有再多的选择，也不过为了一个目的，为了能有一个最好的生活方式和生活品质。既然如此，何不放下过多的要求，只选择一样自己最喜欢的。只要心存欢喜心，粗茶也能品出顶级的情趣，污浊的水中，也能开出圣洁的白莲花，漫天冰雪风霜也能看出清灵之美，春花烂漫享受花红柳绿之色。

让生活轻盈起来

苏格拉底要求自己的学生们每人带着一个大口袋，一起奔向了离家很远的大海。经过七天的艰难跋涉，总算到达了目的地。苏格拉底一边指点着海边不计其数、极其精美的大鹅卵石，一边对学生们说："假如这海边是座神秘的宝库，其中每一块大鹅卵石，都代表着一种珍宝，比如代表荣誉、名利、金钱、美貌、智慧、健康、财富、善良、安逸、浪漫、舒适、伟大、机遇、权力、顺利、聪明、努力、快乐……为了你们一生的幸福，你们可以随心所欲地带走想得到的任何珍宝。但是，只有那些带到家里的大鹅卵石，才算是有效的珍宝；那些没带到家里的大鹅卵石，依然还是块石头。"学生们开始兴奋地选择珍宝，真是见一件爱一件，竭尽全力争先恐后地往口袋里装。在将每一块大鹅卵石装进口袋之前，还都标明了它所代表的珍宝名称，每个学生都背着满满一口袋的珍宝踏上了回家之路。可是，学生们没走多远，便个个气喘呼呼，感到装满珍宝的口袋是那么沉重，两腿发软，只能艰难地挪动脚步。苏格拉底笑着说："孩子们，还是丢掉一些珍宝吧！后面的路还长呢！不过，一定要把最重要、最基本的珍宝留下来！"

每个学生都扔掉了一些珍宝，然后又继续行进在回家的路上。每个学生口袋的重量虽然减轻了不少，但还是感到很沉重，双腿依然像灌了铅似的，力不从心，越走越吃力。"孩子们，"苏格拉底又一次劝道，"你们再把口袋翻一翻，看还可以甩掉一些什么。不过，一定要把最重要、最基本的珍宝留下来！"学生们停止了回家的脚步，聚集在一起热烈地讨论：人生中"最重要、最基本的珍宝"究竟是什么？经过激烈的争论，大多数学生取得了共识：功名利禄等身外之物，无异于过眼烟云。于是，他们每个人只留下了三件最重要、最基本的珍宝：

健康、善良和努力。一下子，他们感到格外的轻松和快乐，脚上仿佛长了翅膀，浑身有使不完的力量。苏格拉底长舒了一口气，满意地说："人生的过程，要学会简单地生活，去除那些沉重的包袱，让生活轻盈起来。"

繁忙时，学会让心灵放松，人忙了，让心不忙。其实，累倒人的，常常是心的负重。当你能坦然面对忙碌，愉快接受现实，并从忙碌中看到机会，看到希望，获取信心，忙又何妨。纵然忙碌无名无利，但你终究经过磨砺，学会忍耐，世上没有完全无收获地瞎忙。让心放轻，再忙的日子也会轻松。空闲时，学会诗意栖息，享受清欢。或者一本书，一杯茶，怀一颗超然脱俗的心境，感受"茶亦醉人何必酒，书能香我无须花带"；或者择一隅安静，"闲看庭前花开花落，漫随天上云卷云舒"；或者走向自然，聆听鸟语，静嗅花香，获取自然赠予的乐趣。

每一个二十四小时，不管忙还是不忙，不管是平平淡淡，还是变幻莫测，都以出世的态度，笑对生活，"得之，我幸；不得，我命"，淡然人生。

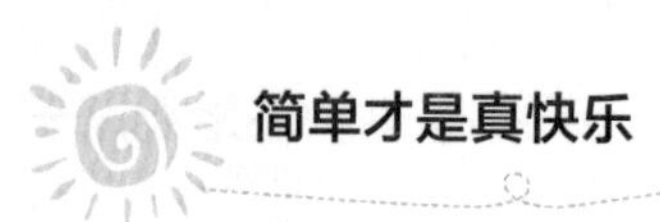

简单才是真快乐

城市在暮色里总是那么安静，也总是那么悠闲。在这时候总是会有一个皮肤黝黑、个子不高的中年男子弓着背卖力地拉一大板车煤球，迈着艰难的步履从街道上穿过，车的后面有一大一小两个10多岁的小孩卖力地推着车，并且书包就放在车尾，下面垫了张报纸。每天都是如此。他们在经过一番努力上坡后，男子总会从怀里掏出一个面包，一掰两半，分给两个孩子，自己坐在车梢上摸出根烟，点燃了吸两口，满脸幸福地看着两个孩子开心地吃面包。当地的人从未问过他们的故事，因为人们觉得也许他们的这种幸福也不想被他人打扰。可能他们很贫寒，所以孩子一定是放学后不忍心父亲太辛苦了，来帮父亲忙的。父亲也很疼孩子，生活再困难也要供他们上学，无怨无悔。这是一个简单的画面，也是一种简单但是辛苦的生活，在这个画面里我们看到的不是浓得化不开的悲哀与辛酸，反而是一种轻松的让人羡慕的幸福。

其实生活并没有那么沉重，我们也没有那么多的悲哀，如果我们能在纷繁的社会中看到一些简单的幸福，那么我们也会知道究竟什么样的生活才是真正的充实，什么样的感情才会让我们心生幸福之感。一部高档手机，70%的功能都是没用的；一款高档轿车，70%的速度都是多余的；一栋豪华别墅，70%的房间都是空闲的，我们殚精竭虑追求的原来是一些自己本来就不需要的东西，我们引以为骄傲的、炫耀的东西原来就是一些累赘的、多余的东西。而且，因为对于这些无用价值、额外、多余的追求，使很多人付出了时间、精力、身体、心灵乃至于家庭幸福的代价。回过头来看看，想想，才发现自己误入了歧途，悔之已晚。其实，生活原来可以更简单的！这就是目前流行的一种生活理念：低配人生。所谓低配人生，并不是让我们忆苦思甜，“艰苦奋斗”，过上那种苦行僧的生活，也不是要压缩自己的生存空间，降低生活质量，而是要在这个充满选择的社会里，在这个欲望不断扩张的世界里，学会辨别与放弃，做到适可而止。这种生活态度，不勉强，不逞强，有力掌控自己的生活，这才是真正的幸福人生。

有时候，我们拥有的物质越多，给理想的空间就越少。适当低配的人生，不仅会让我们更轻松，更从容，提高幸福指数，也会让我们远离诱惑，更专注于自己的梦想与目标。居里夫妇结婚时，他们的会客室里只有一张简单的餐桌和两把椅子。居里的父亲知道后，写信告诉他们，准备送给他们一套家具，问他们喜欢什么样的家具。看完信后，居里夫人若有所思地说：“有了沙发和软椅，就需要人去打扫，在这方面花费时间未免太可惜了。”居里对新婚妻子说：“不要沙发也可以，我们只有两把椅子，再添一把怎么样？客人来了也可以坐坐。”“要是爱闲谈的客人坐下来，又怎么办呢？”居里夫人还是不同意。最后他们决定，不再添任何家具了。无独有偶，美国著名作家斯蒂芬·金则有一个著名的“小桌子理论”：他写作的时候，只需要一张小桌子，一平方米大小，学生桌模样。一盏台灯足以照亮桌面，上面摆放着稿纸或者电脑，其他就没有什么东西了。在这张简陋的小桌子上，斯蒂芬·金写出了许多经典作品，他的不少著作一直稳居美国畅销图书排行榜多年。有一年，在夫人的建议下，他给自己换了一张又宽又大的写字台，材质一流，装饰一流，与他一流作家的身份更般配。可是，没有多久，斯蒂芬·金还是放弃了那张体面的大桌子。他说，这张大桌子让他灵感全无，注意力随时被桌子上的小玩意儿吸引走了。自此之后，他只用小桌子写作，并将之作为写作的重要心得。让自己的生活回归简单，让自己在繁杂之中感受到轻松的味道。这就需要我们给自己的生活以及感情还有自己的心灵做减法，学会剔除那些生活中的烦恼，学会减去自己的一些欲望，也减去一些对别人的不满，降低一些对别人还有对自己的要求，这样我们才能在比较低的期望中感受满足，在少一点的要求中感受到真正的幸福，当然我们也会在这简单的生活、简单的感情中感受到轻松。

生活简单而平静，不张扬，归于平静。这个过程正如盛满水的杯子，装满了酸甜苦辣，绝不是单一的色调。水从沸腾到温热，逐渐冷却，也并非瞬间能做到。这个过程和人的一生极其相似，它要经过成长，经历磨合、沉淀才能到达一定的阶梯。喜欢安静地独处，渴望漫步在田园。久居都市，想邂逅《桃花源记》的田园美景，清闲自在的梦往往会逐一落空。世外桃源该是什么样呢？碧空如洗般湛蓝清澈，远山含黛，山峦叠翠，偶尔有薄雾升腾，微风一吹，瞬间化作一条直线，消散于无形。苍松翠柏常青，百鸟争鸣，花开姹紫嫣红，振翅的蜂蝶飞舞于花间，采集盛放的花蕊间，芳香的蜜，一刻不肯停歇。举目四望，白云飘飘在天空曼舞，风旖旎而至，悄悄诉说着情话。山水之间，一崎岖小路，绿草葱郁，野花暗送泥土的气息，感受到自然的和谐。缓缓步入石阶，路有依稀的行人擦肩而过，热情地打着招呼，冷漠何处遁形？浓密的山林间不时传出牧童的短笛声，悠扬的曲调，诉说着淡淡的忧伤。山水相依，潺潺流淌着的碧水，走在细雨微风中，轻轻地嗅着芳香，气定神闲，悠然自得。

浮生犹梦，欲望和贪婪是最大的敌手，名利与争斗永远走不出世俗的怪圈。乾坤朗朗，生命匆忙，如此尘世想换取修心之所难上加难。文人墨客渴望超脱凡尘，迷途中的世人希冀做到淡泊名利，走出纷扰，不为五斗米折腰，不做名利的羔羊，不为纷扰而困惑，竟如此的举步维艰。然而，宁静于心，淡看所有固守一颗冰释欲望的心，才能坦然与时光对话。人生无须太奢华，简单才是真快乐。

本来无一物，何处惹尘埃

真水无香，大爱无痕。世间万千事物，达到真正的大技法境界，乃是无事雕琢、无斧凿之印的无技法境界，为人处世亦然。简单就是一种绚烂之极，平淡的至高智慧的回归。本来无一物，何处惹尘埃。这是禅宗的一种很高的境界，而我们常人能做到的也许是“时时勤拂拭，莫使惹尘埃吧”，时时刻刻去照顾自己的心灵和心境，莫使自己受外界的诱惑和干扰，不让一丝污秽的尘埃蒙蔽。

当今社会，为人处世又何尝不是如此呢？人们都在大叹社会太复杂，人心太叵测。因此，人们都感到，置身于复杂浮躁的社会、琐碎忙乱的生活、烦冗迷离的人际关系中，能简单地做人，简单地做事，实在是不简单。

很多时候，面对自身的困境、人际关系的困惑、不良情绪的困扰、两性关系的困局，为了生存，为了适应，人们好像不得不复杂一些，不得不总是绕着圈子跑，不得不惯性地用复杂的处事方法去对待人和事，甚至不得不做出一些违心的选择，不得不去投机钻营、屈意奉承，从而把简单的事情复杂化，简单的关系复杂化。其实，细析人生的诸多难题，实在不难体会到“天下本无事，庸人自扰之”。

一个哲人把一个孩子、一个物理学家、一个数学家同时请到一个密闭的房间里，哲人吩咐他们说：“看谁能用最快、最廉价又能使自己快乐的方法把这间房间装满东西。”哲人吩咐后，物理学家马上伏到桌上开始画这个房间的结构图，进而埋头分析这个房间哪里是光射最佳的方位，在哪堵墙的哪个位置开一扇窗最合适，草图画了一大堆，物理学家绞尽脑汁还是因不能确定在哪里打开一扇窗最好而苦恼着；而数学家也在听到吩咐后迅速找来尺子，开始丈量墙的高度和长度，然后仔细计算房间的体积，又苦苦思索能用怎样最廉价的东西恰到好处地把这间房间填满。只有那个小孩不慌不忙，他找来一支蜡烛，取来一根火柴，点燃了蜡烛，昏暗的房间一下子就亮了。在物理学家和数学家还在皱着眉头迟迟拿不出自己的方案时，小孩已经欢快地在屋子里绕着摇曳的烛光唱歌跳舞了。哲学家对着物理学家和数学家叹口气说：“简单的心一旦复杂起来，欢乐和幸福就离你们越来越远了。”

为人处世、人际相交，应该开放沟通，打破心墙，坦坦荡荡，真诚相待，如此，大家才能简单的、环保的、健康的，真诚地对待自己和别人。“简单”是相对复杂而言的，是一个形容事物繁简程度的词。人们可能都有这样的体验：凡事一旦复杂了，就会以浑浊混乱的形式呈现，像麻团一样模糊不清，就会让人心生疑惑、猜测比较，让人不知所措，无所适从，让人心情焦虑、情绪浮躁；而事情一旦简单了，就像溪水一样轻捷的流淌，人们就会一目了然，轻松明快，心平气和，从容开阔、易于选择和面对。因此，在今天，简单，已经成了一种让人向往和追求的生活方式和人际相处方式了。

可惜的是，在为人处世过程中，人们往往会不自觉地产生“知人知面不知心”的防卫心理。从心理学上来讲，心胸坦荡、真情流露是情绪健康的标志之一，所以，当你开心的时候，你应该痛快地笑，当你痛苦的时候，你应该让泪水自然地流出来。如此说来，简单，就是活得轻松快乐，自然随意；就是要去掉凡尘杂念，心怀透明，海纳百川；就是不娇柔，不做作，不伪装，不圆滑，不世故。

人类是群体动物，为人处世，人际交往，简单是一种致高的境界。简单与不简单，全在心灵。职场上，当你脚踏实地、兢兢业业、团结友爱、工作协调的时候，你的心里一定是简单快乐、轻松宁静、自由从容的；若你总是偷奸耍滑、处处算计、斤斤计较、嫉贤妒能、搬弄是非、弄虚作假，你内心岂能收获那种简单宁静的快乐呢？

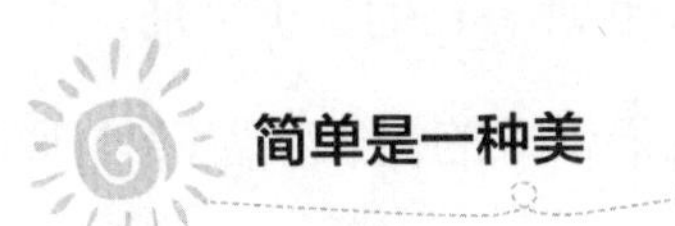

简单是一种美

喜欢在梦醒时分的清晨，当第一缕曙光照射在床前，美美地伸个懒腰，对着镜子，扮个鬼脸，看一看自己睡眼惺忪的模样；我喜欢在风和日丽的午后，搬出一个小板凳，泡上一杯茉莉茶，伴着轻轻的和风，听听柔柔的音乐，徜徉在暖暖的阳光下，安然的让身心休憩一会；我喜欢在夕阳西下的傍晚，漫不经心的闲逛，任由徐徐的晚风拂面，踏着轻盈的碎步，哼着轻快的歌谣，让自己置身事外，乐享其中；我喜欢在吃过晚饭以后，习惯了出门散散步，望着眼前繁华的都市，彰显着耀眼的华丽，璀璨的霓虹，闪闪烁烁，像极了天上星星的眼睛；我喜欢在夜深人静的时候，像一只小猫咪，懒懒的赖在暖暖的被窝里，看着自己喜欢的小说，任由书中的喜怒哀乐把我的心牢牢占据，在繁忙的工作之余，享受着难得空闲的时光，对我来说，平淡的简单，幸福的惬意。虽然，都是平常生活里的小事，但是，我却能够细细咀嚼出各种滋味。

简单的生活，就是一种快乐。你看，那树上的小鸟多么自由自在，那歌声是多么婉转。当你听着它唱歌时，就会不由自主地对未来产生美好的憧憬。只要你愿意，也可以像鸟儿自由自在地在属于自己的幻想国度自由驰骋，你可以神游太虚，也可以与周公相会，你不必拘束，也能够自由自在地做自己所喜欢的事，并从小事中体验快乐。简单的生活会让我们得到更多的自由，体验到更多的乐趣。简单，是一种快乐。你曾经仔细观察过身边司空见惯的事物吗？它们平凡无奇的外表下，却蕴藏着无限的美。你是否还记得，在路旁默默开放的小野花？也许它太过平凡，但它却一如既往地开放着自己最美丽的春天，在给自己快乐的同时也给予他人愉悦和美好。它虽简单却能给人带来快乐。还记得吗，在停电的夜晚，是谁用自己的身躯，为我们燃起一片明亮的天空？蜡烛燃尽了自己，却为我们带去了美好的光和热，那一束光温暖着每一个人的心灵。也许，它们过于平凡，平凡到我们忽视了它们的存在，可是不变的是它们给我们带来的快乐和温暖。观察，这么简单的事情，却能够让我们发现快乐，发现许多事物内在的价值。

简单来于心态的平和。在生活中，简单就是要对生活有个健康平和的心态，热爱生活，积极地面对现实，认真地活在当下，真诚善待他人，悦纳自己，不掩藏自己的个性，不戴着面具虚伪地活着，不去苛求别人，也别和自己过不去。何况，忙碌的生活过程中，有许多自然的、惯性的活动，并不需要精疲力竭去琢磨，若能常以超然的、最本真的和简单的心去对待生活，定能获得别样的幸福感觉。

简单，体现在能潇潇洒洒活出自我，有了梦想就去大胆追求，面对世事的艰辛和人情的淡漠和岁月的沧桑，不疾不徐不浮躁。投入地忙碌着，疲惫后而可以无怨地忘却一切身外的羁绊，惬意地享受一次畅快的饱睡。简单也体现在一个人能够做到随时、随性、随遇、随缘，但这个“随”，不是盲从，不是消极，而是能够积极地顺应事物发展的自然规律，不怨天尤人，不悲观、失意。

生命本应该是一件简单质朴的东西。为人处世，简单更多时候源于对事实的尊重、对自己的负责和对他人的宽容，能够放下不应有的自我束缚和沉重枷锁，能够自我负责，就必然能够宽以待人，能够宽以待人，便能轻松获得幸福和快乐的体验。简单有时就像穿一件单色调的衣裳，虽然不是绚丽斑斓的，却给人以简洁、明快和高雅之感；简单有时更体现在除却那些为了利益的觥筹交错之外，和知心朋友间一盏香茗、两杯咖啡的清淡；简单也体现在心随我动，人到哪里心就跟到哪里，心随着自己的感觉走，轻松愉悦、自然和谐。

简单是一种美，它非浅薄、贫乏、平庸的代名词，而是简约与宁静，坦诚与率真是自由与放松，是丰富与深刻的升华。为人处世，能够从容操练“简单”是一种非常高明的做人境界，这需要在生活中不断地觉察、认识，不断地进行自我修炼和经验沉淀。如果人们之间都能多一些简单、多一些坦诚，少一些虚伪，少一些掩饰，在随意间真情流露，在简单中智慧洋溢，那该是一个多么美好的境界！我们的内心深处将是多么的宁静和安全，我们就会多一些快乐，多一些勇敢，多一些聪慧，多一些轻装前进的力量和勇气。

第二节　生活的艺术

发现生活的美

每一个人都可以是艺术家，他们的作品叫作生活。当人们经历了许多，就会发现生活就是一场懂得，懂得了尘世之间不都是镜花水月，也不都是繁花簇锦，任何一个生命都是一个小宇宙，都有属于自己的时光，这是一段被剪辑的流年，握着一路相随的暖，把最平淡的日子梳理成诗意的风景。 时光如水，岁月如歌。人这一生从呱呱坠地那一天起，便开始睁开眼看世界，且慢慢学会观察发现乃至欣赏。随着人生观、价值观的形成，欣赏便得到了升华，变成了一种态度、一种情怀、一道亮丽的风景，并由此真切感受到了欣赏所带来的美丽和魅力。

同是一个烂泥塘，有人无数次从它身边走过而熟视无睹，有人却欣喜地看到那盛开的几朵荷花；同是一把旧椅，有人对它不屑一顾，有人却从中发现了古色古香。前一种人总是唉声叹气，后一种人总是快快乐乐，结果不同，皆缘于是否拥有发现美的眼睛，是否用欣赏的甘霖去滋润原生态的生活。

闲暇时，读一首意境深远的诗，从中品味诗的神韵，这是欣赏；假期时，读一本趣味横溢的书，投身到另一个世界去，这是欣赏；午睡时，听一支优美婉转的乐曲，让你的心完全放松下来，这是欣赏；上网时，徜徉在网友的空间，感受诗情画意，这是欣赏；夜晚时，抬头遥望浩瀚的星空，净化一下自己的心灵，这也是欣赏。善于欣赏的人，必定是善于发现美的人；善于欣赏的人，必定是微笑着面对生活的人。如果你不会欣赏，你将会失去许多愉悦的体验，错过许多优美的风景。

窗边的那盆吊兰原本就快要枯死了，叶子发黄，毫无生机，显得不堪一击。

我费了好大的劲儿才把它救活。拔去了那些枯叶，便也就只剩了那么个绿色的大“疙瘩”。 慢慢待它长大了一些后，就钻出土来，露出个嫩绿的小尖。若是金边吊兰，长叶的同时，叶片是两处边缘就会渐渐泛白。每当这个时候，必须要勤浇水，因为吊兰喜水。正因为如此，叶片上几乎天天都挂着水珠。阳光的映照下，显得透亮透亮的，叶片便也绿的晶莹。吊兰长到一定程度后，便会分叉。分了枝的吊兰长得格外茂盛。分枝越长越长，竟冒出了大约十几朵花苞。星星点点的缀在上面。花开的很快，花瓣洁白无瑕，黄色的花蕊里伸出几根嫩黄的花丝，淡淡的香气围绕在花朵边，甚是美丽。但是，此花开得快，败得也快。一早醒来，已不见昨日的芬芳，却生了根，长出了新的“小吊兰”，小巧玲珑，十分可爱。

一花一世界，一叶一建筑，自然作为建筑最直接的语境，每一种元素都在释放着不一样的美，自然的美也是我们生活中最直接的美，让我们一起聆听自然的声音，来窥探生活中的那份宁静和谐。山——万种风情，微风轻柔拂过，飞鸟来回盘旋，那山，依旧叠翠连绵，灵秀不断，毅然登临，天高云淡，心境畅然。

湖——湖面微起波澜，霞光悄然泛起点点，波面如绸般漾起柔情，鱼儿也在欢唱游玩，盈盈湖水，嫩绿满帘，不觉已闯入了心间，听，湖水在溪山边也开始了轻轻吟唱。溪——看，那潺潺水流，纵贯溪山，已然穿林越石而出，听，那阵阵清脆，在溪山已在慢慢淌入心扉，水流足迹婉婉转转，虫鸣鸟啼随声应和，那流淌着的不只是一泓清泉，更是一抹自然。树——葱葱满冠，节节拔高，生机更是勃然，只见这一片苍翠丛生，那一棵枝繁叶茂，树木生长的声音悦然入耳，树叶传来沙沙细响，青翠挺拔的形象守护在建筑旁，令人心生敬然。

花——朵朵花苞， 装饰的却不止一个季节的梦幻，色彩缤纷斑斓，花开花落，落得满地的繁花锦瑟，香气萦绕醉人，雨中尽情撒欢，风中飘然摇曳，释放的永远是最乐此不疲的生机盎然。在一花一叶中品味自然，在一点一滴中感知生活的美好，藏身于自然，听花语，听树言，为生活增添一份质朴。

学会欣赏生活

朦胧细雨过后，漫步在河堤的小道上，周围是郁郁葱葱的树木，远方是鳞次栉比的建筑，悬挂在树上的灯笼透出朦胧柔和的光。细雨斜落，夹杂着十月的微风和蒙蒙的细雨打湿了头发、脸庞，丝丝清润沁入心脾，一切都是多么美好与惬意，感觉妙极了！退休的老干部去公园晨练，清水为墨，在石阶上书写心中的闲云野鹤、恬淡宁静；腾腾的热气中，街边的小贩开始了一天忙碌的生活，连贯的动作、简单的眼神是夫妻间心照不宣的默契；轰鸣的车间里，工人师傅们用辛劳和汗水为社会生产出一件件合格的产品，成就感在心中点滴累加。无须过多的点缀，这便是最美的画面。胸怀远大的理想固然值得称赞，但理想从来不是一蹴而就的，需经过长期的努力奋斗。奋斗的过程不是让我们过苦行僧式的生活，而是要学会苦中作乐，享受生活带给我们的每一次乐趣，每一次的进步和成功都值得我们去庆祝，去分享。唯有当我们认为生活中的每一个片段都是美好精彩的，未来才会在畅想中值得期待。

欣赏别人的谈吐，会提高我们的口才；欣赏别人的大度，会开阔我们的心胸；欣赏别人的善举，会净化我们的心灵。欣赏别人其实是少一点挑剔，多一点信任；多一点热情，少一点冷漠；多一点仰视，少一点鄙夷。欣赏多一点，矛盾和误解定会少一点，人与人的距离才会更近一点。其实，生活中有一些东西并不一定要得到，只要能够欣赏到就很好，当你欣赏的时候那是一种完美，欣赏是一种陶冶，一种提高，一种收获。一个善于欣赏别人的人，必是一个丰富的人；一个被别人欣赏的人，必是一个出色的人。如果不能做一个出色的人，那就做一个丰富的人。生活中我们不仅欣赏快乐，也欣赏哀伤。我们欣赏阳光彩虹，也欣赏暴风骤雨；我们欣赏车水马龙，也欣赏万籁俱寂；我们欣赏轻歌曼舞，也欣赏真诚的泪水。因为我们知道，风雨是另一种经历，寂静是另一种感触，流泪更是另一种体验。

欣赏的最高境界，就是欣赏挫折；欣赏的最大气度，就是欣赏对手的出色。能做到这一点的人，一定会成为生活中的强者，事业上的成功者。这一气魄，是他取得非凡成就的助推剂。

红尘漫步且为乐，刚柔相济恬淡心。作为中流砥柱的中年人，我们则要学会在压力下寻求欣赏，在沉重的负担下寻求欣赏。不要埋怨生活枯燥无味，那是因为你没有一双发现美的慧眼；不要感叹上有老下有小占去了所有的时间，那是因为你没学会随时随地去欣赏。善于欣赏，乌云密布的天空中也会透出一缕阳光；善于欣赏，寒风刺骨的严冬里你也会感到贴心的温暖。

只要你关爱生活，做生活的有心人，你就能在生活中发现美，善……但你必须要善于观察，勤于思考，乐于积累。你将会感到生活很简单、很情趣，明天永远是美好神圣的，光明和希望与你措手可及。欣赏生活，是一种执着，是一种无视挫折而只为梦想的沉醉。在一个宁静的下午，午后的阳光轻轻洒下，暖暖的。一个人静坐在椅子上，慢慢地抿一口浓茶，感受它的悠远香醇，感受它所散发出的浓浓韵味，心情顿时舒畅、平静。来到书柜旁，拿出自己最钟爱的书，轻轻翻开泛黄的页扉，缓缓读出自己所熟稔的文字，渐渐地，你就会发现自己的内心盛满了从未有过的平逸和恬静。欣赏生活也不是一味地对理想的放纵，随遇而安，这是对生活品质的践踏。这种欣赏只是在你追求的过程中让你感到新的力量，从而使生活更丰富，让你更好地实现理想。

选择适合我们的生活风格、情趣的工作。只要追求幸福和自身的完美，选择了符合自己的职业喜好，你会突然发现即使忙碌的生活也可以很充实，在慢慢长大的过程中，对生活的经历会更加清晰。虽然有很多的失败和哀叹，但对生活抱有希望就会奔向美好的明天。

把生活当作一杯香茗

人生如茶，品茶就像是品人生。把生活当作一杯香茗，让我们在苦涩中感受生活，在繁杂中体味平淡，在繁忙的时候守住自己内心的一丝清明，在凝心静气里体味那温润而又意味深远的生活乐趣。三毛说：“茶喝三道。第一道，苦若生命；第二道，甜似爱情；第三道，淡如清风。”刚开始喝茶的时候，涌在我们喉中的是浓浓的苦涩，没有一丝的甜蜜，但是慢慢地经过我们不断地加水，随着茶水的变淡，我们品尝到了丝丝的甜蜜，当然当茶味越来越淡的时候我们就感受到了像白开水一样的清明，一样的平淡。

其实品茶就如品人生，苦甜参半，不管中途有多少的变故，不管中途有多少的甜蜜与辛酸，最后不得不归于平淡、归于宁静、归于悄然。人生需要经历，生活需要我们去品尝。把生活当作一杯香茗来品，那么经过我们的仔细品尝，慢慢思考，我们就会发现其实生活很简单，人生其实也很轻松，只要我们懂得释怀，懂得放开，懂得品尝，能够经受住考验，能够经受住风雨的折磨，能够在孤独中找到一丝寂静，能够忍受那一系列的苦涩的味道，那么我们就不会再喊苦喊累，也不会轻易地放弃自己的生活，放弃自己的生命，也不会在人生的海洋中苦苦挣扎，找不到方向，找不到出路。我们会在苦涩中收获自己的成功，会在甜蜜中忆起那些艰难，然后更加学会珍惜生活，珍惜自己的生命，珍惜那些来之不易的幸福，然后真正理解生活，明白什么才是真正的幸福，才是真正有意义的人生。不去恼怒生活带给我们的磨难，也不要因为初尝茶水带来的苦涩而放弃坚持。把生活当作一杯香茗完整地去品尝，把人生当作一个制作茶具的过程坚持去完成，那么我们才会在烦琐中找到简单，在苦涩与煎熬中品尝到幸福，在磨难与坚持中收获成功，在品尝与学习之中体味到真正的生活。

品味生活

有对夫妇去英格兰旅行，为了庆祝结婚25周年，他们在一家漂亮的古玩店购物。夫妻俩都喜欢古玩和陶器，尤其钟爱茶杯。他们看到一只独特的茶杯，就问店员："能看看这只茶杯吗？我们从没见过这么漂亮的茶杯。"店员将茶杯递给他们，茶杯突然开口说话了："你们不了解，我以前并不是一只茶杯，曾有一度我不过是一团红色的黏土。我的主人把我选出来，将我一遍遍地滚揉、摔打、拍击，我大声叫喊'别这样。''我不喜欢这样！'但他只是微笑着柔声说：'还没到时候呢！'于是我被放在一只转轮上，突然间，我开始旋转，转啊转啊转啊。'快停下！我头好晕！我要吐了，'我尖叫道。但主人只是点点头，平静地说：'还没到时候呢，'在我身上刺刺戳戳，随着他的意思把我弯折得走了样，然后将我放进密炉。我从未感到这么热。我大声喊叫，拼命拍打炉门。'救命啊！让我出去！'透过炉门，我能看到他来回摇着头，嘴唇翕动，看得出他在说：'还没到时候呢。'就在我觉得再也受不住了的时候，炉门开了。他小心翼翼地把我取出来，放在架子上，我开始凉下来。哦，这感觉真好！'啊，这下好多了'。可是，等我完全凉下来，他又拿起我，把我浑身上下刷了个遍，涂上釉料。釉料的气味难闻极了。我觉得我就要窒息了，'哦，你停下来，停下来。'我大声喊着。他只是又摇头说'还没到时候呢。'接着，他突然又将我放回密炉里。只是和第一次有所不同，这次的热度是上次的两倍，我只知道我快要闷死了。我乞求、哀告、尖叫、哭喊，深信自己是挺不过去了。我打算放弃了。就在这时，炉门打开了，他将我取出，再次放到架子上。我慢慢凉下来，我等啊等啊，心想：‘接下来他又要拿我怎么样？’一小时后，他递给我一面镜子，说：‘看看你自己吧。’然后我看着镜子里的自己，说：‘这不是我，这不可能是我。真漂亮，我漂亮极了！’他平静地说‘我希望你能记住，我知道被滚揉、摔打、拍击的滋味不好受，但如果我不把你放进去，你早就变干了；我知道在陶轮上一圈圈飞转令你头昏眼花，但如果我停手，你早就破碎瓦解了；我知道密炉里酷热难耐，很不好受，但如果我不把你放进去，你早就干裂了；我知道我将你通体涂上釉料的时候，那气味很难闻，但如果我不这样做，你绝不会这么坚硬，你的生命中也不会有任何色彩。如果我不把你放回密炉，你也不会生存太久，因为不回炉不能保持硬度。现在你是成品了，正如我着手制作你时所构想的样子。’”

那只漂亮的茶杯原本只是一团红色的黏土，但是经过不断地滚揉、摔打、拍击以及旋转、煅烧，最后刷釉，最终变成别人看到的那样。其实人生也是如此，当我们的生活处于艰难的境地，当我们处处遭受到打击，当我们觉得生活的苦涩让我们无法承受的时候；当我们觉得那一杯茶水里面满满的都是苦涩，自己的人生也是天旋地转的时候；当我们的味觉失去了控制，当我们感觉到自己置身于温度很高的火窑的时候，这肯定很难受，但如果我们还能坚持下去，坚持品尝完这杯茶，给自己的茶杯里面去加水稀释那些苦涩的味道，那么我们肯定会在苦涩中尝到一丝丝甜蜜，肯定会在痛苦中感受到一些幸福，最终也感受到成功的喜悦，当然我们还会在那一杯茶中品味到人生，品尝到生命的真正味道。把生活当作一杯香茗来品，品出人生的苦涩，人生的甜蜜，品出人生的坚持，人生的磨砺；品出人生的懵懂，人生的清明。我们会发现生活虽然有时候充满未知，充满坎坷，但是只要我们坚持到最后，一定会云开月明。

品味生活，品味生活中的酸甜苦辣，品味生活中的悲喜欢乐，品味生活中的五彩斑斓、品味生活中的五彩十色，品味生活。生活可以是一杯清茶，生活可以是一曲幽歌，生活也可以是一张五彩纸，色样生活，彩色人生，体验生活中的绚丽色彩，品味生活的点点滴滴，大事小事，生活可以平平淡淡，也可以亮丽多彩，品味平淡。在春暖花开之际，你可以漫步田野，闻着花儿的幽香，泥土的清香，听着鸟儿的歌声，大自然的音律，你可以听到自然的节奏，闻到生命的气息，你可以看到生活的美妙，品味生活的简单。 当炎炎夏日不知不觉中降临，你不必为此烦恼，因为夏日的生活也可以是多姿多彩的。当热浪扑来时，你不必烦恼，当你空闲无聊时，你不必烦恼，当你烦躁不安时，你不必烦恼，快乐是可以自己制造的，品味夏天。

一缕秋风下，扫落了片片落叶，你或许会有一丝痛楚、一丝忧虑，因为时间在你的指间慢慢地流逝，感慨时间都去哪儿了的同时，也可以尽情去享受生活，感受快乐，生活就会更加满足，不必去害怕时间的流逝，时间老人是很公平的，只有你活得精彩，活得快乐，又有什么是可以惋惜的，生活其实就是这样，品味生活。

生活充满了奇妙的色彩，活力的红色，恬静的绿色，快乐的橙色，纯真的白色，每一种都是生活的印证，品味五彩。 春去春又来，花开花又谢，年年生活不一样，年年的心情不一样，带着一份感受生活的心去享受生活，你会发现生活一样都是多姿多彩，生活其实有时候就是这么简单，品味健康。 生活应像一杯热咖啡，暖暖的，甜甜的，回味几番，唇齿留香；生活应像冬日里的阳光，不张扬，不炫耀，照射于心，顿时敞亮； 生活应像一杯香茗，以自身的清香陶醉心脾，久久让人不能忘怀。 生活应是充满温馨的，生活应是洋溢幸福的，生活应是散发光彩的。

生活处处都有阳光，处处都有欢乐。其实，人只要有一颗知足常乐的心，一定会发现快乐无处不在。读一本好书，寄情于山水，相忘于江湖是快乐；日过西山，欣赏夕阳，看火红的夕阳徐徐落下是快乐；宠辱不惊，闲看庭前花开花落是快乐；辛苦半生，看到生命之树上硕果累累也是快乐，拥有发现快乐的眼睛，那时，一株野草在你的眼里会风情万种；一滴雨滴在你的眼里会折射光辉，一只小虫在你的眼里会奇趣万分，品味阳光。

生活就应该是这样，散发光彩，充实，精彩，或许只是一个鼓励的眼神，或许只是一个浅浅的微笑，或许只是一只暖暖的大手，或许只是轻轻地拍着你的肩，会给我们不一样的感觉，不一样的信心，品味感恩。生活就是这样充满温馨，充盈快乐，散发光彩，不要抱怨命运的不公，也切莫抱怨人生的坎坷，关键是你是否有一双慧眼，你是否有一双乐善好施的手，你是否有一颗敏锐的心灵。生活就应该是这样，让我们一起品味生活之隽永，赏生活之大美，听音乐之声，赏生活之味。

生活是一种艺术

林语堂先生的《生活的艺术》一直被奉为快意人生的经典之作，他养花赏鸟，听雨观云，游山玩水，生活的一切，娓娓道来，就是这样诗意的人生，艺术的人生。每每读此，不亦快哉。还有余秋雨先生的散文集《文化苦旅》展示的都是沉甸甸的人文历史，他用山水人情探索着人生和中华文化的灵魂。家喻户晓的一句话是：“艺术来源于生活，而高于生活。”那么生活是什么呢？生活是指人在自然界中的一切活动。如种田、做工、吃饭、旅游、休息等等。而艺术是一种文化现象，是为了满足人们主观与情感的需求，是通过特殊的娱乐方式反映日常生活，是浓缩化或夸张化的生活再现。艺术的根本在于不断创造新兴之美，借此宣泄内心的欲望与情绪，把人对自然界中的一切活动进行深入体验、感悟、提炼、加工，用艺术的形式去表现它。用音乐去表现高山流水，用绘画去表现梅兰竹菊，用书法去表现阴晴圆缺，用文字去表现喜怒哀乐。这些都是以艺术的形式表现生活。

总之，用艺术诠释自然、展现生活，可以在宏观上，让人们了解自然、认识自然、融入自然，使人和自然能更好地协调发展；在微观上，达到净化心灵、愉悦心情、陶冶情操之目的。

有一次，英国游客杰克到美国观光，导游说西雅图有个很特殊的鱼市场，在那里买鱼是一种享受。和杰克同行的朋友听了，都觉得好奇。那天，天气不是很好，但杰克发现市场并非鱼腥味刺鼻，迎面而来的是鱼贩们欢快的笑声。他们面带笑容，像合作无间的棒球队员，让冰冻的鱼像棒球一样，在空中飞来飞去，大家互相唱和："啊，5条鲫鱼飞往明尼苏达去了。""8只蜂蟹飞到堪萨斯。"这是多么和谐的生活，充满乐趣和欢笑。杰克问当地的鱼贩："你们在这种环境下工作，为什么会保持愉快的心情呢？"鱼贩说，事实上，几年前的这个鱼市场本来也是一个没有生气的地方，大家整天抱怨。后来，大家认为与其每天抱怨沉重的工作，不如改变工作的品质。于是，他们不再抱怨生活的本身，而是把卖鱼当成一种艺术。再后来，一个创意接着一个创意，一串笑声接着另一串笑声，他们成为鱼市场中的奇迹。

女作家玛利·韦伯说："不论你爱好什么都可以，但是，你总得有所爱好。"因为你有所爱好，精神才会有所寄托，心灵才有所附着。破陋的屋子、粗劣的饮食，有什么关系呢？不合时的旧衣裳、繁累的工作，又有什么关系呢？什么能阻拦住一个纯真、纯朴而快乐的心灵，向往那最崇高的美的境界，如同云游鸟逍遥地飞向高空。把生活当成艺术，用一颗艺术的心灵去对待生活的情规，生活便会把美好的一面回馈给你。

当一个人懂得了生活的真谛的时候，能够将自己真实地融进去，倾听生活的呼吸，感受生活的美，那么，他就一定能够听见追求和奔跑的声音，就一定能够辨别自己的方向，能够感受到时间季节的流动与更替，从而学会让自己把生活当作艺术，让自己越发接近纯真的自然美和自然乐等。当一个人懂得了生活的真谛，领略到了生活中一切深刻而丰富的享受，领略到了生活中所有的酸甜苦辣，领略到了生活中的所有一切的一切，当他对自己的生活充满了诗意的遐想，对自己的生活不再抱怨什么，对自己的生活充满享受感，那么他就应该懂得了生活的艺术。

把生活当作一门艺术，或许应该如陶渊明“方宅十余亩，守拙归园田”“采菊东篱下，悠然见南山”般的田园生活的悠然自得；艺术的生活，或许应该如李白“仰天长啸出门去，我辈岂是蓬蒿人”“举杯邀明月，对影成三人”般的飘逸洒脱；艺术的生活，或许应该如易安居士“黄昏院落，凄凄惶惶，酒醒时往事愁肠”“知否？知否？应是绿肥红瘦”般的温婉简约。莲花深处，苏轼与朝云，应樽对月，赏花赋诗，观鱼嬉与莲叶间，赏月光于莲叶上，使得苏轼忘记遭贬的郁闷，忘记生活的烦恼，抛开仕途的坎坷，除去外界的纷扰。尽情地泛舟于西湖，与知己朝云，倾诉衷肠，意词娇韵，不尽缠绵，在宁静的世界里，共享生活的美好。

艺术的生活，追求的就是真、善、美，追求的就是真实的快乐、幸福，就应该要辛勤劳动，平淡生活，努力拼搏，积极进取，切实让自己的生活充实、真实，而不是一味地为功名利禄而忘记了真我。听，王维抚着那悠悠的古琴，在青青竹林间一遍遍地诠释着安逸；看，李白骑着那疲惫的毛驴，手执酒壶，一行行地挥舞着那散尽千金的潇洒。当低吟着“时见幽人独往来，缥缈孤鸿影”的东坡回归了自然找回了自己，亲自垦荒种地，渐渐习惯于清净与空灵，掌控了“羽化而登仙”的心灵方向时，我们应该为他而欣喜，他已经领略到了生活的艺术艺术的生活，不让自己陷入盲目的随波逐流，迷失了自己心灵的方向；艺术的生活，定能看到人生最美好的辉煌。 生于红尘，难以摆脱世俗的纷扰，内心的浮躁，容不得静静地思考，庸庸碌碌的生活，却忽视了应有的美好。为心灵寻一方净土，除去浮躁，寻得宁静。

第三节　感恩生活

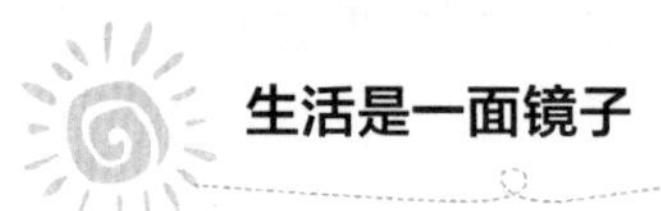

生活是一面镜子

感恩是春天里的和风细雨，催开了蕴含希望的蓓蕾；感恩是夏日里的惊雷，撕开了遮蔽你心田的阴霾；感恩是秋晶里结出的丰硕果实，映照着你丰收的笑脸；感恩是冬日里烘焙大地的暖和，化解着我们人生的严寒。碧水对青山心存感恩，故将其映入自己明澈的心中；江海对溪流心存感恩，故以澎湃的掌声迎接他们的到来；绿树对大地心存感恩，故将落叶变为大地的滋养。我们要心怀感恩之情，不要让磨难磨去了你内心的感动，不要让坎坷扯平了你嘴角的笑容，学会让苦难变得芬芳，让阳光时时充满心中的天空。感恩是一份美好的心情，是一种健康的心态，是一种良知，是一种动力，一个人有了感恩之情心灵就会得到滋润，并时时闪烁着智慧的光芒。

世上没有绝望的逆境，只有对逆境绝望的人。每个成功的人无不是先经历了逆境炼狱，但他们都无不把逆境当作一种意识，境界、精神的提升，无不以坚定的信念、意志和毅力化被动为主动，创造出辉煌的成就。感谢生活中的那些逆境吧，是它们让我们变得自信、强大，不可战胜。我们应该感谢生活中的那些逆境，因为它是磨炼人的最高学府，是走向成功的基石。当然没有谁愿意主动置身逆境，或故意为自己制造逆境。但世事无常，天灾人祸、不测风云常把人卷入逆境难以自拔，有时甚至自以为陷入绝境。

英国作家萨克雷说：“生活就像一面镜子，你笑，它也笑；你哭，它也哭。”我们时时笑对生活，生活将会给我们阳光。我们一味地怨天尤人，那生活给予我们的也将是失败和泪水。著名物理学家霍金是一位在轮椅上生活了三十余年的高位瘫痪的残疾人，在面对命运之神的刻薄与残酷时，他这样写道："我的手还能活动，我的大脑还能思考，我有终生追求的理想，我有爱我和我爱着的亲人与朋友，对了，我还有一颗感恩的心……"黎巴嫩作家纪伯伦说："除了通过黑夜的道路之外，人们无法到达黎明。"逆境是到达理想境界的通途，是攀登者的手杖。就像孩子要学会走路，先得学会摔跤，只有经过摔跤，才能学会走路。

有一位医科大学毕业的优秀眼科医生，因其医术高超、医德崇高，而赢得广大患者的信赖，口碑非常好。他为人忠厚耿直，看不惯医院里的个别医生收受"红包"，更见不得医院里个别医护和领导的一些黑暗内幕，他几次提醒甚至大胆地向主管部门揭发，并因此而得罪了很多人。在医院的一次内部调整中，医术高明的眼科医生竟被作为分流人员下岗了。为了生计他在街头摆了一个水果摊子养家糊口，有时他的家人常埋怨他"死心眼儿""不开窍的脑袋""管那么多闲事干吗？"后来，女朋友也离他而去。他痛苦到了极点，不明白自己到底错在哪里？他更不能理解这个社会到底是怎么了。但是，年轻的眼科医生并没有从此沉沦、气馁，他利用业余时间继续行医，继续学习研究，并发表了大量有价值的专业性论文。有一次，他在互联网上无意中发现美国加州面向世界招聘各类人才的启事，其中也包括医学人才。于是，他抱着试试看的态度，将自己的个人简历、学历、专业论文等资料从网上发了过去。令人意想不到的是，没过多久，从大洋彼岸传来了振奋人心的消息：他被录取了，年薪40万美元，一个月内前去报到。在飞机即将起飞的一瞬间，年轻的医生也流泪了，他说："我要感谢生活给予我的磨砺，是它们成就了我的一切。"逆境中他没有泄气，没有放弃自己，不甘心就此沦落，而是勇于奋斗，拼死抗争，与命运抗争。有磨难，才会有痛苦，才会使人思索。对于一个坚强的思想者来说，没有逆境就意味着没有了思想之源。逆境创造人才，每一个成功者都有一段非凡的逆境。战胜了逆境，人生就踏上了成功的坦途，而在逆境面前退缩了，便只能以失败抱憾终生。

一个人的成功不是偶然的，他是踩着无数的失败和痛苦走过来的，别人看到的只是表面的荣耀，只有他自己知道，在通往成功的路上，有着被荆棘扎破的斑斑血迹。一个人不可能两方面都完全幸福，人若衣暖食饱则庸，不会有大作为；人困苦、忧伤、境遇不好，才可以有所作为。因为人在衣暖食饱，爱情也得到满足之后，就不会有敏锐的感触，就会迟钝庸碌。生活贫乏、境遇不好，才能创造出流传后世的奇伟作品。

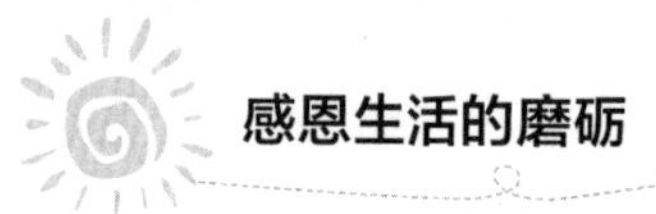

感恩生活的磨砺

人的一生不可能总是一帆风顺的，生活中总会遇到各种意想不到的事情，困难、挫折和坎坷不可避免。事实上，从开始学走路时起，跌倒就与我们打上了交道，结下了不解之缘。从此，各种各样的跌倒便如影随形似伴随着我们成长。

跌倒了不要紧，在哪里跌倒了，就在哪里爬起来，擦干眼里的泪水，拍掉身上的灰尘，继续往前走。跌倒一次生活就积累一次经验，人生也就进一步趋向成熟，只要站起来比倒下去多一次就是胜利。人生在世，不如意事常十之八九。林肯说过，我走得很慢，但是我从来不会后退。林肯在生活的道路上虽然一次次尝试，却一次次地遭受失败。先是失业、企业倒闭，接着未婚妻去世，后来竞选州议长、国会议员和参议员相继败北。林肯尝试了11次，可只成功了2次。但他毫不气馁，一直没有放弃自己的追求，一直在做自己生活的主宰。他面对挫折不退却，他坚持着、奋斗着。1860年，他终于当选为美国第十六届总统，成为美国历史上最伟大的总统之一。泰戈尔说，上天完全是为了坚强我们的意志才在我们的路上设下重重障碍。

诺贝尔为了创造新的炸药，一次又一次地进行爆炸实验。1864年的一天，诺贝尔所创建的硝化甘油炸药实验工厂发生爆炸，化为了灰烬。事故造成5人遇难，其中一个是他正在大学读书的弟弟。他的母亲得知小儿子惨死的噩耗悲痛欲绝，父亲因大受刺激而引起脑溢血，从此半身瘫痪。然而，大难不死的诺贝尔在失败面前却没有动摇、没有退缩。他又在远离市区的一只巨大的驳船上继续进行实验。他经历了上百次的实验，终于发明了雷管。诺贝尔的炸药使他的财富滚滚而来。后来，他用自己的巨额财富创立的诺贝尔奖，被国际学术界视为崇高的荣誉。挫折是给人经验的最好老师，使我们终身受益。挫折是必需的，快乐是战胜挫折的最好回报。

而且，生活的磨砺会使我们冷静思考，反复咀嚼生活的酸甜苦辣，感悟他人的长处、优势和恩惠，正视自己的缺点、不足和无知，从而唤醒自身的谦卑、善良、解决意识，激发克服困难、战胜逆境的勇气和毅力。

一个装着香水的无口之瓶，只有打碎它才会散发出幽远的馨香。一块朴拙的玉石，只有经过无情的雕琢，才会成为完美的艺术品。那些刻在我们心里的累累伤痕，恰是生活馈赠给我们走向成功的经验。那些成长中的一次次磕磕绊绊，正是通向成功的一阶阶基石。我们最出色的工作，往往在处于逆境的情况下做出的，思想上的压力，甚至肉体上的痛苦，都可能成为精神上的兴奋剂。朋友，感恩逆境吧！逆境磨砺了我们的品格、才气和胆识，激发我们奋发向上的雄心和勇气，调动了我们的潜能。痛苦和悲伤，是生活对我们的锻炼。生活中总会有些波折等待着我们，会感到痛苦，会感到悲伤，这时候就要放慢脚步，给自己一个安静的空间，把心中的负面情绪慢慢地消化掉，然后找到继续往前走的希望和动力，冲破内心的桎梏，重新面对生活。每一次痛苦和悲伤都是我们的一次蜕变，沉浸在消极情绪中的我们就像是吐丝自缚的毛毛虫，让自己深陷寂静的黑暗当中，不断地回想经历过的一切，折磨着身心。时间的流逝带走了部分伤悲，让我们想到外面还有很多关心着自己的人们等待着，让我们有力量和决心挣开层层束缚，用一个全新的自己面对这个曾经让自己痛苦不已的世界。

感谢逆境，珍惜生活给予的磨砺，我们的生命才会更加充实，更加有价值！它是人生的一次淬火，锤炼了我们坚定、无畏、刻苦的心志；培养了我们忍耐、淡泊、宽容的心态。古往今来，凡立大志、成大功者，往往都饱经磨难，备尝艰辛。逆境成就了“天将降大任者”。如果我们不想在逆境中沉沦，那么我们便应直面逆境，奋起抗争。让生活的磨砺变成我们的动力，只要我们能以坚忍不拔的意志力拼搏，就一定能冲出逆境。

生活的赐予

生活中有快乐、幸福、困难、烦恼、悲伤、痛苦……交织成悲喜交加的人生，感谢生活给予的一切，让我们从中收获了很多，成长了很多。

幸福和快乐，是生活对我们的恩赐。美满的家庭、健康的身体、平淡的生活等等都是一种幸福。和家人或者朋友在一起游玩、看一本喜欢的书、得到想要的东西、完成了工作任务等等都是一种快乐。这些幸福和快乐是一种生活的赏赐，需要我们好好地珍惜当下拥有的一切，过好每一天。谁也不知道现在拥有的东西什么时候会被收回，所以不要有太重的得失心，不要过分地追求什么而错过了身边的美好，也不要在失去的时候太过难受。得到了就用心地珍惜，失去了就坦然地接受。真正的幸福和快乐往往是最朴实无华的，却是再多的金钱和名利都换不到的。我们有时会被外在的东西迷惑了双眼，看不到身边平凡的幸福，感受不到生活中点滴的快乐，盲目地追求着并不能让自己快乐的东西，反而失去了更多已经拥有的珍宝。

烦恼和困难，是生活给我们的考验。幸福和快乐不是生活的全部，总会有一些烦恼和困难让我们没那么快乐。烦恼有时候是自找的，因为背负着太多的压力衍生出很多担忧，让快乐的生活蒙上一层阴影。试着把心上的石头卸下一部分，让身心都轻松一些，就会变得云淡风轻些。把烦恼看得轻一些，才能让自己在思考问题的时候考虑得更全面，会让烦恼很快就消失。困难是逃不过的，只能咬紧牙关熬过去，退缩和逃避并不能让困难过去，而是让困难变得更加艰难。度过了困难，付出了一定的代价之后，一定会有所收获的，至少学会了坚持和勇敢。生活是在考验我们的心态，能够在一次次烦恼和困难中修炼出最好的心态的人才能赢得生活的赏赐。

人间百态，多姿多彩。每个人都过着忙忙碌碌的一生，努力地向前走只为不悔于自己的每一个选择。这个无边的复杂世界里，若能以明朗清澈的心境去看待一切，任何污浊或是美好的事物在你眼中都会有不一样的体会和理解。智慧并且平静地活着，烦恼中也会悟出人生。

什么东西你对它笑它就笑，你对它哭它就哭，谜底很简单，是镜子，但我觉得更像是生活，你对它报以微笑，自然便是艳阳。不过生活是客观的存在，不会因为主观的改变而发生真正的变化。但当你带上微笑凝成的玫瑰色眼镜，前路的坎坷自然就变成了一道风景。我的身旁总有一些抱怨着生活的人。更有甚者连连道："一年365天，366天都不顺心。"我往往在沉默中思考，是我们错了还是生活错了。生活它很粗心，它常把真正的馈赠放错了地方，至我们将它当作心灵的毒疮。有人说："岁月不曾饶过我，我也不要饶过岁月。"这话说来太戾气，岁月授予我们苦难不是不愿饶恕，而是希望我们在这所谓的苦难中浇灌出更茁壮的生命。我曾收藏过一块石头，它本很普通，可额上缺了一角，看起来神似一颗包容与宽恕的通达爱心。当时的我正处在低谷，在回家途中，膝盖狠狠地磕在这块石头上，血流不止。我曾恶毒地咒骂它，宣泄心中的怨气。可只一低头便怔住了，这是一颗怎样的心啊！它有健全到残废，却如维纳斯一般，用更美的姿态迎接损伤他的世界。依稀记得当时的我，对着残石道了一声谢，也感谢自己未曾把一份厚礼当一分歹意。到底什么才算做真正的馈赠呢？怕是任人们思索千年不休，也难以得出答案吧。留一根在故乡而走天涯，是游子断愁肠，亦是鲜衣怒马踏莎行。一次谪贬，一次流放，可寄情于游山乐水，又何尝不可酒作相思泪？事物本不绝对，或许跌至深谷才找到最合适起飞的地方。正如塞翁失马，焉知非福。生活无罪，何必要怨个不休？它赠予你人生缤纷绚烂，只感恩吧。

一个人，一生中会经历很多，很小的时候，背负许多梦想，那个梦总在每天早晨醒来带着有光泽的笑容向你致意，那是一个敢拿梯子摘月亮的年纪，对梦想从来没有过怀疑。长大后才发现，梦想是睡在摇篮里的风景，是不安分躺在小溪里面的月亮，用心灵可以感触，付诸行动将是幻影。也就是那个梦，她承载着你痛了的心灵走出困境，她离你很近很近，每天挂在窗前那棵树上；她又离你很远很远，朦朦胧胧在那一生也到不了的地方！梦想是那样难以忘怀，现实却那样备受煎熬，人总是在遥远的梦想里，忘记了自己，在眼前的现实里，却明白着自己！感谢生活！它的历练让我从一个懵懂的小孩，变成一个从容的自己。懵懂到从容，要跨越那布满荆棘的路，要跋涉那滔滔浊流的河，要攀登那崎岖不羁的崖……在无尽的磕磕碰碰之中，感觉世间的冷凉，感觉青春撞腰的心跳，嘴嚼酸甜苦辣的滋味，享受阴晴圆缺的苦乐。当举起那带有红晕的幸福酒杯时，才明白，痛苦是幸福的促销商，伤害是坚强的陪练员，就如失败是成功的母亲一样！痛苦与伤害，使暗淡的灵魂有了升华！

感谢生活！它让我看到世界还有缤纷的灿烂，让我深知有低头赶路的汗水，才有抬头挥洒的阳光。鲜花与喝彩，只有在风雨洗礼过后的天空再现。感谢这多彩的世界，让我擦亮了蒙胧的眼睛，当我抛弃所有的虚荣，不再伪装自己，把水晶的盒子打开后，我惊奇地发现世界原本就是水晶的颜色。世界之大，我只是在心里默默地装下了，而我依然平凡着，平静对待关于自己的一切，今天的故事是浪花一朵，明天的故事还是浪花一朵……在平凡中感受不平凡的味道！

人生在世，不过百年。我们在岁月中无声地行驶，蓦然回首，才发现时光已经悄然流逝。生命不会为任何人裹足不前，每个人都要老去，我们要用心地去生活，用心地去体会活着的美好，感谢生活，品尝生活，要让我们过去了的和正在经历的都成为人生路上最亲切的怀念，感谢生活的赐予，感恩曾经的拥有。

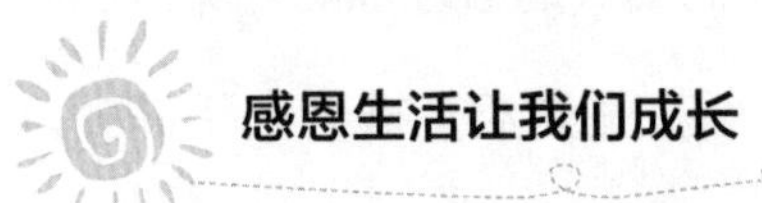

感恩生活让我们成长

当我们走过了岁月的风风雨雨，看过了春日百花的亮丽与落红的凄艳，感受到秋天成熟的沉香与秋叶的静美后，才真正领会平淡才是生活的真谛。生活的滋味就在于留感恩的心态，结善意的人缘，享布衣的幸福。感谢生命给了我信任和展示自己能力的机会；感谢邻家的小女孩给我以纯真无邪的笑脸。生命中总有些记忆停留在心底，听一首歌会想起一个人，看一段故事会勾起一段过往，谁曾在谁的花季里停留，温暖了想念；谁曾在谁的红尘中驻足，忘了归期。刻骨铭心的爱，早已成了擦肩而过的缘，只有那些纯纯的爱恋在如歌的岁月中书写着如梦的诗行，明媚着曾经的过往。感谢伤害我的人，因为他磨炼了我的心志；感谢欺骗我的人,因为他增进了我的见识；感谢藐视我的人，因为他觉醒了我的自尊。把我的真心放在你的手心，也许会珍藏，也许会遗忘。

生活就像一碗水，不是每个人都能把握得准的，它的本质也不是每个人都能领悟得透的。或许有那么一刻，巨大的压力曾让我们放弃对于生活的执着，淡漠的人情也曾让我们对于人世眷恋的悲伤。我们的卑微，我们的厌恶，在精神与存在的夹层中彷徨，在灵魂的角落里孤独驻守。然而，四季依旧轮转，生活还要继续向前，并未因悲悯，停下它前行的脚步。生活，即使欺骗了你，也不要怨恨不光彩的过往，要感谢你过去所经历的和你现在所拥有的事情。每一次的得与失，只是人生中的一幅画面，不要怨恨人生行走中曾经绊倒你的那个人，不要怨恨长路漫漫中的一次次泥泞与坎坷；要感谢出现在你生命中的每一个人，要记住你所走过的每一条路。我们的过去，无论有多糟糕，都给予了我们难以磨灭的记忆和前进中宝贵的经验；我们现在所拥有的，是一颗感恩的心，去看待一切、珍惜一切。

一个人如能以乐观积极的态度看待问题，则是他成长的最好证明。美国的罗斯福总统常怀感恩之心的故事。据说有一次罗斯福家里失盗，被偷去了许多东西，一位朋友闻讯后，忙写信安慰他。罗斯福在回信中写道："亲爱的朋友，谢谢你来信安慰我，我现在很好，感谢上帝：因为第一，贼偷去的是我的东西，而没有伤害我的生命；第二，贼只偷去我部分东西，而不是全部；第三，最值得庆幸的是，做贼的是他，而不是我。"对任何一个人来说，失盗绝对是不幸的事，而罗斯福却找出了感恩的三条理由。孔子曾言：万物皆美，但非人人可见。在一个战乱纷飞的时代，颠沛流离的孔子，两次被鲁国驱逐，宋国遭遇砍树之辱，卫国被除足迹，围困于陈、蔡两国间险遭饥饿而亡。然而生活的磨难没能击倒孔子，晚年的孔子对生活依然感恩，言道"耕也，馁在其中矣；学也，禄在其中矣。"说明了努力中的人虽难免遇灾祸，但你若肯坚持不懈地学习，生活就一定会有保障。生活给了孔子智慧，最终成就了一位圣人，成为万世师表。

诚然，圣人的心智不是那么轻易能学来的，也不是每个人都能有这么强的"抗击打"能力。但在面对生活中的不如意和困境时，勇于面对，乐观向上，以宽达的胸怀来承纳，是我们在成长中需要不断去磨砺的。苏格拉底在有一位彪悍的妻子是早有记载的。在一次他与妻子吵完架之后，刚走出屋子，他的妻子便把一桶水浇在他头上，弄得他全身尽湿，苏格拉底于是开始自嘲地说："雷声过后，雨便来了！"随后也就不那么生气了。一个乐观的人，当他面对痛苦时，不会自怨自卑，而能持幽默的态度，豁达宽容地看待生活，方显对待生活的积极态度和成熟的心智。再以杜甫为例，“细推物理酒行乐，何为浮名绊此身”，此两句诗彰显其面对不如意时的心境，仔细推敲世间万物的道理，去做一些让自己高兴且有益的事情，不必为了一些虚名而困扰自己，才不会迷失自身。可见智者的心智模式都是相似的，他们在生活中体验着世间冷暖，并未因此而迷茫，终能成就自己，选择权永远在你手上。有一句叫，山不过来，我转过山去，自己的人生价值，自己能够掌握，自己能去创造，由你自己演绎。

感恩斥责你的人，因为他们让你学会了思考遭遇斥责请不要恼羞成怒。要学会自我反思，试着换位思考。这样在以后的人际交往中，你就会以此为戒，有则改之无则加勉。感恩伤害你的人，因为他磨砺了你的心志人生不可能一帆风顺，当你的真诚换不回来等同的回报，请不要怨天尤人。请坚信，每一次伤害都是一种崭新生活的开始。把痛楚化作前进的动力，相信终有一天你会化茧成蝶。我们生活在感恩的世界里，感恩生命的伟大，感恩生活的美好。感恩是力量之源，爱心之根，勇气之本。

感恩生活

曾被一幅名叫《风雨中》的摄影作品所震撼：在上坡的路上，男人用力蹬着载满货物的三轮车，身子倾斜得几近与坡面平行，头发被雨淋成一缕缕地搭在脑袋上，他的脸微微侧转着，看向在后面为他推车的女人。那女人用一只手用力推着车，另外一只手扶着腋下的拐杖，拐杖旁的右腿半截是空的。多是由于风雨中实在睁不开眼吧，两人的眼睛都眯成一条缝，但是仍能够看出他们彼此关心的神情，男人是微笑着的，女人笑的幅度更大一些，恍如固然很累可是挺开心的样子。

风雨中男人还要踩着人力车艰巨地运货，女人还要拖着残缺的身子为男人分担劳苦，这是多么无奈的事情啊，让人不由生出“贫贱夫妻百事哀”的感慨。可是，透过雨帘，我们却看到了他们的笑意。若没有一颗感恩的心，如何能够做到于此种处境之下不抱怨、不愁苦，反将笑脸挂在嘴角？是的，男人为了他们的生活是这样的能吃苦，已让女人感激上天赐给她一个这么好的伴侣了，更何况他在费力时尚不忘记挂着她，回头关注她的状态？男人为生活所迫在卑劣的天气下还不得不辛劳劳作，他的女人拄着拐杖用足了劲儿帮他推车，他的心里怎能不热融融的，怎能不欣慰。

其实，只要对生活心存感恩，那么生活也会充满更多阳光与快乐。无论你遇见谁，他都是你生命里该出现的人，都有原因，都有使命，绝非偶然，他一定会教会你一些什么。喜欢你的人给了你温暖和勇气；你喜欢的人让你学会了爱和自持；你不喜欢的人教会了你宽容和尊重；不喜欢你的人让你知道了自省和成长。没有人是无缘无故出现在你生命里的，每一个人的出现都是缘分，都值得感恩。

“我的手还能活动，我的大脑还能思维；我有毕生寻求的理想，我有爱我和我爱着的亲人与朋友，对了，我还有一颗感恩的心……”谁能想到这段豁达而美好的文字，竟出自一位在轮椅上生活了三十余年的高位瘫痪的残疾人世界科学大师霍金。命运之神对霍金，在凡人看来是刻薄得不能再刻薄了：他口不能说，腿不能站，身不能动。可他仍感到自己很富有：一根能活动的手指，一个能思维的大脑……这些都让他感到满足，并对生活布满了感恩之心。因此，他的人生是充实而快乐的。

我向来崇敬拥有丰富生活经历的人，因为经过丰富生活洗礼的心灵必定是充实而自信的，灵魂是强大而厚实的。生活能让人看清一个人对于世界的渺小和微不足道，而不至于自妄和轻狂。生活能让人变得谦虚，人只有在谦虚中才能不断地进步，生活给了我们进步的必要条件。感谢我爱的人和爱我的人，使我的生命不再孤单；感谢我的敌人，让我认识自己和看清别人；感谢鲜花的绽放，绿草的如茵，鸟儿的歌唱，让我拥有了美丽，充满生机的世界。回眸岁月，不是所有的相遇都会相知，也不是所有的相知都会永恒。人生悲欢离合都是情，聚聚散散都是缘。徐志摩说“一生至少该有一次，为了某个人而忘了自己，不求有结果，不求曾经拥有，甚至不求你爱我，只求在我最美的年华里遇到你。”那么如若遇见，别问是缘是劫，珍惜了便是永远，多年以后，在阳光下想起，嘴角会微微上扬，念起，便是温暖。

简单的生活如一日三餐，粗茶淡饭虽不耀眼，但却养人！平民布衣的生活是一种自然的需要，也是一种看得见的快乐！我珍惜着生活带给我的所有，对于生活在我的岁月中留下的印记，我怀着虔诚的感恩之心来看待。一直相信这世上有一种爱，永远不会变老，会在岁月中隽永。就像我对文字的爱，就像父亲给我的爱，无论走过多少条路，览过多少风景，儿时的美好永远是心底最深的眷恋。或许时光可以苍老容颜，岁月可以带走过往，掌心的记忆里永存你给的暖。感谢父母给了我生命和无私的爱；感谢老师给了我知识和看世界的眼睛；感谢朋友给了我友谊和支持。平淡的日子在我们不经意的时候悄悄流逝，我们在自己的空间编织岁月的外衣，常常会因为一句不如意的话而烦恼，为一件不平等的事而愤怒，为自己的一个愿望无法达到而叹息。于是哭也罢笑也罢，末了还得收拾面容去应付明天，为生活而必须去做的事情。

日子就在这喜怒哀乐里重复，直到一颗敏感的心在红尘白浪里浸染了后变得麻木。于是，才有一份从容，一种淡泊，才能够站在红尘的边缘看自己人生的起伏，看别人的悲欢离合，看落日余晖映照晚霞时的灿烂。感谢日升，让我在白日的光辉中有明亮的心情；感谢日落，让我在喧嚣疲惫过后有静夜可依。感谢快乐，让我幸福地绽开笑容，在美好生活着；感谢伤痛，让我学会了坚忍，也练就了我释怀生命之起落的本能。世上最无情的是时间，最留不住的便是光阴，记忆的年轮转了一圈又一圈，岁月的脚步沧桑了指尖浮华。掬一捧光阴，细数过往的倒影，那深深浅浅的诗行里留下的淡淡静好，便是时光给的暖。感谢生活，让我在漫长岁月的季节里拈起生命的美丽；感谢有你，尽管远隔千里，可你寒冬里也给我温暖的心怀。

1.读完感恩生活的故事，你有什么深刻的感触吗？

2. 你觉得生活美好么？和大家一起分享。

3. 你从生活中学到了什么？